U0963686

教育部项目编号：16YJC740067
基于语义与句法接口的现代汉语祈使范畴及其表达系统研究
教育部人文社会科学研究青年基金项目资助成果

创新与应用语言学丛书

现代汉语祈使范畴及其表达手段研究

王丹荣 著

WUHAN UNIVERSITY PRESS
武汉大学出版社

图书在版编目(CIP)数据

现代汉语祈使范畴及其表达手段研究/王丹荣著. —武汉：武汉大学出版社,2018.11
ISBN 978-7-307-20451-5

Ⅰ.现… Ⅱ.王… Ⅲ.现代汉语—语法—研究 Ⅳ.H146

中国版本图书馆 CIP 数据核字(2018)第 183276 号

责任编辑:白绍华　　责任校对:李孟潇　　整体设计:汪冰滢

出版发行：**武汉大学出版社**　(430072　武昌　珞珈山)
(电子邮件：cbs22@whu.edu.cn　网址：www.wdp.com.cn)
印刷:北京虎彩文化传播有限公司
开本:720×1000　1/16　印张:19　字数:273 千字　插页:1
版次:2018 年 11 月第 1 版　2018 年 11 月第 1 次印刷
ISBN 978-7-307-20451-5　定价:79.00 元

目　录

第一章　绪　　论

第一节　选题缘由与研究目的

“祈使”就是祈使者让祈使对象做某事。祈使问题一直是汉语语法研究的热点话题。现代汉语研究一直非常强调形式与意义的相互结合。随着语言研究的不断深化，语义研究尤其是语义范畴研究的重要性更为凸显。从范畴角度研究祈使问题是汉语语义句法互动研究的一个重要视点，也是构建汉语语义语法范畴理论体系的重要内容。

一、选题缘由

现代汉语祈使问题的研究时间久、成果多。已有的文献表明，最早可以追溯到《马氏文通》(1898)。马氏并没有用“祈使”这一术语，而是命名为“谕禁”。最早使用“祈使”这一术语的是黎锦熙，黎先生在《新著国语文法》(1924)一书中第一次明确使用“祈使”这一概念。近一个世纪以来，祈使问题的研究一直受到语言学界的关注，尤其是近三十年来，汉语祈使研究取得了丰硕成果。这些成果主要包括对祈使句构成成分的认识(沈阳，1994；卢福波，2005；高顺全，2008；李广瑜，2013)，对祈使句句法、语义、语用的分析(袁毓林，1993；方霁，1999；王秀荣，2001；曹忠军，2001)，以及对祈使言语行为的研究(孙淑芳，2001；赵微，2005；樊小玲，2013；姚占龙，2014)等。

我们通过梳理这些研究成果发现，这些成果大多关注祈使的形式和表达功能，也涉及了对祈使意义的认识。这种对意义的认识又多是基于形式的表现，使得一些问题不能得到很好的解释。在形式到意义研究方法的指导下，研究者们得出了一些祈使句的判定标准。这些判定标准有的相互交叉，有的存在分歧，难以深刻认识祈使语言现象。例如：

第一组例句：

(1)你看看我是谁？

(2)你告诉我你家里电话号码是多少？

高增霞(1998)认为这类句子不仅表达祈使意义，还具有祈使句的结构特点，是真正意义上的祈使句。而陈振宇(2008)认为这类句子提出了问题，要求听话者回答，是“非典型疑问句”，不是祈使句。这样就存在问题一：对于这些表面上不具备一般祈使句结构形式特点、只表示祈使意义的句子，究竟该如何判断？

第二组例句：

(3)你去不去吧？/你吃饭还是吃面呢？/共多少钱吧？

朱德熙(1982)认为“这类句子实质上是祈使句，只是句子头上省去了‘你说’一类的话，句末的‘吧’表祈使，不表疑问”。袁毓林(1993)虽然赞同朱德熙的观点，认同是在这些问句前省去了“你说”，但他认为这一类句子只能算作一般的祈使句。方霁(1999)认为，这些句子只是依靠特殊的语境才能传达指令行为，不应该把它们归入祈使句。这样就存在问题二：对于这些在特殊语境中可以转变为表达祈使意义的句子，我们究竟应该如何判别？

第三组例句：

(4)孩子：我们班的同学个个都有溜冰鞋了，就我一个人没有。(言外之意：给我买一双溜冰鞋！)

父亲：行啊，我下午就去给你买一双。

(5)对坐在电风扇旁边的人说：“今天真热啊！”(言外之意：请你把电风扇打开。)

袁毓林(1993)认为尽管这类句子在特殊的语境中隐含了祈使内容，但形式上不是通过祈使句表达，这样的句子不是祈使句，而是陈述句。李圃(2011)认为这一类依靠语境表达祈使意义的句子应该被称为“祈使表达句”。这样就存在问题三：对于这些不具备祈使句的结构形式，却在语境中通过“言外之意”表达了祈使语义的句子，究竟该如何判定？

第四组例句：

(6)a. 你醒醒！喝多了是不是？哪来这么多的废话？

b. 你快摸一下自己的脑门子！看看是不是在发烧。就你这两下子还想当经理。①

袁毓林(1993)认为例(6)中下加横线的句子具备了祈使句的结构形式，虽然在某种特定的语境中不表示祈使意义，但脱离了语境，这两个句子仍然表示祈使意义，应该把它们看作祈使句。商拓(1997)认为这些句子在一定的语境中不表示祈使意义，只能算作“字面义祈使句”。这样就存在问题四：这类形式上是祈使句，但在具体语境中不表示祈使意义的句子，究竟是不是祈使句？

以上存在的问题归结起来就是祈使判定标准的问题。究竟是以形式为标准还是以意义为标准判定祈使更加合理、更加科学？我们认为以意义为标准更符合汉语的语言事实。这是因为，祈使范畴本身就是根据意义构建起来的，其实质是意义的，而非形式的。如果以形式为判断标准，就近乎舍本逐末，很难抓住关键。而且，汉语属于非形态语言，在句法上并没有形态语言那样苛刻的形式化要求，若以形式为标准，也难

---

① 例(4)、(6)均选自袁毓林(1993)《现代汉语祈使句研究》一书中的例句。

以操作。过去在祈使研究中出现的纷争和困扰，也证明了这一点。再则，从根本上说，正如赵世举(2008)先生指出的，“人们表达时，首先是有‘意’，然后才据‘意’择‘形’，而‘形’则随‘意’转，足意为度；从语言理解的角度说，则是据形索义”。意义决定形式，对形式具有主导和控制作用，汉语尤其如此。因此，从意义入手研究祈使问题有更多的优势。

我们的范畴研究选择的是“由里及表”的路径，从语义入手，寻求语义所对应的语音、词汇、句法、篇章等各个层面的表达形式，力图构建一个具有宏观理论基础的相对全面、系统、科学的祈使范畴理论框架，在这个框架下确定现代汉语祈使范畴的研究范围，并确定其次类的划分标准。其研究意义在于：

其一，有利于进一步深化对汉语祈使问题的认识。祈使是人们与客观世界互动的重要方式之一，祈使句的研究也一直受到国内外语言学家的重视。从《马氏文通》开始，祈使句的研究经历了从词法平面到句法平面再到语用平面的研究变迁，然而几乎一直没有能够摆脱“形式”的束缚。“现代汉语祈使范畴”的研究是从语义入手，对祈使范畴进行理论阐释和系统描写，在范畴理论框架下研究形式表现，寻找语义句法接口和表达规律。这一研究不仅可以深化对汉语祈使言语事实的认识，而且可以在句法语义接口研究领域形成具有开拓性的研究成果。

其二，有利于进一步丰富语言范畴理论的研究。随着语言研究的不断深入，范畴研究越来越受到国内外语言学家的重视。正如吴世雄(2004)所说的“范畴问题的理论探讨对于当代的语言学研究无疑具有革命性的影响”。祈使范畴是汉语语义语法范畴的重要组成部分，祈使范畴的研究在一定程度上揭示了祈使言语行为的表达规律以及规律背后的深层原因，是构建汉语语义语法范畴理论体系的重要内容。对祈使范畴的深入研究将会进一步拓展语言范畴研究的深度和广度，同时可以为汉语其他语义范畴研究提供理论借鉴和方法指导，具有重要的理论价值。

其三，有利于进一步满足语言科学实践应用的需要。现代汉语祈使范畴的研究不仅有助于深化祈使问题和范畴理论研究，而且可以为汉语母语教学、汉语国际教学，特别是中文信息处理等方面提供学术支撑和方法指导，具有重要的实践价值。

以上就是本书研究的出发点和研究的意义所在。

二、研究目的

本书将理论构建和语言事实分析两个方面相结合，对现代汉语祈使范畴及其表达手段加以系统研究，旨在揭示隐匿在祈使表达形式背后的认知机制，丰富和拓展祈使范畴的理论研究和应用范围。本书主要基于以下三个目的展开研究：

首先，确定更加科学的祈使判定标准，对祈使范畴加以界定和描写。现阶段研究对祈使判定标准、祈使次类的划分等都还存在一些分歧。如何确定较为全面、科学的祈使判定标准和祈使分类标准还需要我们做进一步的深入思考。究竟是从意义入手还是从形式入手判定祈使更加科学、更加合理？我们知道，祈使范畴就是根据意义构建起来的，从意义入手可以更准确地判定祈使言语事实。因此，本书研究的目的之一就是从意义出发，确定祈使范畴的判定标准，分析祈使范畴的特性、构成要素及其相互关系，概括出祈使范畴的“语力”概念，确定现代汉语祈使次范畴的分类标准，并对其范畴次类进行划分。

其次，构建现代汉语祈使范畴的表达体系。现阶段对祈使表达形式的研究内容复杂、形式多样，难以形成体系，不利于我们深入认识祈使言语现象。因此，本书研究的目的之二就是在对语言事实分析的基础上，以语义为核心，把凡是表达“祈使者要祈使对象做某事”的形式和手段集束起来，按照语言表达的层级顺序，从语音、词汇、句法、语用到语境层面，全面梳理现代汉语祈使范畴的各种表达形式和制约因素，建立起祈使表达的层级体系，弄清祈使表达规律，并进一步解释祈使表达规律背后隐含的各种原因。

最后，多视角研究现代汉语祈使范畴中的一些特殊问题。在研究过程中，为了进一步深入探讨祈使言语现象，有些问题是现代汉语祈使研究中需要重点深入和分析的话题，如祈使主语隐现问题、句末祈使语气词问题、祈使范畴的主观性问题等，这些问题的研究有利于我们进一步深化认识祈使语言现象。

通过以上内容的研究，可以达到以下目标：第一，对祈使范畴进行理论阐释和系统描写；第二，梳理现代汉语祈使范畴的表达手段，寻找语义与句法接口和表达规律；第三，从不同视角研究现代汉语祈使范畴的特殊问题，探寻汉语表达祈使的个性和特点。

第二节 已有研究回顾

一、萌芽阶段(19 世纪末—20 世纪 40 年代)

最初关于祈使问题的研究主要分散在各种不同的语法论著中，学者们多是在著作的某个章节论及到祈使的概念和定义。

马建忠在《马氏文通》(1898)中提到的“谕令之句”“禁令之句”相当于今天所说的命令句和禁止句，属于我们现在所讨论的“祈使句”的范围。

金兆梓《国文法之研究》(1922)中的“布臆句”(Imperative Sentence)相当于现在的“祈使句”。他对“布臆句”下了定义并对其内部小类作了区分：“布臆句”为“向对面人趋布臆的”，又可分为“命令、祈求、颂祷、陈述”等语吻。但是，他对“布臆句”的分类依据及其性质的认识还很模糊，有时说它是“四种口吻(直陈句、传感句、布臆句、询问句)”之一，有时则认为它“纯然是一种形式上的分别，而其实尽有不能照此分法，须按其语气而定的”。

黎锦熙的《新著国语文法》(1924)在“第十七章 语气——助词细目”根据词句末尾助词表达的语气，把句子分为五类：“决定句、商榷句、疑问句、惊叹句和祈使句”，并认为“决定句”和“商榷句”属于更上位的“祈使句”。在这一章中，黎先生主要关注了与祈使句有关的“语气助词”，没有涉及其他可以表达祈使语气的形式。

20 世纪 40 年代《中国文法要略》《中国现代语法》《汉语语法论》三部语法学著作都在不同章节论述了汉语祈使的定义、性质和范围。

吕叔湘的《中国文法要略》(1942)中“第十七章・感情”，明确提出“祈使是支配我们的行动为目的的语气”，首次确立以语气为立足点的祈使句研究，并提出“祈使有刚柔缓急，可有命令、请求、敦促、劝说的分别，其反面则是禁止”。除此之外，吕先生对祈使句的性质、定义、类型、语气词等问题进行讨论。

王力的《中国现代语法》(1943)“第二十二节 语气”中专门讨论了“祈使语气”，将其定义为“表命令、劝告、请求、告诫者，叫做祈使语气”，其中包括了带有否定词“别”、借用能愿式“不可”或“少”字的禁止语。他还谈到“催促语气”，认为“它的性质很近于祈使语气，只是语气急些”。另外该书讨论能愿式、使成式、处置式、否定、情貌等时也有一些与祈使有关的讨论。

高名凯的《汉语语法论》(1948)开辟专章“第四章 命令命题”探析祈使句，书中的“命令”基本等同当时的术语“祈使”，他明确指出，表示命令不是词语问题，而是用整个句子来表示，主张脱开词语，从句子命题研究命令；高先生深入分析了有关“命令”的一系列问题，为后来祈使问题的研究提供了理论基础。

二、探索阶段(20 世纪 80 年代—20 世纪末)

进入 80 年代，语法学界开始明确将祈使句作为研究对象，一些有影响的语言学家的著作和论文中加强了对这方面的论述，如朱德熙在《语法讲义》(1982)第十五章中明确提出“祈使句的作用是要求听话的人做某事”，同时还讨论了祈使句主语和谓语的性质、肯定形式和否定形式、否定连用等问题；刘月华在《从〈雷雨〉〈日出〉〈北京人〉看汉语的祈使句》(1985)中从表达功能的角度，比较全面地考察了北京话祈使句的基本结构类型和语法特点，认为祈使句“主要从表达功能得名，是表示命令、请求或制止、劝阻的句子”；徐杰《句子的功能分类和相关标点的使用》(1987)一文中根据句子“达意”功能将汉语句子分为陈述句、疑问句和祈使句，其中祈使句是“要求听话人从事某种行动或不从事某种行动”等。

90年代以后，随着人们对祈使语言现象的深入认识，祈使问题的研究也进入了初步繁荣时期，出现了一些研究祈使句的专题著作和文章。最有代表性的是袁毓林《现代汉语祈使句研究》(1993)，它是迄今唯一一部全面研究祈使句的专著。其从语法、语义和语用三个方面对祈使句的性质、范围和使用条件作出了较为详细的讨论，从形式和意义两个角度对祈使句进行了分类，分析了祈使句的句法表现形式，包括动结式、动趋式、“谓语+得+状态补语”，以及部分实词独用的祈使句，从结构和功能上分析了“核心祈使句”(kernal imperative)和“边缘祈使句”(marginal imperative)。但袁毓林只是重点分析“核心祈使句”所具备的形式，没有讨论“边缘祈使句”，对于“核心祈使句”有哪些分类，也没有详细区分和说明。

这一时期还出现了一系列有关祈使问题研究的论文，这些研究多是沿袭了朱德熙先生的“以句子功能”为标准来判定祈使句，在三个平面理论的指导下，结合句法、语义、语用来分析祈使句构成成分的性质(沈阳 1994；徐阳春 1995；周元琳 1998)、祈使句的表达特征(韩孝平 1992；马清华 1995；王振来 1997)、祈使句的成句因素(张谊生 1997)、祈使表达句式(彭可君 1990；王红旗 1998；高增霞 1998)等问题。

三、繁荣阶段(21世纪至今)

21世纪以来，语言学者们对祈使句的研究更为全面，进入了一个繁荣发展的新时期，主要包括以下几个方面：

第一，进一步深化祈使句语用功能研究。

近十几年来，学者们对祈使和祈使句的研究主要集中在语用功能方面，其研究成果主要表现在：(1)探讨如何正确使用祈使句才能达到最佳的交际效果。如方霁(1999；2000)从如何得体使用祈使句这一角度入手，分析了祈使句的语用制约因素有“S(说话者)与H(听话者)的关系”“语气表现手段”“祈使对象人称指示词”；于黎明、孙淑芳(2000)总结出影响选择祈使表达手段的因素有“交际双方的相互关系”“受话人的类型”“实施言语行为的策略”等。可以说学者们注意到祈使交际双方、祈使表达方式对祈使语用表达效果的重要作用。(2)从语用功能角度探讨祈使表达式(尤其是特殊句式)和祈使构成成分。如傅惠钧、陈艳丽(2007)对依据语境表达祈使意义的否定隐性祈使句进行分析，他们将这种以肯定形式表达否定祈使意义的句子归入祈使句值得我们思考；宛新政(2008)分析了“(N)不V”这一特殊句式具有祈使“柔劝功能”；李圃(2011)从功能出发，对那些结合语境可以表达祈使功能的省形句和零形句进行分析。

第二，运用言语行为理论研究祈使问题。

言语行为理论扩大了祈使研究的范围，较好地解释了语言和交际功能之间的关系，为祈使语言现象的分析提供了新的视角。如王秀荣(2001)认为祈使言语行为的范围要远远大于祈使句，结合语境因素考察了祈使言语性的各种表达式，以及表达式在语义上的差异；曹忠军、祁玲(2001)运用言语行为理论对现代汉语祈使句的范围、语用分类和语用特点进行了分析；赵微(2010)在言语行为理论指导下，开辟专章研究了祈使句的性质、范围、定义、句法及语义等相关问题；樊小玲(2012)从对言语行为重新定义出发，对指令行为和祈使句进行研究；吕明臣、张玥(2013)将祈使句的研究放入整个言语交际过程中，从整体的视角探究祈使句的强制度等级、强制度意义和强制度的话语形式等。

第三，逐步探索祈使句式的主观认知研究。

值得关注的是，这一时期对祈使和祈使句的研究已逐渐深入人的认知心理层面，对祈使句式进行认知解释。如李勇忠(2005)根据转喻的认知规律分析了祈使构式义对词汇义的选择和限制条件，进一步解释了概念转喻“结果代行动”在祈使构式的生成和理解中的重要的作用；吴淑琼、文旭(2011)以语法转喻为视角，对“A +点”祈使句式形成的认知理据、认知动因进行论证；顾小涛(2013)也从语法转喻的视角探讨了“别+ A”祈使构式的生成机制，他认为构式义对形容词词汇义的语义压制是实现概念转喻具体操作的深层动因。

第四，有关祈使句式的研究。

如宋春阳、李琳《“别+V+了+”句式及相关问题》(2003)，从对外汉语教学出发，与日语相关句式进行比较，对“别+V+了+NP”句法结构、句式义、句类对“了”出现环境的影响进行了分析；荣晶、廖庆睿《“VA点儿”祈使句及其语序变换规律》(2006)，从V与A的语义关系角度对汉语“VA点儿”祈使句式进行分析；高顺全《表祈使的“V着点儿”的来源和语法化》(2008)，认为现代汉语表祈使的“V着点儿”中的“着点儿”在很大程度上已经语法化为一个整体，这一特殊句式表示持续体；范建华、白云《命令句句式研究》(2009)从三个平面分析了命令句的表达句式，他们认为命令的祈使语气有自己特定的表达方式；尹海良《强势指令义构式“给我 + VP”探析》(2014)对强势指令义构式“给我 + VP”进行了分析，指出“给”在介词化的基础上通过语境吸收和语用主观化凝固而来，同时还受到了同义词“与”的类化。

第五，有关祈使句主语的研究。

如朱敏《祈使句“你/你们”主语的选择制约因素》(2005)，对现代汉语祈使句“你/你们”进行分析，认为“你/你们”是最常见的主语形式标记项，“你/你们”的出现与语用、篇章、句子构成等因素有关；朱敏《“您”主语祈使句的标记性表现》(2005)，对祈使句中表示第二人称敬称的“您”进行分析，认为在祈使句主语系统中，表示敬称的“您”是最高级别的标记项，其标记性特征表现与“您”自身的词义表敬性及说话人的言语行为的礼貌性有关系；张则顺《现代汉语祈使句主语隐现研究》(2011)明确表示，在并列分句形式、动词语义特征以及一些语境因素的影响下，主语才可能强制性出现，主语选择性出现与句法上祈使句复杂程度，语篇因素以及语用表敬性有关；张韧《指令场景与祈使主语的特性》(2014)分析了汉语祈使句中主语的选择与隐现规律，指出汉语祈使句对以符号单位（构式）为核心的认知句法理论提出了挑战，也为句法相对论观念提供了重要个案。

第六，有关祈使标记和焦点的研究。

如朱敏两篇关于祈使主语“你/你们”“您”研究的文章也涉及了祈使的标记问题；肖应平《论祈使句的焦点和话题》（2007），分析祈使句的自然焦点、对比焦点、话题焦点，并着眼于焦点和话题的比较，指出祈使句的焦点和话题各有不同表现；马宏程、熊雯《生成语法视野下的祈使范畴标记》（2009）一文认为，所有的祈使范畴在形式上都有祈使标记，祈使标记可以是形态上的，也可以是助词标记或零标记；马宏程、谭明华《祈使句的标记特征及相关解释》（2009）运用最简方案精神和标记理论，分析了祈使句的语音标记、谓词标记、主语标记和否定标记，进一步探讨了这四类标记特征在句法上实现的相关动因。

第七，有关汉语史祈使问题的研究。

如张美兰《〈祖堂集〉祈使句及其指令行为的语力级差》（2003），从语用学角度对《祖堂集》祈使句用法特征作初步的分析，并进一步探讨句式中谓语动词指令行为的语力级差；于涛《〈祖堂集〉中的祈使语气词及其语法化》（2005），分析了《祖堂集》中表祈使语气的句末语气词“著”和“好”的语法化的过程；樊德华《〈论语〉祈使句研究》（2006），分别从句法、语用两方面对《论语》中的祈使句进行定量与定性分析，借此深入分析先秦时期祈使句在句法、语用上的特征；王建军《〈老乞大〉和〈朴通事〉中的显性祈使句》（2007），着重探讨了《老乞大》和《朴通事》中的显性祈使句，深入分析两著作中祈使句的特性问题；王进《〈元曲选〉祈使句研究》（2008）以《元曲选》祈使句研究为目标，以“三个平面”理论为指导，揭示了《元曲选》宾白祈使句在句法、语义和语用上的表现；周晓燕《浅析唐宋祈使句的辅助语和强调标志》（2010）以唐五代至宋代口语性较强的历史文献作为依托，观察这一时期表达祈使语义所使用的辅助手段。此外还有一些硕士论文研究汉语史著作的祈使句，例如华中科技大学的周晓燕的《唐五代至宋代的祈使句研究》和朱培培的

《两汉至隋祈使句研究》、苏州大学的李红霞的《近代汉语祈使句研究》和龚峰的《〈五灯会元〉祈使句研究》等。

第八，有关方言祈使句研究。

如高然、张燕翔《广州话的祈使句》(1996)，对广州话祈使句按句子的语气不同划分次类，包括命令、请求、建议、禁止、吩咐、告诫、催促、号召等，并对每一类祈使句的结构特点进行重新认定；李崇兴、胡颖《武汉方言中由“V+他”形成的祈使句》(2006)，认为武汉方言由“V+他”句式表示祈使指令或祈使意志，其中“他”发生语法化，成为表将然的标记；张邱林关于河南陕县语气助词“呀”进行讨论，他在《河南陕县方言表将然的语气助词“呀”构成的祈使句》(2007)一文中指出，祈使句“VP 呀”表示将然的祈使语气，表达指令让听话者去做某事；盛银花《湖北安陆方言的祈使句》(2011)认为，安陆方言的祈使句有其常用的特定格式，包括“把”字类祈使句、“莫”字类祈使句、“吵”字类祈使句、“招呼”祈使句、“着”字祈使句；张明辉、云微《辽北方言的祈使句“A[性质]+儿+的”研究》(2012)，对辽北方言中表祈使语气的构式“A[性质]+儿+的”从语音、语义和语用等方面进行探究，并从认知方式角度与普通话中的“A[性质]+点”式进行对比分析；乌吉斯古冷《蒙古语陈述句和祈使句语调比较研究》(2013)，从语调研究思路出发，比较分析陈述句和祈使句语调的区别性特征。

综观已有研究，虽成果较多，但受结构主义等理论和方法的影响，大部分只是关注祈使句的结构形式或表达功能，所采用的方法多是从形式到意义，或从形式到功能，缺乏对形式和意义之间的对应关系及其运行机制的研究，更少从意义到形式的研究。而语言范畴理论的深入发展，为祈使问题研究开辟了新的途径，即以语义为核心，建立系统而全面的现代汉语祈使范畴理论体系，并对其次类进行划分；从语义范畴出发追寻祈使范畴的各种表达形式和手段，努力探讨语义与句法的接口及其运行机制，弄清其基本表达系统。这不仅有助于深化汉语范畴体系和语法系统的研究，而且可以为汉语语法教学和语言信息处理提供有益参考。

第三节 理论背景与研究方法

一、理论背景

1.“语义语法”理论

中国语言学家一直致力于建立一套“具有中国特色的语法理论”，“语义语法论”正是在“立足汉语”“形成自己特色”的大背景下应运而生。20世纪80年代，吕叔湘先生(1982)就提出了汉语语法研究要走“从形式到意义，从意义到形式”的路子。朱德熙先生(1985)曾指出“语法研究的最终目的就是弄清楚语法形式和语法意义之间的对应关系”，并指明“语法研究应当把形式和意义结合起来，相互渗透、相互验证”。胡明扬(1994)也明确表示，“从语义着手去寻找相应的句法组合可能性或分布特征是确立新的语法范畴的有效方法，特别是在显性语法形式不发达的非形态语言中”。这些学者的观点为“语义语法论”的形成奠定了较为扎实的理论基础，其代表人物还有胡裕树、张斌、陆俭明、邢福义、邵敬敏等。

邵敬敏在《“语义语法”说略》(2004)一文中正式提出“语义语法论”，他对“语义语法论”的解释是“以语法意义为研究出发点和重点的语法理论，它既不是单纯的语义的研究，也不是语义加上语法的研究”，而是“意义和形式的双向研究”，其中“语义具有重要的决定作用”。可以说“语义语法论”非常强调汉语语法研究要遵循从意义到形式的研究思路，研究的最终目的是揭示“语义的决定性、句法的强制性、语用的选择性以及认知的解释性”。祈使语义是祈使范畴的核心，我们在对祈使范畴的界定和祈使表达手段的梳理时运用了“语义语法论”的“语义的决定性”原则。

“语义的决定性”是我们在研究过程中必须遵循的原则，而“认知的解释性”则是我们需要进一步追求的更高目标。

2. 原型范畴理论

"原型"(prototype)概念是由 Rosch(1975)及其同事用来解释人类范畴化过程而提出来的，他们将"原型"定义为"某一范畴的范例"，最早是指一种具体的实例，后来在语义研究中，把原型当作一个真实的个体难以解释语义的抽象性。Violi(2000)提出语义原型范畴，即把范畴原型看做抽象的实体。范畴成员与原型越相似，它在范畴中就越处于中心地位，可以说"相似性"贯穿了范畴化的整个过程，它是范畴组织的原则。"相似性"原则体现了人们把某些事物归为同一范畴，是因为它们之间具有相似性的特点。

但相似性也是一个非常难界定的心理概念，人们在主观体验的基础上通过认知、感知和推理等方式来判断范畴成员之间的相似性。隐喻是人类认知的基本方式之一，是人们抽象思维的认知工具。Lakoff & Johnson(1983)认为"隐喻渗透于日常生活，不但在语言里，也在思维和活动中。我们借以思维和行动的普通概念系统在本质上都是隐喻的"，Lakoff & Johnson 将其称之为"概念隐喻"。"概念隐喻"涉及两个不同领域之间的相互作用，在这一相互作用过程中，某一领域结构的相关特征被映射到另一领域，映射的结果就是两个或三个心理空间中概念的整合(参看束定芳，2008：175)。这一映射和整合过程发生的基础就是相似性，可以说相似性是隐喻赖以成立的基本要素。本书主要运用原型范畴理论的隐喻和相似性原则来解释各种祈使表达手段背后的心理认知基础。

3. 认知语义学理论

认知语义学理论中最基本的问题是对意义本质的看法以及意义研究的方法，它和形式语义学有着本质的区别。Jackendoff 是最早从认知角度考察语义与世界关系的语言学家之一，他在《语义学与认知》(1983)一书中对"语言意义与认知的关系"进行了深入的分析，他认为"自然语言的语义研究就是人的心理认知研究"。另一代表人物 Langacker(1989)认为，意义本身就是一种认知现象，我们对意义的分析必须从认知的角度进行，他还提到"意义是语言存在的理由，语法仅仅是语义内容的组织手段与象征形式”。Leonard Talmy(2000)也是认知语义学的先驱人物之一，他在《认知语义学导读》(*Towards a Cognitive Semantics*)一书中提到“认知语义学的研究就是对概念内容及其在语言中的组织形式的研究”。认知语义学提出了四个假设：概念结构的体验性；语义结构等同于概念结构；语义表征的百科观；语义构建等同于概念化。这四个假设是认知语义学研究的指导思想和原则。

一方面我们运用认知语义学的理论和方法来探讨祈使语言现象，从认知心理层面推导出祈使语义，依据祈使语义构建祈使范畴理论体系，确定祈使范畴的研究对象和研究范围；另一方面又通过语言现象来揭示人的认知能力，从认知的角度对祈使表达手段进行解释。

二、研究方法

本书以范畴化理论与方法为指导，在坚持理论与实践相结合、语义与句法形式、心理认知相结合的基础上，使用理论研究、语言事实分析等诸种方法层层铺展。具体为：

1. 形式和意义相结合的方法

现代汉语祈使范畴是一个和心理、认知有关的语义范畴，其研究的基本路径是从意义到形式，即从意义入手，追寻形式表现。因此，本书坚持意义和形式的双向研究，在对语言事实进行搜集、整理分析的基础上，从语义入手，寻求语言所对应的语音、词汇、语法、语用和语境等各层面担任的语言形式。

2. 定量和定性相结合的方法

本书主要以现代汉语语料库和动词、形容词、语气词用法词典为考察对象，运用计量语言学的方法，对能够表达祈使语义的各种形式和手段进行穷尽式考察。通过对近万余例语料统计分析，在语音、词汇、句法、话语标记、语境等不同层面进行计量对比描写，尽量做到定量统计和定性分析相结合，在现实语料统计分析的基础上进行理论推理，得出可信结论。

3. 理论解释和现象描写相结合的方法

祈使范畴的理论构建是本书研究的重要内容之一，只有搭建起范畴体系的理论框架，才能在框架体系下梳理现代汉语祈使范畴的各种表达手段。同时在共时层面对现代汉语祈使表达手段进行描写，再从认知的角度分析各种表达手段之间的关联和区别，对祈使表达规律进行理论解释，以加深对祈使表达手段考察的深度和广度。

第四节 研究内容与语料来源

一、研究内容

1. 祈使范畴的性质、特点及类别

对祈使范畴的理论阐释和系统描写是本书研究的重点内容之一。本书在心理学、原型范畴理论和认知语义学理论的基础上，综合已有的文献研究，对“祈使范畴”的概念、特点、判定标准、构成要素等进行分析，以此为研究重点对祈使范畴加以界定和描述。在此基础上，不断加强对现代汉语祈使范畴及其次范畴的认识，确定祈使范畴次类的分类标准并对次范畴进行划分。祈使范畴的理论阐释和系统描写为下文现代汉语祈使范畴表达手段的梳理提供理论依据和判定标准。

2. 现代汉语祈使范畴的表达手段

现代汉语祈使范畴的表达手段是本书研究的重点内容。祈使范畴的表达手段形式丰富、差别明显，但有一个核心是相同的，那就是语义。本书从祈使语义入手，按照语言的层级体系，从语音、词汇、句法、语用到语境，尽可能全面地描写祈使表达手段，同时分析各手段之间的联系与区别，揭示其表达规律，为汉语国际教育和计算机中文信息处理提供一些有益参考。

3. 现代汉语祈使范畴的特殊问题

这一部分是在对现代汉语祈使范畴及其表达手段进行全面描写和分

析的基础上，对祈使范畴的特殊问题进行多角度、多方位研究，包括现代汉语祈使主语隐现、句末祈使语气词、祈使主观量级等问题。

二、语料来源

本书研究对象是现代汉语祈使范畴及其表达手段，我们将对表达祈使语义的例句进行广泛搜集和整理。经过仔细考察，我们将选取以下四种语料来源：

1. 国家语委现代汉语语料库

国家语委现代汉语语料库是一个大规模的平衡语料库，该语料库语料约2000万字，语料选材类别广泛，时间跨度大，社会使用层次广，可以为祈使研究提供丰富的语料来源。

2. 各类动词、形容词或语气词词典

根据对祈使表达手段的层级梳理，对《汉语动词用法词典》(孟琮等，1999)、《汉语形容词用法词典》(郑怀德等，2003)、《现代汉语语气成分用法词典》(齐沪扬，2011)、《汉语动词—结果补语搭配词典》(王砚农，1987)这四本词典中表达祈使语义的例句进行语料统计。这些词典的例句具有一定的针对性，可以提供较为系统的祈使句语料。

3. 引用语料

本书还有一部分语料来自学术论著中的经典例句，这些经典语料具有较强的代表性，对祈使问题的研究具有很好的说服力。

4. 自省语料

除了上述语料来源，本书还将通过内省的方式获得一些祈使句语料。通过自省获取的语料能够让我们对祈使语言事实体验更深，分析更加充分，也更能够从内心视角来判定或验证祈使及其相关问题的研究。

语料搜集是本书研究的重要工作，本书累计搜集语料近万余例，现代汉语语料库中的例句均标明具体出处；根据各个章节研究内容的需要，《词典》中引用的例句用注释加以说明；未标明出处的语料均来自学术论著中的经典例句或个人自造句，在此一并说明。

第二章　范畴理论及其运用

第一节　范 畴 理 论

范畴是我们理解和认识世界的基础，也是我们思维和交际的基础。人类在对其赖以生存的世界进行不断认识和改造的过程中，范畴化作为人类基本的认知能力具有非常重要的作用。人们对范畴化理论的研究经历了经典范畴理论与原型范畴理论两个阶段，本节内容重点分析这两种理论的主要观点及其局限性，为下文范畴理论的运用提供一定的理论基础。

一、经典范畴理论

经典理论(the classical theory of categories)是范畴化理论的代表理论之一。经典范畴时期是从亚里士多德(Aristotle)到维特根斯坦(Wittgenstein)之前的2000多年，这一阶段的范畴理论被称为经典理论(logical view of categorization)(参看王寅，2007)。在这一时期，范畴被看作一组拥有共同特征的元素组成的集合，其主要的理论原则为：范畴是通过一组共同特征而建立起来的；范畴体现为一组充分必要条件或特征，范畴特征是二分的(binary)，即一个范畴成员只能具有或不具有某项特征；范畴成员隶属于集合的程度是相等的，没有核心和边缘之分，因为只有具备该范畴全部特征的实体才能成为其成员，因此同一范畴的所有成员地位相等；范畴的边界是明确的(clear-cut boundaries)。

根据亚里士多德的范畴理论，以“鸟”这一范畴为例，只有某个生物具有“两扇翅膀”“两条腿”“有喙”“会生蛋”等特征(必要条件)，才可能被称为“鸟”。另外，如果某一生物拥有所有这些基本特征，这也是把它看作一只鸟的充分条件。经典理论还认为，所有具有这些特征或某一相同特征的事物形成了“鸟”的范畴。这样的特征形成了定义这一范畴的必要和充分条件，所有的范畴都属于这一类型；这一范畴与其他范畴之间存在清晰的界线，同一范畴中各成员之间的关系是平等的，即没有典型成员与边缘成员之分。

认知语言学家 Taylor，John R. 在 *Linguistic Categorization*：*Prototypes in Linguistic Theory* 中对亚氏范畴观作了引证和阐释(参看 Taylor，2001；陈维振、吴世雄，2002)，他认为经典范畴理论的五个要点是：(1)同一范畴的所有成员地位相等；(2)同一范畴的事物地位相等；(3)每一个范畴都有一组固定的必要和充分条件来对其成员进行定义；(4)所有用来定义某一范畴的必要和充分条件具有同等地位；(5)范畴之间的界限是固定的。

经典范畴理论的这些观点普遍存在于哲学、心理学、语言学、人类学等领域，并对上述学科的研究做出了一定的贡献。“二战”后音位学、句法学和语义学的形式主义的研究便是建立在上述五条基本假设之上。经典范畴理论应用于音位学的研究则认为，每一个音位都可以分解为一组特征，这些特征是二元的、终极的、不可再分的，这些特征又是所有语言共有的，并且抽象的，是人类与生俱来的。受音位学研究的启发和影响，语言学家对句法和语义范畴进行分析时，也多采用音位学的特征模式。例如在语义分析中，经典范畴理论能为词汇系统建立起相互关系，如“单身汉/处女，男人/女人，丈夫/妻子”这些成对的词语里有一个对比特征，即[男性]/[女性]。运用特征分析理论，我们能够获知“男人”具有语义特征[人类][男性][成年]，其意义就包含在“单身汉”这个词语里(“单身汉”具有[人类]、[男性]、[成年]和[从未结过婚]四个语义特征)，“男人”与“单身汉”之间就是内包关系(relation of inclusion)和上下义关系。再如“男人”一词的语义特征分解为[人类][男性][成年]，“女人”的语义特征分解为[人类][女性][成年]，“男人”和“女人”之间就是相对的关系。

然而，当人们运用经典范畴理论来解释更多的现象时，如自然范畴、社会现象，就显得无能为力了。经典范畴理论虽然有助于构建科学连贯的语言理论，但是它忽略了语言事实的丰富性和多样性，忽略了其家族相似性和边界模糊性。人们逐渐发现经典范畴理论存在诸多不可克服的缺陷。主要体现在以下几个方面：

第一，有的时候范畴的各个成员之间并不一起共有某些特征。维特根斯坦(Wittgenstein)曾经指出，像“游戏”(game)这样的范畴很难用一组充分必要条件来定义。因为游戏的种类很多，很难有一个统一的定义。A 游戏与 B 游戏有相同的特征，B 游戏与 C 游戏有相同的特征，但 A 游戏与 C 游戏之间就可能不具备完全相同的特征。即使有些概念有明确的定义，但这些定义往往只限于某一特定的使用域，如英语中的 bachelor，虽然可以定义为“unmarried adult(未婚男人)”，但它不包括“离婚的男人”，也不包括像“僧侣”这样从未结过婚的人。

Rosch 和 Carolin B. Mervis(1975)对 furniture(家具)、vehicle(交通工具)、fruit(水果)等范畴进行了分析。他们发现，这些范畴内部的成员之间很少存在像经典理论所描述的共同特征。例如，“furniture(家具)”这一范畴的成员只是在比较抽象的层次上具有一些共同的特点，如“用于家庭生活”，其主要成员如床、柜、桌、椅之间无论在形状还是在用途上都没有共同的地方。“vehicle(交通工具)”“fruit(水果)”等范畴也是类似的情况。这些结论在一定程度上证明了经典范畴理论关于所有范畴成员必须共有一些基本特征的观点是不准确的(参看 Lakoff，1987)。

第二，范畴内部所有成员之间的关系并不都是平等的。在我们来看“鸟”这一范畴通常具有以下基本特征：生蛋、有喙、有两扇翅膀、两条腿、脖子长、有羽毛、会飞、体积小、体重轻、会鸣叫等。但我们仔细观察这些特征就会发现，其中只有部分特征是所有成员都具有的，而有些只是部分成员才拥有的。其中，范畴成员共有的特征包括生蛋、有喙、有两扇翅膀、有羽毛等。部分家族成员的相似特征包括：会飞、体积小、体重轻、会鸣叫、脖子长、羽毛颜色奇异等。因此，在“鸟”这一范畴中，“燕子”就比“鸵鸟”和“企鹅”更能代表鸟的特征，因为它比“鸵鸟”和“企鹅”拥有更多、更原型的“鸟”的特征，但不能说“鸵鸟”和“企鹅”不属于“鸟”这一范畴。再如“女孩子”这一范畴，一个15岁的小姑娘与一个28岁的女子相比，前者通常会被视为一个更典型的女孩子。由此可见，范畴内部的成员之间的关系存在一定的差异性，而经典范畴理论认为范畴内部所有成员都是平等的。

第三，并非所有的范畴都有清晰的边界，经典范畴理论无法解释范畴边界为什么会模糊，而且会发生变化。在现实世界中，“书籍”“桌子”和“房子”都是界线分明的物体。不同的是，“西红柿”是“水果”还是“蔬菜”，人们对此一直意见不一致。我们既可以把西红柿当菜来烹调，也可以当水果来生吃。可见，在现实生活中，西红柿既被人们当做“蔬菜”又被当做“水果”，在这里水果(fruit)和蔬菜(vegetable)之间的界限似乎就没那么明显了。人类的语言中往往有大量的模糊语，例如“上午”“下午”“中午”，这些时间名词的界限并不是绝对的清晰；“青年”“中年”“老年”这些年龄名词的界限人们一直没有一个统一的标准，有时甚至比较模糊。

经典范畴理论对现实中的某些范畴现象是具有一定解释力的，因为有些范畴确实可以用二元化的思维方式加以认识，如数学中的“奇数”“偶数”范畴，人类的性别“男性”“女性”范畴等。但是当我们用经典范畴理论来解释更多的自然现象和社会现象时，其绝对化的认识方法的局限性就凸显出来。20世纪70年代中期美国加州大学伯克利分校的罗施(Rosch)以大量实验结果为依据，并在总结其他学者范畴研究成果的基础上，首先提出了原型范畴理论。

二、原型范畴理论

维特根斯坦(Wittgenstein)1953年在《哲学研究》(*Philosophical Investigations*)一书中以“家族相似性”理论(family resemblance theory)为起

源，对经典范畴理论提出质疑与挑战，对范畴的性质与结构做出了更科学的解释。维特根斯坦(Wittgenstein)把范畴比作家族，他认为范畴中的成员与家族中的成员一样，彼此之间只是相似，而不是相同或一致，这样一个范畴中的众多成员之间或众多成员与典型样本成员之间就具有较多的相似性，正是这些共同的属性才使得该范畴与其他范畴区别开来，而人类就是根据事体间的属性是否具有相似性联系进行概括的，这种相似性就是家族相似性。

维特根斯坦(Wittgenstein)的“家族相似性”理论对哲学、社会学、语言学等众多领域的研究产生了深远的影响，并为后来的一系列范畴研究提供了理论基础。

20世纪60年代至70年代初，语言学家及人类学家Berlin和Key(1969)调查了98种语言中的颜色词，其研究的主要目的是希望建立一个具有普遍性的核心颜色的层级。他们发现，人类能分辨大约750万种色谱，许多语言有大量的表达色彩的词语。比如在汉语中，色彩词就可以区分为“基本色彩词”“普通色彩词”和“抽象色彩词”。基本色彩词包括(1)纯色基本色彩词：“红、黄、蓝、白、黑”；(2)混合基本色彩词：“绿、紫、灰”等。普通色彩词包括“紫红、棕黑、灰白、黑紫、湖蓝、虾红、桃红、橄榄绿、肉色、米色、血色、土色、亚麻色、深红、鲜红、暗紫、浅红、深色、浅色、亮色、淡色、青色、绛色、朱色”等。抽象色彩词包括(1)联觉抽象色彩词：“冷色、暖色、黑沉沉、白茫茫”等；(2)知觉抽象色彩词：“羞色、怒色、愧色、喜色、愁色”等。

Berlin和Kay的研究发现，从语言的角度，基本颜色词(basic color terms)具有四个特点：(1)它们不被其他词语所包含；(2)它们在词法上比较简单；(3)它们在搭配上不受限制，如blonde(金色的)一词由于只能与“女性”搭配，就不是基本颜色词；(4)它们使用频繁，如“puce”(紫褐色)等就由于使用频率很低而被排除在外。他们不仅发现了基本颜色范畴，而且发现了某一颜色范畴中最具有代表性的颜色，人们就是根据这些最具有代表性的颜色对颜色连续体进行切分和范畴化的。这些最具有代表性的颜色即焦点色。Berlin和Kay还对说不同语言的人进行的测试，结果表明，“焦点色”在不同的语言中是基本相同的。这说明人们对颜色范畴的切分不是任意的，而是依照焦点色来对颜色连续体进行有理有据的切分和范畴化的。

到了70年代，美国心理学家Rosch和她的同事们(1973，1975，1978)在Berlin与Kay研究的基础上又进行了一系列试验，对焦点色的心理背景进行了探索。她用“原型”(prototype)这一术语代替了“焦点色”，以避免focus具有“中心”的含义所引起的误解。她指出，各种颜色的典型是其焦点颜色，是颜色范畴中的最佳样本。Rosch(1975)后来将实验从颜色范畴扩展到鸟、水果、交通工具、蔬菜等10个自然范畴进行研究，这些实验结果均表明“原型”这一概念是进行范畴化的重要方式，是范畴中最具代表性的成员，是最佳样本，而其他成员具有不同程度的典型性。另外，Rosch和她的同事们在实验中还发现“范畴成员的非对称性”现象，即范畴中的某些成员比其他成员更具有代表性。Rosch根据其实验结论首先提出了“原型范畴理论”(prototype theory)。他们将“原型”定义为“某一范畴的范例”，这一范例就是范畴内的典型代表，具有无标记性，是基本层次范畴的代表。人们在识别范畴中这样的典型样本时，心智处理最容易、费时最短。当提到某个范畴时，人们首先想到的往往是原型样本。原型范畴理论(the prototype theory)是范畴化理论的另一代表理论。根据原型范畴理论，范畴内部的各个成员由“家族相似性”联系在一起，并非满足一组充分必要的条件；范畴的边界具有模糊性，相邻范畴互相重叠、渗透；范畴成员依据具有该范畴所有属性的多寡，具有不同的典型性；原型是范畴内部的最佳成员或典型代表。

“家族相似性”概念提出后，在哲学界和语言学界引起了巨大的反响。始于20世纪80年代末的认知语言学非常重视原型范畴理论的研究与应用，其主要代表人物是认知语言学家Lakoff。Lakoff于1987年出版了被认知语言学界公认的一本经典著作《女人、火与危险的事物》(*Women*, *Fire*, *and Dangerous Things*)。他在第一部分(Categories and Cognitive Models)就充分肯定了范畴化的重要性：“对于我们的思维、感知、行为和言语，没有比范畴化更重要的了，没有范畴化能力，我们不管是在物质世界还是在社会和精神生活中，什么作用也发挥不了。”(参看 Lakoff，1987)Lakoff 进一步发展了原型范畴理论，提出了理想化认知模型(Idealized Cognitive Models，简称 ICMs)作为知识的结构与表征模型，而范畴结构和原型效果只是这个模型的副产品。“理想化认知模型”指特定的文化背景中说话人对某领域中的经验和知识所作出的抽象的、统一的、理想化的理解，这是建立在许多认知模式之上的一种复杂的、整合的完形结构，是一种具有格式塔性质的复杂认知模型。Lakoff(1987)指出，“理想化认知模型”主要由以下四种结构原则或认知模型建构起来，它们分别是“命题模式”“意向图示模式”“隐喻模式”和“转喻模式”。

在 Lakoff 看来，运用 ICMs 来分析概念范畴能揭示范畴中的百科全书式的丰富知识。他运用 ICMs 分析了“bachelor”“lie”“mother”等几个范畴。这种分析揭示出许多用传统的范畴理论和语义学理论无法说明的语言现象，证明了原型范畴理论在语义范畴的模糊性和多义性研究上有重要的应用价值。

原型范畴理论经历了从 Wittgenstein、Berlin 和 Key(1969)到 Rosch(1973，1975，1978)等人的认知心理学研究，再到 Lakoff(1987)等人的认知语言学研究的过程。原型范畴理论是在对经典范畴理论批判的基础上发展起来的，具有较大的进步意义。它提出原型范畴的边界是不确定的、具有一定的模糊性，原型范畴成员的地位是不等的，体现出不同的典型性等论点，对我们研究语义范畴具有较好的理论指导作用。

第二节 范畴的主观性

范畴是人们的思维对客观事物的普遍本质的概括或反映，因此，主观性是范畴最重要的本质属性之一。不论是亚里士多德的经典范畴，还是以维特根斯坦的“家族相似性”和 Rosch 等人的“原型”理论为主要特征的原型范畴理论，对范畴应有的本质属性还不够重视。我们应在范畴理论研究的基础上，进一步探讨范畴的主观性问题，从而正确认识范畴的本质特征。

一、范畴内容蕴含了人们的主观认识

“主观性”是指语言的这样一种特性，即在话语中多多少少总是含有说话人“自我”的表现成分。说话人在说出一段话的同时表明自己对这段话的立场、态度和感情，从而在话语中留下自我的印记(参看Lyons，1977)。也就是说，人的认知活动是主观的，它是对客观世界的反映并可以反作用于客观世界。人们对客观世界的主观识解和抽象形成的概念受到人的认知系统和认知能力的支配或制约。

范畴化是人们在实践中能动地反映客观世界的方式。人类在实践中抽象概括出范畴时，主要是根据客观世界本身的本质特征，根据客体的本质相似性及其在我们大脑中的主观反映，而不是先入为主地用我们的认知去对客体进行划分。“范畴不是通过标准—特征模型或者是由必要和充分条件决定的成员身份而确定的”(参看束定芳，2003)。相反，范畴是人们围绕原型、家族相似和范畴内部成员之间主观的关系而抽象概括出的。

人们对客观世界的抽象概括、归纳的过程蕴含了自己的主观态度、主观情感以及主观识解。范畴虽然是客观存在的，但是需要通过人们的主观认识用语言对其进行抽象概括，概括出的范畴内容并不一定是对客观世界的全面真实的反映，本质上并不是非此即彼的二值关系，而是在一定程度上对客观世界的主观反映。认知主体在一定目的性的指导下，根据自己原有的认知模式来理解、概括、归纳出各种不同的范畴。客观世界的哪些事物、事物的哪些方面或属性被主体所反映以及反映的程度如何，在一定程度上都与人的主体性因素相联系。因此可以说主观性是蕴含在范畴内容中的一种特质。

所以，在某种程度上，范畴不是被“发明”的，而是被“发现”的。这种“发现”的内容自然带有人们的主观性。离开了人的主观性，范畴的内容就不能被抽象概括，也就不能主观能动地反映客观世界。

二、范畴化过程体现了人们的主观能动性

范畴化是人类认知的一种高级活动，是人脑利用符号系统将混杂的世界转化为有序信息的过程，是人类对事物进行分类的心理过程，也是构建范畴的基础(参看 Ungerer & Schmid，20012)。王寅(2001)也从认知的角度对范畴化进行概括，他指出“范畴化是人类从万事万物在性质、形状、功能等各方面的千差万别中看到其相似性，并据此将可分辨的歧异的事物处理为相同的类别，从而进行抽象概括的过程和能力”。可以说范畴化就是一种以主客观互动为出发点对客观世界进行抽象概括、归纳划分的心智过程，是一种基于现实对客观世界所作的主观概括及分类并据此赋予世界以结构的理性活动。范畴化的最终产物即是我们通常所说的概念，在认知语言学中被称为“认知范畴”或“概念范畴”。

在每一次范畴化过程中，人们都会有意无意地借助大脑中已有的认知模型，提取相似的经验来对客观世界的新事物、新概念进行范畴化。Lakoff(1987)坚信，人们是通过其所谓的“理想化的认知模型”(ICMs)来组织我们的经验和知识的，而范畴结构以及范畴所表现的“原型效应”只不过是该组织方式的副产品。同时，Lakoff 认为，一般来讲，一个概念范畴可在其认知模型中找到与之相匹配的对应成分。用 Langacker(1987)的话说，概念范畴来源于对认知模型中的某个构型(configuration)以特定的方式勾勒出来的侧面(profile)。因此，每个 ICMs 便是一个结构复杂的感知整体(perceived whole)，即完形(gestalt)。

在范畴化过程中，“显著性”(salience)起着十分重要的作用。范畴的典型成员通常具有认知上的“显著性”，它们最容易被储存和提取，在形成概念的过程中它们也最接近人们的期待或预料。从典型成员到非典型成员，人们主观判断的成员的“显著度”等级依次递减，譬如一提到“蔬菜”这个词的指称范围，人们首先想到的是“白菜”，其次也许是“芹菜”“萝卜”“豆角”。当问及“西红柿”是蔬菜还是水果时，人们会一时难以断言。这个例子说明，在蔬菜类，“白菜”具有显著性，而“西红

柿”则不然。典型与非典型之分也与人们主观上对事物的“熟悉度”有一定的联系：一个范畴的典型成员通常是我们最为熟悉的事物，而那些我们不熟悉，在我们的心理图式中十分模糊的事物就成为该范畴的非典型成员，这进一步说明了范畴化过程带有一定的主观性，说明人们感知整体或完形是通过认知手段获得并得以构建的。

认知语言学的研究表明，思维是想象的，而人们正是通过诸如隐喻、转喻以及心理意象等方式不断拓展自己的想象空间。因此，隐喻映射、转喻映射以及意象图式便成为完形感知最有力的范畴化手段。这些范畴化手段属于思维的范畴，它们属于人类思维与认知的基本方式和途径。因此，范畴化是一个极其复杂的心理认知过程，它以体验、互动、概括、归纳为基础，是人类思维、语言、推理、创作等高级认知活动中的一种最基本的能力，体现了人们对客观世界抽象概括的主观能动性。

三、范畴概念反映了人们认知的不同视角

“概念是通过身体、大脑和对世界的体验而形成的，并只有通过它们才能被理解。概念是通过体验，特别是通过感知和肌肉运动能力而得到的。”(参看 Lakoff，1999)可以说，概念的形成与我们身体对客观世界的经验和体验密切相关，与我们的主观意识密不可分，是我们感知、感觉、心智、情绪等的产物，是我们与客观世界互动的产物。

范畴概念是基于人们身体的客观体验和大脑的心智加工而形成的。身体是我们认识世界的出发点，在我们认识和了解世界的过程中，我们借助于空间概念和人类的思维进行范畴化的活动，形成概念和推理，完成人类对世界的体验，并通过体验对客观世界进行概括和分类，形成不同的范畴概念。体验哲学的代表人物 Lakoff 和 Johnson 指出，“心智的体验性、认识的无意识性和思维的隐喻性是体验哲学的三个基本原则”(Lakoff & Johnson，1999)。“心智的体验性”是指人们在进行范畴化的过程时，思维中所形成的概念和推理等不是对外部世界客观的、镜像的反映，而是通过我们的体验，依赖大脑和环境的互动，抽象概括形成的带有认知主体主观性的一种认知；“认识的无意识性”是指在人类进行

范畴化的过程中，人类的神经加工过程和认知运作程序十分复杂而短暂，以至于人类无法感知其认知过程的存在；“思维的隐喻性”主要体现在人类语言的使用中，由于人类思维的隐喻性，人类的语言才如此丰富，才能够去表达抽象的概念域，将人类的知识扩展到新的领域。人们对客观情景的主观识解和所形成的概念表征受人的认知系统和认知能力的支配和制约。

Lakoff 的这段话表明了概念的形成基础是一种心寓于身的体验观。换言之，范畴概念与客观世界之间的关系并不是机械的一一对应关系，并不是客观世界在认知主体大脑中的镜像，而是认知主体结合自己的经历和体验，在一定目的的指导下，通过抽象思维对已有认知模式进行的新信息的理解和解释，抽象概括出范畴概念。范畴概念反映了认知主体的不同视角，感知、心智和认知是主观的，视角不同，认知主体在大脑里的心智加工就不同，获得的范畴或对范畴的理解也就不同。

总而言之，范畴是人们通过大脑思维对客观世界进行认知分类的产物，主观性是范畴最重要的本质属性之一。这种主观性表现在范畴内容蕴含着人们的主观认识，范畴化的过程体现了人们的主观能动性，范畴概念反映了人们认知的不同视角。可以说，范畴作为主体意识对世界的反映，其形成和发展必然与主观性紧密相连。

第三节 语义范畴

在语言中，语义范畴是一个复杂的概念。有的称作语法范畴，有的称作语义语法范畴，还有的称作句法范畴等，这就需要我们弄清楚有关语义范畴的一些基本概念，以及它包含哪些特性。

一、语义范畴的界定

我们之所以要对语义范畴进行界定，是因为学界对其内涵和外延的界定不同，存在较多分歧。如张涤华(1988)称之为语法范畴，胡明扬

(1958；1992；1994)、马庆株(1998)、李宇明(2000)使用的是“语义语法范畴”，邵敬敏(1992；2006)等称之为广义的语义范畴，简称语义范畴。

为什么学界会出现语义范畴、语法范畴或语义语法范畴这么多概念？归根结底是因为研究的出发点不同，造成了概念称谓上的不同。目前，学界对这一问题的研究有两个不同的出发点，一是认为语法形式和语法意义是相互对应的关系。如胡明扬(1994)认为，任何语法范畴都是由一定的语法形式和相应的语法意义相结合而构成的，都和一定的语义内容有联系，在这个意义上所有的语法范畴都是语义语法范畴。马庆株(1998a；1998b)对“词汇意义——语义特征——语法分布”三者之间的关系加以论证，打通了词汇和语法的关系，进而证明汉语语义范畴和语法范畴的对应性。可以看出，胡明扬和马庆株的观点都肯定了语法范畴中语法形式和语法意义的一一对应关系，因而学界把语义范畴称作语法范畴，也可以合称为语义语法范畴。

20 世纪 80 年代以来，人们逐渐认识到，语法意义和语法形式之间不是简单的一一对应关系，而是一对多或多对一的复杂关系。学者们开始关注从意义的决定性和形式的反制约性这种对立统一的角度来重新界定语法意义和语法形式的内涵。其实早在 20 世纪 40 年代，吕叔湘(1942)就主张语法研究可以语法意义为纲，来说明所赖以表达的语法形式，这样的语法意义就具有一定的独立性。邵敬敏继承了吕叔湘的观点，他指出(1992)，“语法研究应该根据汉语的特点，着重分析汉语的语法意义范畴及其表现形式……确切地说是研究语法意义如何通过各种语法形式表现出来的，它既有词汇及语用问题，而更主要的还是句法本身的问题”。这一论点不仅提出了语法意义对语法形式的独立性，而且认识到词汇、语用与语义之间的联系，尤其对认识语义对句法的决定性作用有重大意义。以邵敬敏为代表的这一类学者的观点与前者相比，不同之处在于他们坚持语义与形式之间并非对应关系而是决定关系，凸显了语义决定性的因素，因而语义范畴是独立于形式范畴而存在的。

随着功能语言学和认知语言学的兴起，语义成为语言研究中越来越重要的因素，语义对形式的决定性作用越来越凸显。我们对这一概念的界定应以语义为出发点去寻找其在语言各个层面的表现形式，不仅寻找语义在语法层面的表现形式，也要寻找语义在语音、词汇、语用等各个不同层面的表现形式，这就是广义的语义范畴，简称语义范畴。本书采用广义的语义范畴为研究对象，只要是涉及与语义有关的内容，我们都将其归入范畴内。可以说，“语义范畴”是在探求汉语特有的表现语法意义的语法形式或决定语法形式的语法意义的过程中，在不断明确语法研究目的和探求研究方法的过程中，在认识到语法意义与语法形式之间内在的决定与反制约关系这样的历史背景下提出来的(参看邵敬敏、赵春利，2006)。这一观点就是从语义出发对语义范畴的内涵、外延加以界定，会对汉语语义语法研究带来新的发展。

二、语义范畴的特性

上文我们对语义范畴的概念进行了界定，我们认识到语义范畴是人们对客观世界从意义层面的抽象概括得出的范畴概念。这个范畴概念的形成是由两方面因素决定的：一是客观事物的相互关联，大千世界，物种繁多，现象纷呈，但它们不是孤立的，彼此间有着各种各样的联系，这种联系就是语义范畴系统形成的基础；二是人的认识的主观性，人们对客观世界的认识，都是经过大脑、心智的加工得出，具有一定的主观认识性。因此，我们认为语义范畴是一个人类基于客观世界的主观加工得到的意义概念，这一概念具有四个鲜明的特点，即向心性、相似性、模糊性和开放性。这四个特点相互关联，彼此构成一个较为完整的体系。

1. 向心性

所谓语义范畴的向心性是指语义范畴围绕语义原型向外辐射或成链状扩展，扩展意义表现出对原型意义不同程度的向心性。原型范畴理论认为“一个范畴是由一些通常聚集在一起的特征所构成的‘完形’概念”(参看沈家煊，1999)。这里所描述的“特征”并不是该范畴的必要充分条件，而是它的典型特征，完全具备这些特征的是范畴的典型成员，反之则是非典型成员。非典型成员围绕典型成员逐渐向外辐射，离中心越近，范畴成员具有的特征表现越明显；离中心越远，范畴成员具有的特征表现越微弱。语义范畴成员正是在这种向心性的关系中，围绕原型概念意义，根据"家族相似"的原则，将其他语义成员在不同程度上集束起来。人们在理解、划分任何一个语义范畴概念时都可以根据这个原型概念意义做出判定，离原型较近的把它作为中心的典型意义，离原型较远的视其为边缘意义。由于人们对世界的认知不是静止不变的，而是动态发展的；在认识新事物的过程中，语义范畴围绕原型概念意义不断扩大，形成辐射状或连锁型结构，抽象程度也不断提高，语义范畴中的扩展意义都表现出对原型概念意义的向心性。

2. 相似性

维特根斯坦(Wittgenstein)提出一个范畴中范畴成员之间存在的"家族相似性"。根据"家族相似性"原理，一个范畴的所有成员都联结在一个集合上，由一个复杂的、相互交叉的相似性网络集束在一起，这里的相似性有时表现为一种总体上的相似性，有时却表现为一种细节上的相似性。维特根斯坦(Wittgenstein)说："我认为没有任何词语比'家族相似性'更能表达这种相似性了，因为家族成员在身材、相貌、眼睛的颜色、步态、性格等方面的相似性也是以同样的方式互相交错重叠的"(参看 Wittgenstein，1953)；"我们看出，我们称之为'词句'和'语言'的那种东西，并没有我所想象的那种形式上的统一性，而是一个由彼此或多或少关联的结构组成的家族。"(Wittgenstein，1953)

维特根斯坦(Wittgenstein)认为范畴成员之间存在着"家族相似性"，但不存在任何共同属性。他曾仔细研究过如何给 game 一词下定义的问题，他注意到这个词语有多个意义，指称范围也很广泛，包括各种各样的 game，它们之间的边界是模糊不清的。在此基础之上，他进一步发现 game 这个范畴的各个成员之间并没有一套共同属性可用来将它们与不属于这个范畴的成员区分开来，进而无法用一组共同的语义特征来包括它的全部义项。因此，维特根斯坦(Wittgenstein)认为建立范畴的基础是相似性而不是共同性。

Rosch 和她的同事们通过一系列实验(1975)证明维特根斯坦(Wittgenstein)提出的范畴成员之间存在着“家族相似性”的观点是正确的，但对于范畴成员之间没有任何共同属性的结论还不能完全加以确定。我们知道，在各种事物之间既不存在绝对的同一，也不存在绝对的差异，而是同中有异，异中有同。例如，board game 不同于 ball game，ball game 不同于 card game，但他们都是 game，都必须遵守一定的规则，这就是它们之间共同的东西，具有一定程度的共同属性。从某种意义上说，共同属性也可以被看作一种相似性。

语义范畴是根据范畴成员之间的“家族相似性”建立起来的，这具有重要的语言学意义。结构主义语义学认为，语言符号包含二元关系(见 Leech，1981)，符号是对客观现实的真实记载，语言符号只是自然范畴的镜像反映，人脑的作用莫过于一面镜子。认知语言学则认为，语言符号包含三元关系，符号记载的是人的经验现实，范畴化并不是对客观世界的简单分类，而是包含有人的认知能力和心智体验在内的主观活动，指称意义涉及符号、人脑、世界三者之间的关系。在这三者之间，人脑的作用远远超过一面镜子的作用，而是在身心体验的基础上形成对客观世界的主观反映。这种主观反映就是依据“家族成员相似性”建立起的语义范畴。

因此，范畴成员之间的“家族相似性”可以被看作语义范畴的一种内在机制，它的存在和提出充分证明了语义范畴具有经验基础，证明了人脑在其中的主观能动作用。由于有了“家族相似性”这一内在机制，人类可以通过认知活动去概括归纳出各类语义范畴。

3. 模糊性

语义范畴通常存在着两种模糊性：范畴成员在隶属程度上的差别以及范畴边界的不明确性。例如词语所表示的语义范畴常常没有明确的外延，只有在范畴的中心处，语义特征才变得清晰；越是偏离其所属范畴的中心，范畴成员的语义特征就越模糊。正如模糊理论的创始人 Zadeh 所说的那样：“模糊类是指该类中的成员向非成员的过渡，是逐渐的，而非一刀切的”，模糊类是“其界限不是泾渭分明地确定好了的类别”

（参看王逢鑫，1996）。例如一提到“蔬菜”，人们首先想到的是“白菜”，其次也许是“黄瓜、萝卜、豆角”。但当问及“西红柿”是蔬菜还是水果时，人们却一时难以加以判断。因为西红柿既可以当作水果，又可以当作蔬菜。这个例子说明在一个范畴中，隶属程度越差的成员模糊性就越高，就越偏离范畴的中心，其范畴的边界是不明确的，同时也证明了模糊性是语义范畴的客观属性。

语义范畴模糊性的原因多种多样，其中既有客体方面的原因，同时又有主体和语言方面的原因。首先，客体方面的原因。我们知道，客观世界包罗万象，纷繁复杂，客体与客体之间通常具有连续性，有时边界不明确，反映到语言系统就会导致语义范畴的边界模糊，客体的模糊性是语义范畴的模糊性的根源和依据。其次，主体方面的原因。人类总是生活在对客观世界的认识过程中，进入人们大脑中的客体种类万千，复杂多变，而人类对客观世界的认知能力是有限的。因此，人们在其认识过程中常常暴露出对客体认识的笼统性和模糊性特征，这种认知的局限也是语义范畴的模糊性产生的原因之一。最后，是语言方面的原因。客观世界是一个连续的整体，而语言符号是非连续的；人类感知世界的信息是无限的，语言符号是有限的。人类利用语言符号、根据“家族成员相似性”原则对客观现实进行分类、抽象概括，实质上就是以有限的、非连续的符号承载无限的、连续的外部世界。客观存在中的事物和现象比人们的任何分类和任何表示这种分类的语言所能表现的东西多得多，也丰富得多，具有更大的多面性。所以，语言所代表的各类事物及各类现象之间是有过渡状态的，因为每次分类和概括得到的两个相邻范畴之间总是存在着一个过渡区域，不论这种区域多么细小，都将导致这两个相邻范畴的边界具有不确定性以及范畴边缘成员的类属模糊性。

Rosch 曾利用“认知经济性”的原理来解释语义范畴的模糊性，他提出：“每个生物体都希望从其范畴中得到大量的有关周围环境的信息，同时又尽可能少地消耗其自身有限的能力资源。”（Rosch，1978）类属划分降低了人类认知过程的复杂性，即使认知更加经济；反过来，“认知经济性”可以使人脑高效率地工作，但不可避免地会造成语义范畴的模糊性。根据 Rosch 的观点，语义范畴的模糊性是“认知经济性”的必然产物。

4. 开放性

语义范畴中的典型成员和非典型成员的地位并不相等，但它们之间没有明确的界限。更为重要的是：语义范畴的边界范围可以具有一定的弹性，没有明确的外延，具有一定的开放性。就某一个具体的语义范畴而言，其典型成员具备该范畴的典型特征，处于语义范畴的中心，有明显的类属特征和较高的清晰度。从典型成员到非典型成员，范畴成员的隶属度呈逐渐递减的状态，但成员之间的极差值是无法用数值精确标识的。范畴成员依照逐渐递减的趋势由中心向边缘延伸，而范畴的边缘界限非常模糊，人们甚至难以判断边缘范畴成员究竟隶属于相邻的哪个范畴。由此可以得出，语义范畴的边界是开放性的。

语义范畴的开放性为随时接纳新的范畴成员或消除旧的范畴成员提供了条件，这才使得某些范畴的边界得以不断扩展或缩小。语义范畴边界开放性的原因也是多种多样，其中既有客体方面的原因，同时又有主体和语言方面的原因。首先，客体方面的原因。客观世界包罗万象，纷繁变化，客观存在的事物或现象也在不断地发生改变，反映到语言系统中就会导致语义范畴的边界一直处于开放的状态，随时适应客观世界带来的运动和变化。其次，从主体和语言方面来讲，语言符号在进入使用过程中时，语义一直处于一种运动的状态，也在不断发生着变化，运动中的语言符号会获得或失去许多动态的、临时的语义功能，语义范畴也需要与之保持自然对应的关系。如果将语义范畴的中心(原型)成员视为圆心的话，那么语言在现实语境下的意义既有与圆心保持一致的趋势，又有逐渐远离圆心的运动趋势，即语义范畴有开放性。人们使用语言的过程也是语言创新以及语义范畴发生变化的过程，语义的这种动态变化根源于人类认识的发展和创新的需求。这些原因决定了语义范畴具有开放性的特点。

总而言之，语义范畴成员之间根据相似性原则存在隶属程度不同的等级差异，典型范畴成员具有核心特征，距离核心越远的意义越模糊，导致范畴外延的不确定。由此可以归纳得出，语义范畴具有向心性、相似性、模糊性和开放性。

第四节　语义范畴的语力

语义范畴就是以语义为核心抽象概括出的意义范畴。一直以来，句子意义和语力之间的关系都是语言学家讨论的重要话题之一。传统的语言学观点认为，句子本身所包含的语义是相对稳定的句子意义，这种意义是不随语境的改变而变化的。而言语行为理论和认知语言学则认为，一个句子除了本身所包含的语义外，话语所包含的语力更是确保交际活动达到预期目的的关键所在。因此，要想正确理解句子的意义，也必须要重视语力。

一、语力与语义的关系

胡明扬(1991)认为，“按传统的说法，至少就书面语而言，句子的意义是语汇意义加句法关系意义”。由此可以得出，句子的意义即语义，它包括词汇意义和语法意义(句法关系意义)两大类。但是我们知道，一个语句在具体语境中说出或使用，除了会产生句子意义外，还会产生一种能够发挥独特社会、心理效应的交际意义。这种交际意义就是说话方的交际意图，也就是言语行为理论提到的“语力(illocutionary force)”。一般来说，语力可以理解为“话语施事的力量”，是由话语施事行为所体现的说话者的交际意图，即话语在具体交际场景中所发挥的特定功能。例如“再说一句!”这句话在不同的言语环境中可以具有“忠告”“提醒”“威胁”“制止”等语力。

最早在语言范畴内使用“力量”这一术语的是德国哲学家弗雷格。一个世纪前，弗雷格在研究表达式语句的意义和真值之间的关系时，将“涵义(sense)”和“力量(force)”区分开来，他把与确定某个表达式出现于其中的语句是否成真的相关部分意义称作该表达式的含义，而把语句在说出时所具有的某种特征看作语句说出时所产生的“力量”（参看达米特，1994）。

英国哲学家约翰·奥斯汀（Austin）受到弗雷格关于语句在说出时都带有某种“力量”这一观点的启发，关注语句用于实施言语行为的功能。奥斯汀（Austin）通过抽象的方法把言语行为区分成言说行为、施事行为和取效行为，其中“言说行为”指的是说出合乎句法规则和语义规则的有意义的话语，“施事行为”则是指在具体语言使用场景中使有意义的话语获得一种语力。奥斯汀（Austin）虽然得出语句意义同语力之间的密切联系，但是他却将语句意义同语力区分成两个概念加以阐述。他认为语句意义的表达和理解只是依赖于句法、语义等语言规则，并不随使用环境的变化而变化，而语力的产生则不完全取决于句法、语义规则，同样一个语句用于不同的语境往往具有极不相同的语力。事实上，判定一句话语的确切语力，一方面要依据语句的使用规则，另一方面还要考虑言语活动参与者的身份、地位、心理状态、所处的环境以及双方的背景知识等语用因素。

基于以上认识，奥斯汀的学生塞尔（Searle）并没有完全接受其老师的观点。塞尔（Searle）认为，任何正常的语句不仅包含有意义，并且还带有相应的语力，语力是意义的一个必不可少的组成部分。在塞尔（Searle）看来，不能割裂言说行为同施事行为，更不能将语句意义与语用力量区分开来。他用命题行为取代了奥斯汀（Austin）言说行为中的表意行为，并进而强调，完整的话语施事行为一般都包含命题内容和施事力量（即“语力”）这两个方面。塞尔还以逻辑式 F(p) 作为施事行为语句的典型形式，其中 F 代表施事行为力量，即语力，(p) 代表话语施事行为的命题内容。命题内容通过做出的施事行为得以表达，也就是同一定的语力相伴出现，而语力则决定了施事行为的具体类型。

塞尔（Searle）关于语句意义与语用力量之间关系的观点为我们理解什么是语力提供了很好的借鉴。事实证明，言语行为的功能并不常取决于有关语句的意义，而更多地依赖于特定的语境因素。比如祈使句“别慌！”在不同语言环境的语用功能也完全不一样。“别慌”用于“别慌，妈妈来了！”的句子环境中表示“安慰”；用于“别慌，坐下！”的句中则表示“制止”；用于“别慌，时间来得及！”表示“劝阻”。可见，语句意义与语用力量两者之间关系并不是一一对应，而是具有错综复杂性。语句意义可以帮助受话者理解话语带有的语力、明确话语施事行为的性质；相反，语力反过来具有限定语句意义的作用。

目前，语言哲学界究竟是将意义与语力作为两个范畴来对待还是把语力看作(语句)意义的一个组成部分的这类问题，尚无定论。但是我们认为，如果把语力作为广义的理解的意义的一个方面，即言语的交际语用意义的组成部分，那么对于语力的研究将是语义理论研究中不可或缺的重要内容。

二、语力的构成要素

关于语力的研究，除了要讨论语力与语句意义的关系、语力研究在语义理论研究中的地位等问题外，还需要对语力的构成要素展开分析。

塞尔(Searle)(1998)认为，语力的构成要素大致可概括为七种：(1)(话语)施事行为的意图，施事意图指的是在实行施事行为中所包含的内在目的。例如指令类施事行为旨在使他人去做某事。这种内在目的是语力构成要素的重要组成部分之一，因为它在某种程度上可以决定施事行为到底归属于哪种类型。(2)施事意图的力度，这一力度主要指不同的施事行为在实现施事意图时所体现出来的力量的强弱程度。例如“你可以出去”与“你给我出去”这两句话语在确保“你出去”这一命题的力度上明显不同，前者表示“许可”，后者表示“命令”。(3)实现施事意图的方式，施事意图相同的一类施事行为也许会在实现该意图的方式上有所不同。有些施事行为必须依靠特殊的方式或条件才能成功地完成，从而实现话语施事行为的意图。对于那些需要特殊的方式或条件才能得到实施的言语行为而言，实现施事意图的方式就成为其语力的重要成分。(4)命题内容条件，语力有时会对命题内容起着某种限定作用。例如承诺类与指令类施事行为虽然都涉及某种未来的行为，但前者是说话者承诺自己的未来行为，后者则是说话者要求听话者未来实施相应的行为。这种区别限定是具体的施事行为性质决定的。(5)前提条件，主要指说话者在实施言语行为中预先假定成立的条件。对于许多施事行为而言，只有满足这些条件，施事行为才能得以完成。例如说话人对听话人发布某种指令，首先在心里要预先判定听话人是否有能力、有条件完成，说话人才能对听话人发布相关的指令内容；属于表态类和宣告类的各种施事行为也都具有自己具体的前提条件，说话人事先要预判自己能够满足这些前提条件，才能完成表态或宣告的实施行为。(6)真诚条件，所谓的真诚条件指的是在完成话语施事行为中体现出的心理状态。通常情况下，说话者在实施表达某个命题内容的施事行为中，就体现出一种与此命题内容相应的心理状态。例如说话者做出“指令”这一施事行为，一般就可以认为，他确实真心希望听话者尽力执行这一指令。(7)真诚条件的力度，是指语力在表达心理状态时力量的强弱程度。正如施事行为的意图能够以不同的力度来实现那样，真诚条件的力度也有强弱之分，即使施事意图相同的言语行为，其真诚条件的力度也存在区别。例如，尽管指令类施事行为都表达某种愿望，但含有不同语力的指令类施事行为所表达的愿望，在强烈程度即力度上却不尽相同。真诚条件的力度往往同施事意图的力度成正比。

通过以上对塞尔(Searle)言语行为理论中语力构成要素的阐述，我们可以从认知心理角度进一步对其进行深入的分析，对上述七项要素中每项内容的心理动因加以确定。这既有助于完善经典言语行为理论，也可以为语用学的认知语言学研究提供一个新的角度，同时丰富认知语言学的研究。

我们将制约语力的因素分为客观决定因素与主观决定因素。客观决定因素主要包括说话双方的社会地位、身份与社会环境等。言语行为是在一定的社会文化环境中发生的，言语交际双方都是社会中的人，必定会受到某种社会力量的影响，即说话双方的各种社会因素影响着语力。比如说话双方的社会地位、身份是众多社会因素之一，说话人和听话人的社会地位、身份会直接影响言语行为的语力。一般来讲，社会地位比听话人高的说话人的言语往往具有较强的语力，比较容易对听话者的行为和心理产生影响。主观心理因素主要包括说话双方的内心需求、说话人的礼貌策略、说话人的内心预设以及说话双方的心理认同度等。这些主观心理因素是说话双方内在的力量趋势，在很大程度上决定了说话人言语行为的语力强弱。这一点会在后面的章节中加以详细分析。

【本章小结】

本章内容在经典范畴理论、原型范畴理论的基础上对范畴理论的发展、范畴的主观性、语义范畴和范畴语力等概念进行了详尽的分析。具体内容总结如下：

①范畴理论的研究经历了两个阶段：一是经典范畴理论阶段，经典理论(the classical theory of categories)是范畴化理论的代表理论之一。经典范畴时期是从亚里士多德(Aristotle)到维特根斯坦(Wittgenstein)之前的2000多年，这一阶段的范畴理论被称为经典理论(Logical view of categorization)；二是原型范畴理论阶段，原型范畴理论经历了从Wittgenstein、Berlin和Key(1969)到Rosch(1973，1975，1978)等人的认知心理学研究，再到Lakoff(1987)等人的认知语言学研究的过程。原型范畴理论是在对经典范畴理论批判的基础上发展起来的，具有较大的进步意义。

②范畴是人们通过大脑思维对客观世界进行认知分类的产物，主观性是范畴最重要的本质属性之一。这种主观性表现在：范畴内容蕴含着人们的主观认识；范畴化的过程体现了人们的主观能动性；范畴概念反映了人们认知的不同视角。可以说，范畴作为主体的意识对世界的反映，其形成和发展必然与主观性紧密相连。

③我们从语义出发对语义范畴的内涵、外延加以界定，只要是涉及与语义有关的内容，我们都将其归入语义范畴内。语义范畴成员之间根据相似性原则存在隶属程度不同的等级差异，典型范畴成员具有核心特征，距离核心越远的意义越模糊，导致范畴外延的不确定。由此可以归纳得出，语义范畴具有向心性、相似性、模糊性和开放性。

④语义范畴就是以语义为核心抽象概括出的意义范畴。一个句子除了本身所包含的语义外，话语所包含的语力更是确保交际活动达到预期目的的关键所在。语力是言语交际语的重要组成部分。

第三章　祈使范畴

第一节　祈使范畴的界定

“祈使”就是祈使者让祈使对象做某事。祈使者首先在大脑中产生“要某人做某事”的愿望，这个愿望借助一定的形式在客观世界里表现出来，形成祈使行为。祈使范畴就是对祈使行为的抽象概括，投射到语言层面，形成祈使语义。我们从祈使语义入手，对祈使范畴加以界定和描述，概括出祈使范畴的特性，分析祈使范畴的构成要素及其相互关系。祈使范畴的理论构建为现代汉语祈使范畴和范畴表达手段的研究提供一个大致的理论背景(theoretical backgound)。

一、祈使行为

祈使行为就是祈使者向祈使对象发出的指令行为，即祈使者要祈使对象做某事。祈使行为的产生经历了两个阶段：

1. 第一阶段：祈使行为萌生阶段

在这一阶段，祈使者大脑中产生“要某人做某事”的愿望。英国哲学家托马斯·里德(2011)指出，“‘愿望’表示的是意愿(willing)和做决定(determining)的行为”，并且“愿望的每一个行动都必须有一个对象”。祈使者大脑中“要某人做某事”的愿望本身具有非常明确的内容，它隐含了三个因素：确定的祈使对象、祈使的内容和预设实现的祈使结果。比如张三欠我的钱，我要让张三还钱，那么在我大脑里首先会出现

“要张三还钱”的愿望，“张三”就是这个“愿望”的祈使对象，“张三还钱”是祈使的内容，“张三还钱给我”是祈使者预设的祈使结果。这三个因素相互关联就构成了祈使者心里的“祈使愿望”。

进一步来看，人为什么会产生这种“要某人做某事”的愿望呢？美国心理学家亚伯拉罕·马斯洛(1943)在《人类激励理论》一文中指出，“人类需求像阶梯一样从低到高按层次分为五种，分别是：生理需求、安全需求、社交需求、尊重需求和自我实现需求。”人的需求是内在的或先天决定的，“需求”贯穿于人的整个一生。正是在这种需求的驱动下，人们在大脑中才会产生这种“要某人做某事”的愿望，这种愿望是祈使行为得以实施的基础，是客观存在于人的大脑中的。

2. 第二阶段：祈使行为实施阶段

大脑中的这种祈使愿望借助一定的方式表现出来，形成祈使行为。这种实施的手段可以是非语言手段也可以是语言手段，比如一个眼神、一个手势或是一句话等。一旦祈使愿望借助某种手段表现出来，就意味着祈使者实施了祈使行为。比如一个孩子想向妈妈要钱买零食吃，这种吃的需求就触发了他“向妈妈要钱”的愿望，这个愿望需要借助一定的手段才能得以实施。当他伸手向妈妈表示要钱或是用言语表达“妈妈请给我钱”时，这个孩子就实施了祈使行为。可见祈使行为是祈使者为了实现自己的祈使意愿而发出的“让某人做某事”的个人主观行为。

综上可见，祈使行为是祈使者个人有意识的主观行为。祈使行为的产生需要经历两个阶段，一是产生前在祈使者头脑中形成“要某人做某事”的愿望；二是这个“祈使愿望”需要借助某种手段得以表现，最终才能形成祈使行为。

二、祈使语义

祈使语义是对祈使言语行为意义的抽象概括，是祈使行为投射到语言层面的反映。我们知道，祈使行为可以借助语言手段和非语言手段加以实施。当祈使者运用语言手段实施祈使行为时，便形成了祈使言语行为；祈使言语行为包括祈使行为的内容和祈使行为内容的表达形式两个层面；祈使言语行为的内容就是祈使语义，对祈使语义进行抽象概括就形成了祈使语义范畴。

祈使语义可以通过使用各种不同的语言形式来实现表达。由于祈使者实施祈使言语行为时的主观心理差异，表达祈使语义的语言手段便形式多样、内容复杂。祈使者可以通过某些词、某些句式或是利用不同的语境因素来表达“要某人做某事”的语义。这些言语表现形式只是祈使语义的载体，祈使者通过这些形式载体向祈使对象传达祈使内容，希望祈使对象行动起来，实现祈使者的祈使目的，可以说语义是祈使言语表达形式的核心。Langacker(1989)也曾指出：“语言的象征性决定了意义的中心单位，意义是语言存在的理由，语法仅仅是语义内容的组织手段与象征。”

一直以来，许多学者都从不同的角度对祈使语言现象进行概括和归纳。由于受到主观认识、客观条件等诸多因素的影响，学者们对界定祈使语言现象的角度、范围和内容存在一定的分歧。如吕叔湘(1942)认为“祈使”是“以支配我们行为为目的的语气”。朱德熙(1982)指明，“祈使”就是“要求某种行为的实施”。袁毓林(1993)从表达功能上对祈使进行了概括，他认为“祈使”就是“要求听话人做或不做某事”。这些对祈使语言事实的认识大多更关注形式层面。我们知道，祈使言语行为本身就蕴含着“要某人做某事”的祈使语义，形式只是语义的表达手段。以形式为切入点很难客观、准确地判断祈使言语行为，因此对这一言语行为的认识更应该从语义入手。

祈使范畴就是对祈使行为的抽象概括，投射到语言层面，形成了祈使语义。从祈使语义出发去追寻祈使言语的表现形式和表达手段，研究祈使语义的细微差别所引起的表现形式上的变化，以及祈使语义对表现形式的决定作用，可以更好地弄清楚祈使语义和表现形式之间的对应关系。因此，我们可以祈使语义为切入点，对祈使范畴进行界定和描述，构建一个相对系统、科学的祈使范畴理论体系，在这个理论体系下可以更准确地认识祈使语言事实。“祈使行为”、“祈使语义”和“祈使范畴”三者的关系如图 3-1 所示：

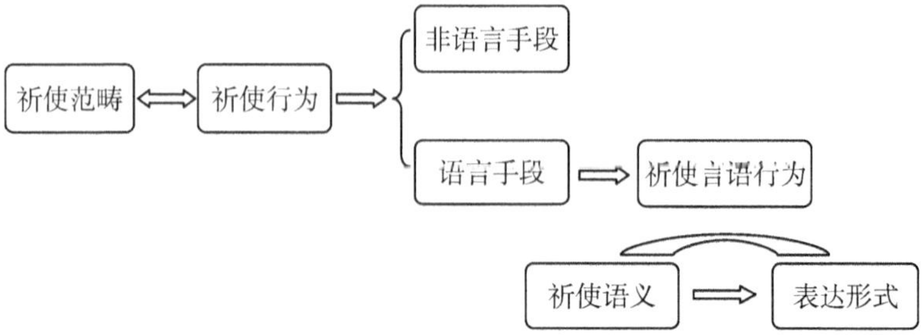

图 3-1

由图 3-1 可以得出，祈使范畴就是对祈使行为的抽象概括；祈使行为借助语言手段加以实施形成祈使言语行为；祈使语义就是祈使言语行为的内容，祈使言语行为的内容可以通过不同的语言形式进行表达。图 3-1 不仅反映了祈使范畴得以表现的过程，也反映了我们对祈使范畴的认识过程。

三、祈使范畴

"范畴"和"范畴化"是认知语言学研究的重要内容之一。"范畴"首先是一个哲学概念，亚里士多德(Aristotle)第一个系统阐释了范畴理论，从亚氏《范畴篇》的论述中可以看出，"他把范畴视为人类认识世界的一种逻辑工具"(吴世雄，陈维振，2004)。简单说"范畴"就是人类在认识世界和改造世界的过程中，通过认知对客观世界事物或关系的高度概括，帮助人类认识、了解客观世界。人类对客观世界的概括和归类的过程，就是"范畴化"的过程。Lakoff(1987)指出，"没有范畴化能力，我们根本不可能在外界或社会生活以及精神生活中发挥作用"。可见，范畴化是范畴形成的过程，范畴是范畴化的结果。

人类对客观世界的范畴化也要遵循一定的规则。王寅(2007)指出，"范畴化和概念化是一种心智过程，像心智能力一样具有规则性，因为人类形成范畴时必须依据一定的规则"。人类把具有相似性关系的事物和概念，通过概括、总结、感知、比较、判断和隐喻等种种认知手段不断进行归纳与总结，在心里形成一个有规则的认知世界。

原型范畴理论是在亚里士多德(Aristotle)的经典范畴理论的基础上提出来的。经典范畴认为范畴是一组拥有共同特征(feature)的元素组成的集合，这一组集合受到一系列特征的约束：

Ⅰ. 范畴是由必要和充分特征联合定义的；

Ⅱ. 特征是二分的；

Ⅲ. 范畴有清晰的边界；

Ⅳ. 范畴内的所有成员地位相等。(参看文旭，2014)

随着认知科学的发展，经典范畴理论受到有力的挑战。拉波夫(Labov)、罗施(E. Rosch)通过对一系列范畴的考察，发现经典范畴理论还有待进一步深入研究。罗施(Rosch)在维特根斯坦(Wittgenstein)的"家族相似性"(family resemblance)原则基础上提出了"原型范畴理论"。她认为，属于同一个范畴的各个成员，其典型性和隶属度很有差别。范畴内的典型成员是范畴的中心，其他成员根据相似性进行归类，这些典型成员被认为是范畴的"原型"。

"原型"就是范畴中特定的、心智处理最容易、费时最短的成员代表，具有最大的家族相似性。一个范畴就是围绕"原型"这一参照点建立起来的。当提及某一范畴时，人们首先想到的就是其原型成员，它对于识别范畴其他成员起着重要作用。人们关于对"原型"的认识，经历了一个从具体到抽象的过程。最初罗施(Rosch)通过对样本的原型程度评估得出结论，认为"范畴原型"是一组具有典型特征的实体构成的。后来语义学家把"原型"概念引入语义研究发现，把原型当作范畴的真实实体来解释词义是行不通的，而应把原型看作一个抽象的意象，是对一组概念的高度抽象的结果。前者可称作"范畴原型"，后者称作"语义原型"(Violi，2000)。

祈使范畴是对祈使行为的抽象概括，投射到语言层面，形成祈使语义；通过对祈使语义的抽象概括得出祈使语义范畴。因此，祈使范畴具有两个性质不同的含义：一是对客观世界中的祈使行为的抽象概括，称之为"祈使行为范畴"，这是广义的祈使范畴；一是对语言中的祈使语义的抽象概括，称之为"祈使语义范畴"，这是狭义的祈使范畴。祈使行为范畴包含祈使语义范畴，而祈使语义范畴是祈使行为范畴在语言层面的反映，两者既有联系又有区别。这里我们所研究的就是狭义的祈使范畴，即祈使语义范畴，简称为"祈使范畴"。

祈使范畴中有范畴的"语义原型"，也存在不同类型的其他语义成员。祈使范畴内最具有典型性的语义成员就是范畴的原型。以这个语义原型为参照点，通过可以被感知的相似性，把所有可以表达"祈使者要祈使对象做某事"的其他语义成员集束起来。由于每个成员与典型成员之间的相似程度不同，因此范畴成员可以分为不同等级，成员的等级取决于它们与原型的相似度。

祈使范畴中，原型成员就是表达命令意义的祈使言语行为。这是因为祈使者形成祈使言语行为前首先会在大脑中产生"要某人做某事"的愿望，祈使者实施这个愿望时会在心里有一个主观预设的祈使结果。这个结果的实现程度来自于祈使者对祈使双方各种力量的主观对比，通过这种对比决定自己采取何种言语方式来表达祈使内容。当祈使者认为自己的力量远大于祈使对象时，通过选用命令的方式实施祈使行为可以最大限度地让祈使对象行动起来，也最容易实现心里预设的祈使结果。因此，命令意义的祈使行为在人们的经验域中就代表一种显而易见的最强祈使，这种最强祈使就构成了祈使范畴的语义原型成员。祈使范畴的其他成员以原型代表为参照，根据语义相似性汇集在一起。

综上可见，祈使范畴就是以"祈使语义"为核心，以"命令型祈使"为原型的认知语义范畴。

第二节 祈使范畴的特性

第一节我们对祈使范畴进行了界定，即祈使范畴是对祈使行为的抽象概括。祈使行为是基于人的某种需要在大脑中产生"要某人做某事"的愿望而形成的。当这个愿望借助一定的语言手段表达出来，形成了祈使言语行为。祈使言语行为的内容包含有三个因素：确定的祈使对象，祈使的内容和祈使者心里预设的祈使结果。这些因素的形成都基于祈使者自己的主观心理，带有祈使者个人的主观情感和主观认识。因此，在此基础上我们概括得出祈使范畴具有四个特性：主观性、目标性、指令性和预设性。

一、主观性

“主观性”(subjectivity)是指语言的这样一种特性，即在话语中多多少少总是含有说话人“自我”的表现成分。也就是说，说话人在说出一段话的同时表明自己对这段话的立场、态度和感情，从而在话语中留下自我的印记(参看沈家煊，2001)。祈使者表达祈使语义时必然会带有自己的主观情感和主观认识。这种情感和认识使得祈使范畴具有“主观性”的特点。

祈使范畴的“主观性”主要包含三个方面的内容：一是祈使者主观上认为自己有必要发出祈使指令；二是祈使者主观上认为自己有“权”对祈使对象发出祈使指令；三是祈使者主观上判定祈使对象有一定的能力执行祈使指令。

首先，祈使范畴的“主观性”表现在祈使者主观上认为祈使内容的发出有一定的必要性。这种“主观上认为有一定的必要性”是指祈使者心里认为祈使的内容合乎祈使者“自我”的某种主观需要。如果自己不主动表达出祈使的内容，祈使对象也不会主动加以实施，那么祈使者的“需求”也不会被实现。为了满足自己的这种“需求”，祈使者心里认为祈使内容的发出具有一定的“必要性”。比如一个口渴的人发出“请给我倒杯水喝”的祈使指令，是因为他心里存在一个“口渴想喝水”的需求，这种需求驱使他表达出“请你为我倒杯水”或“快给我倒水”等。这些祈使内容的发出对于祈使者来说是为了满足自己喝水的需要，在他心里会认为有必要。可见，不管祈使对象是否能顺利实现祈使内容的结果，祈使者主观上都认为祈使内容的发出具有一定的必要性。

其次，祈使范畴的“主观性”表现在祈使者主观上认为自己有“权”

发出祈使指令，这个“权”是指祈使者“要祈使对象做某事”的权利。只要是祈使者开始发出某个祈使内容，就会在心里认为自己拥有一定的“指令权”。这种“指令权”有强有弱，祈使者根据自己主观上对预设的祈使结果实现程度的判断，选择不同的“指令权”发布祈使内容。命令意义的祈使言语行为可以最大限度地实现祈使结果，它代表祈使者选用了最强的“指令权”。地位高、权势大的祈使者拥有较多机会选择使用较强的“指令权”表达祈使内容。但事实上，他们并不是一直选择使用强“指令权”，有时也会选择适中或较弱的“指令权”发布祈使指令。这是因为在某些情况下，地位高、权势大的祈使者主观上判定祈使结果的实现程度一般或较低，他们则会根据对祈使结果实现程度高低的判断来对“指令权”的强弱进行调节。因此，地位高、权势大的祈使者也可能会选择使用强度适中或较弱的“指令权”表达祈使内容。相反，地位低、权势小的祈使者也并不是只能使用弱“指令权”表达祈使内容，他们在极端情绪的支配下，可以从心理上给予自己更多的权利发布强祈使指令，比如地位最低的乞丐也可以在极端情绪的支配下对侵犯他的人发出命令或制止意义的强祈使指令。可见，只要祈使者发出某种意义的祈使行为，祈使者主观上就认为自己有“权”对祈使对象发布祈使指令。

再次，祈使范畴的“主观性”还表现在祈使者发出祈使内容时，主观上已经判定祈使对象有一定的能力实施祈使指令。祈使者发出指令前会在心里评判祈使对象有没有能力、有多大能力来完成祈使的内容。比如我们绝不会对一个双腿残疾的人发出“到操场上跑三圈”的祈使指令；乞丐通常会选择他自己认为有能力或有可能对他进行施舍的人发出乞求意义的祈使指令。因为当祈使对象没有能力完成祈使指令时，祈使者发出的祈使内容毫无意义。当然，祈使者的主观评判也常会出现与客观实际不符的情况，比如甲认为乙还能再继续喝酒，甲会对乙发出“再喝一杯”的祈使指令，事实上乙已经无法再喝酒了。这时祈使者的主观判断出现了偏误，致使“再喝一杯”的祈使内容无法实现，这进一步说明了祈使语义具有一定的“主观性”。

综上所述，祈使者一旦表达了某种意义的祈使内容，就在主观上认为自己有必要并有权发出，同时在心里预判了祈使对象有一定的能力来完成指令内容。因此，我们可以概括得出祈使范畴具有“主观性”。

二、目标性

祈使范畴的“目标性”是指祈使者发出的祈使内容一定会存在一个指令的接收对象。这个接收对象一般会有两种情况，一是在客观现实中明确存在。现实中祈使者尤其会对面对面出现的目标对象发出某种祈使指令。比如警察会对站在面前的嫌疑犯发出“把手举起来”的祈使指令；医生会对躺在病床上的病人发出“把药吃下去”的祈使指令。这时指令内容的接收对象在客观现实中是明确存在的。

另一种情况是祈使对象在客观现实中不明确或不存在，但在祈使者的心里祈使内容的接收对象是潜意识存在的。有时祈使者会发出这样一类祈使指令，如“别让他跑啦！”“抓小偷啊！”“来人啊！”“救命啊！”等。袁毓林(1993)在《现代汉语祈使句研究》一书中认为这些祈使句的接收对象[-明确]或[-不在场]，这是因为说话人在“突发事件”中“不假思索”地发出祈使指令。但是我们认为，对这一类祈使指令的接收对象的认识还需要作进一步的深入思考。祈使者遇到“突发的紧急事件”时，其实在他大脑中通过想象已经潜意识形成了祈使内容的接收对象。祈使者就是对这个主观上“想象”的祈使对象发出指令。比如一个人在街上追小偷，发出“别让他跑了”的祈使指令时，其实在祈使者大脑中已经潜意识通过“想象”确定了祈使内容的接收对象。这个接收对象在现实情境中不明确，但在祈使者大脑中指令内容的接收对象是潜意识存在的。再比如当一个人在没人的紧急情况下发出“来人啊”或“救命啊”的祈使指令，这一类祈使对象在现实中可能不在场或不存在，但在祈使者大脑中已经通过“想象”潜意识设定了指令内容的接受对象，这类“想象”的接收者就是祈使对象。

可以说，在祈使行为的萌生阶段，祈使内容的接收对象就存在于祈使者的主观意识中，这种主观意识中的祈使对象大多会在客观世界中真实存在，只有在紧急情境或突发事件中可能不在场或不明确，甚至会不存在。但无论如何，这个祈使的目标对象总是潜意识存在于祈使者的大脑中，因此我们可以概括出祈使范畴具有“目标性”。

三、指令性

祈使范畴的“指令性”是指祈使者发出的祈使内容，或是命令、要求，或是提示、建议，或是商量、征询等，目的都是要祈使对象行动起来，实施祈使者表达的祈使内容。前文已经分析指出，由于祈使者受到某种需求的驱使，在大脑里产生“要某人做某事”的愿望。这个愿望的目的就是想让祈使对象完成某种行为动作，顺利实现祈使者企望的某种祈使结果。为了在现实中达到这个预想的结果，祈使者将这个愿望通过语言或非语言手段表现出来，传达给祈使对象，促使祈使对象加以行动。比如祈使者发出“把门关上”的祈使指令，目的是要祈使对象完成“关上门”的动作；祈使者发出“干杯”的祈使指令，目的是要祈使对象完成“把酒喝完”的动作。可以说祈使者发出的祈使内容，自始至终都体现了对祈使对象“行为动作的指示”，即“要祈使对象做某事”。

现实世界中祈使者为了实现自己的祈使意图，让祈使对象按照自己的意愿行动起来，会不断调整祈使内容的表达策略。比如妈妈为了让孩子“吃药”，最初可能会表达“宝贝，把药吃了吧!”的祈使指令；如果孩子拒绝吃药，妈妈会调整祈使表达方式，发出“快，必须把药吃了!”的强祈使指令；如果孩子还是坚持不吃，妈妈可能会再次调整祈使表达方式，发出“乖，听话，把药吃了好吗?”的弱祈使指令。无论祈使者怎样调整祈使内容的表达策略，目的都是为了让祈使对象行动起来，实现自己的祈使意图。可见祈使者表达祈使内容的形式多种多样，但祈使者的任何一次祈使都表达了“要祈使对象做某事”的指令内容。因此，我们可以概括得出祈使范畴具有“指令性”。

四、预设性

祈使范畴的“预设性”是指祈使者发出祈使内容本身就蕴含着一个主观设想的祈使结果。这个祈使结果是祈使者对大脑中那个“祈使愿望”在客观世界中得以实现的主观预设。比如说话人心里产生“要某人把门打开”的愿望，那么说话人心里首先会预设一个祈使结果，即“门要被打开”。至于听话人是否会顺利实现这个预设的祈使结果，说话人会对说话双方各种社会因素和心理因素进行综合评估，以此来判定听话人会在何种程度上实现祈使结果。这种评估和判定是说话人采取不同的祈使策略和祈使方式表达祈使内容的参照标准。比如一个乞丐在街边乞讨，会发出“求求你，给点钱吧”的祈使指令。那么在他心里首先会预设一个祈使结果，即设想“人们把钱给我”，乞丐之所以采用乞求的方式发出祈使指令，是因为他对这个祈使结果的实现程度进行了评判。乞丐心里知道向别人讨要东西远比靠自己劳动获得东西要难得多，因此他会发出乞求意义的祈使指令。这说明乞丐在表达乞求意义的祈使指令时，已在心里预设了乞求的结果并判定这种结果的实现程度极低，甚至可以说几乎没有，所以他采用乞求的方式表达弱祈使指令。反过来看，如果一个将军要士兵去做某事，在将军的心里，他也会主观预设一个祈使结果，并判定这个结果的实现程度很高，即将军发出的指令士兵必须要执行。根据对预设的祈使结果实现程度高的判定，将军可以对士兵发出命令意义的强祈使指令。

可以说，祈使者在表达某个祈使内容时，总会在心里事先预设一个祈使结果，并对祈使双方各种社会、心理因素进行综合考量，以此来判断预设的祈使结果实现程度高还是实现程度低。祈使者对祈使结果实现程度的判断决定了祈使表达方式的使用。预设的祈使结果实现程度高就表达语力较强的祈使指令；实现程度适中就表达语力适中的祈使指令；实现程度低就表达语力较弱的祈使指令等。比如社会地位相当的同事甲发出让同事乙还钱的祈使指令，则会在心里首先预设“钱还给我”的结果，并对这个祈使结果实现程度进行判断。当同事甲主观上判定同事乙一定要完成“钱还给我”的祈使结果时，则会发出命令意义类的强祈使指令；当同事甲判定同事乙应该完成“钱还给我”的祈使结果时，则会发出提示意义类的祈使指令；当同事甲判定同事乙“钱还给我”可能性较低时，则会发出商量意义类的祈使指令。

事实上，一旦祈使者把祈使内容传递给祈使对象，就会在客观现实中产生一个结果，这个结果会和预设的祈使结果一致或有偏差。但不管怎样，祈使者在表达祈使内容时，一定会在心里有一个主观设定的结果。因此，我们可以概括出祈使范畴具有“预设性”。

我们认为“预设性”是祈使范畴最重要的特性，这也是我们在下面判断祈使范畴语力强弱的切入口。祈使者对预设结果实现程度高低的判断，决定了祈使者会采用何种方式表达祈使内容。

综上所述，祈使范畴是对祈使行为的抽象概括。祈使行为是祈使者头脑中的“要某人做某事”的愿望借助一定的手段加以实施而形成的。如祈使者借助一定的语言手段加以实施就形成了祈使言语行为，祈使言语行为的内容包含了确定的祈使对象、祈使的内容和主观预设的祈使结果这三个因素。基于以上分析，我们可以概括归纳出祈使范畴具有四个特性：主观性、目标性、指令性和预设性。

第三节　祈使范畴构成要素之间的关系

祈使者是祈使内容的发出者，祈使对象是祈使内容的接收者。祈使者、祈使对象和祈使内容是祈使范畴的三个构成要素。祈使者是祈使范畴的核心要素，祈使双方的各种社会因素和心理因素都会对祈使者以何种形式表达祈使内容产生影响；祈使对象是祈使内容的接收者，祈使内容的发出就是让祈使对象做某事。下面我们对祈使范畴的三要素之间的关系进行分析。

一、祈使者和祈使对象

祈使范畴中，祈使者和祈使对象之间关系密切，不可分割。祈使者只要表达出某个祈使内容，就一定会和相应的祈使对象发生关联。祈使对象是祈使者表达祈使内容的接收者和实施者。祈使者主观上对祈使双方的各种关系的感知和认识成为表达祈使内容的基础。这正如心理学所指出的，人的主体认知(或知觉)包括对自我的认知、对对方及他人的认知和对交际双方相互关系的认知。(参看车文博，1997)。因此，祈使者对祈使双方的各种社会因素和心理因素的认知，都会对祈使者表达祈使内容产生重要的影响。

首先，祈使者和祈使对象之间的社会因素包括各种权势关系、社会关系以及社会距离等，祈使双方的社会因素会对祈使者采取何种方式表达祈使内容产生影响。当祈使者认识到自己的权势地位高于祈使对象时，通常情况下会拥有更多机会选用语气较强的方式表达祈使内容；当祈使者认识到自己的权势地位低于祈使对象时，一般会趋向于选用语气较为委婉的方式表达祈使指令，甚至会运用一定的礼貌策略。比如同样是“参加会议”，上级会对下级说“你们今天必须去开会”；反之，下级则会对上级说“请您今天参加会议”。可见祈使双方的权势关系会对祈使者表达祈使内容的方式产生影响。地位高、权势大的祈使者，选择表达祈使内容的方式更多一些，既可以采用强硬的命令方式，也可以采用委婉、温和的方式表达祈使指令。例如：

(7)同志们，任务紧，再坚持几天！

(8)小张，这几天加班辛苦了，你回家休息吧！

以上两例结合上下文语境可以判断说话人身份、地位比听话人高。祈使者对祈使对象既可以采用命令方式表达祈使指令，如例(7)；也可以采用建议或请求的方式表达祈使指令，如例(8)，目的都是为了实现自己的祈使意图。

祈使者和祈使对象的社会关系也会对祈使者采取何种方式表达祈使内容产生影响。这种社会关系包括固定的社会关系和临时的社会关系。固定的社会关系如老师和学生、父母和子女、长辈和晚辈等。临时的社会关系是指在某个特定的情境中临时产生的关系，如医生和病人、法官和被告人等。不论是固定的社会关系还是临时构建的社会关系，都存在权威大小的区别。如父母对孩子具有一定的权威，父母可以对孩子发出

“快，快吃饭去”的强祈使指令；法官对被告人具有绝对的权威，法官可以对被告人发出“必须强制执行”的命令指令。这说明祈使双方的社会关系会对祈使者采取何种方式表达祈使内容产生影响。

祈使双方的社会距离也会影响祈使者采用何种方式表达祈使指令。通常情况下，祈使双方非常熟悉时，较少考虑礼貌策略，趋向于使用直接、随意的祈使表达方式。比如夫妻关系在人际关系中最为亲密，因此妻子可以直接对丈夫发出“快做饭去”的祈使指令。而祈使双方处于不太熟悉甚至是陌生的人际关系时，一般会优先考虑采用礼貌策略，往往会趋向于选择使用语气比较温和、委婉的建议或商量类的祈使指令。比如祈使者希望站在自己前面的陌生人让让路时，通常会比较礼貌地发出“抱歉，麻烦您让一让”的祈使指令，这样才能顺利实现祈使者的祈使目的。

其次，祈使者和祈使对象的各种情感心理因素也会影响祈使内容的表达方式。这些心理因素包括两类，一是祈使者对祈使对象完成预设的祈使结果的心理期待值，二是祈使者对祈使对象的主观情感和态度等。祈使者的心理期待值是指祈使者企望祈使对象在何种程度上实现祈使结果。这种心理期待值对祈使者选择祈使的表达方式具有重要的制约作用。比如上级对下级即使拥有绝对的权威，但是上级心里对下级完成某一任务的期待值不高，可以不选择使用命令或要求的方式表达强祈使指令，而是选择使用建议、商量的方式表达祈使指令。

祈使者对祈使对象的主观情感或态度也会对祈使表达方式产生影响。祈使者的情感状态包括友好的情感状态和敌对的情感状态。当祈使者对祈使对象处于极端的负面情感状态时，通常趋向于采用语气非常强硬的方式表达祈使指令，如威胁、命令、制止等。比如一个社会地位较低的祈使者处于愤怒情绪的管控下，抛开社会因素，心理因素的重要性凸显出来，祈使者则会趋向于表达语气非常直接、强硬的强祈使指令。

综上可见，祈使者和祈使对象的关系非常密切，祈使双方的各种社会因素和心理因素会对祈使者采取何种方式表达祈使内容产生影响。

二、祈使者和祈使内容

祈使者是祈使内容的直接发出者。祈使者发出祈使内容前，首先会在大脑中产生“要某人做某事”的“祈使愿望”，当“祈使愿望”借助一定的语言手段在客观现实中得以实施，便形成了祈使言语行为。祈使者发出的祈使言语行为包含有具体的祈使言语内容和祈使表现形式。祈使者对表达怎样的祈使言语内容，用什么方式来表达具有一定的决定权。

首先，祈使者可以决定发出怎样的祈使言语内容，这些祈使言语内容包含有祈使者的个人主观意图。这是因为祈使者表达的每一个祈使内容都是根据自己的某种“主观需求”而发出的，祈使言语内容的发出蕴含着祈使者或强或弱的祈使交际意图。关于言语内容，早些时候的研究认为言语内容就是语言意义。直到语用学和言语行为理论兴起，人们才真正认识到言语内容(意义)不能完全等同于语言意义，还包含有“言外之意”或“会话含义”。可以说，祈使者发出的祈使内容，不仅包含有祈使的语言意义，还包含有祈使的“会话含义”，即祈使者的祈使交际意图。祈使交际意图是祈使内容的核心，祈使内容是祈使者围绕自己的祈使交际意图而形成的。比如祈使者发出“请帮我把门打开!”的祈使指令，祈使言语的内容是“打开门”，祈使的意图是通过请求得到祈使对象的帮助而完成把门打开的祈使结果。再比如祈使者发出“别说话，安静”的祈使指令，祈使言语的内容是“不要说话”，意图是命令或要求祈使对象完成“不再说话”的祈使结果。可以看出，祈使者发出的祈使内容不仅包含有字面意义，还包含有祈使的“会话含义”，这个“会话含义”蕴藏在祈使内容中，是祈使者发出祈使内容的祈使意图。

其次，祈使者可以决定选择何种方式表达祈使内容。祈使者为了实现祈使内容，通过选择一定的言语形式进行表达，并且他所选用的表达形式最大限度地体现了祈使者的祈使交际意图。祈使者对选择祈使言语内容的表达形式具有相对的决定权。祈使者在对祈使双方的各种因素进行综合考量后，根据对预设的祈使结果实现程度的高低来选择最必要的方式表达祈使内容，这就使得相同的祈使内容表现出不同的祈使交际意图。比如上级表达想让“小李说出自己的想法”，他认为小李必须说出时，则会发出“小李，你一定要说说自己的想法”的祈使指令；当上级认为小李可以“说一说自己的想法”，至于“说多说少”没有关系时，则会发出“小李，你也说说吧”的祈使指令。

此外，祈使者还可以不断调整祈使内容的表达形式，最大限度地实现祈使意图。比如祈使者非常希望祈使对象实现“关窗”的祈使内容时，可以选用命令的方式表达“给我关上窗子”的祈使指令；当这一指令不被接受时，祈使者则有可能修订自己的祈使意图，调整祈使策略，选用商量的方式表达“请帮助我关一下窗户，好吗”的弱祈使指令，这时祈使者通过选择不同的由强到弱的语言形式来调整祈使内容的祈使意图。反之，当祈使者一开始选用较弱的方式表达祈使内容，而祈使对象不接受时，则有可能调整祈使意图，选用较强的方式表达祈使内容。祈使者调整祈使内容的表达形式的目的都是为了最大限度地实现祈使交际意图。

三、祈使对象和祈使内容

祈使对象和祈使内容之间的关系也非常密切。祈使对象是祈使内容的接收者和实施者。如果没有祈使对象，那么祈使者发出的祈使内容也就失去了存在的价值。祈使对象对祈使内容的接收和实施存在主动和被动两种形式。当祈使内容通过强制的方式传达给祈使对象时，比如祈使者发出“你必须把药喝下去”的祈使指令，那么祈使对象“你”只能被动地接收“把药喝下去”的祈使指令；当祈使内容以较为委婉、温和的方式传递给祈使对象时，比如祈使者发出“请你把药喝下去，好吗?”的祈使指令，那么祈使对象“你”拥有一定的主动权决定在何种程度上接收和实施“把药喝下去”的祈使指令。可以说，祈使者借助一定的手段表达某个祈使内容时，实际上会产生一个“取效行为”，即祈使内容会对祈使对象产生一定的影响。这种影响是伴随着祈使行为的实施而对祈使对象施加某种或强或弱的“力”，目的是为了让祈使对象接收并完成祈使内容。

我们知道，祈使内容在客观现实中能否实现取决于祈使对象。祈使内容一旦传递给祈使对象并被祈使对象所理解时，便会对其心理和行为产生某种行为效果。如果祈使者表达的祈使内容对祈使对象的影响效果是积极的、主动的，那么祈使内容则会被祈使对象顺利实现；如果祈使者表达的祈使内容对祈使对象的影响效果是消极的、被动的，那么祈使内容则不会被祈使对象顺利执行。可以说祈使对象是祈使者发出祈使内容的接收者和实施者；离开了祈使对象，祈使内容的发出和实施也就失去了存在的价值和意义。

综上可知，祈使范畴内，祈使者、祈使对象和祈使内容三者缺一不可，共同组成祈使范畴的构成要素。三要素之间相互关联，彼此影响。三者之间的关系如图 3-2 所示：

祈使者(发出)——祈使内容——→祈使对象(接收)

（祈使者是祈使内容的发出者，祈使对象是祈使内容的接收者，祈使双方的各种社会因素和心理因素会对祈使者以何种形式表达祈使内容产生影响）

图 3-2

综上可见，祈使范畴的三个构成要素中，祈使者是最重要的核心要素。祈使者是祈使内容的发出者，祈使双方的各种社会因素和心理因素都会对祈使者采取何种方式表达祈使内容产生影响；而祈使对象是祈使内容的接收者，祈使内容表达形式的差异会对祈使对象接收和实施祈使内容产生一定的影响。总之，祈使者、祈使对象、祈使内容是祈使范畴的三个构成要素，三者之间的关系密切，共同对祈使范畴的表达产生影响。

【本章小结】

本章内容在心理学、认知语言学和原型范畴理论的基础上对祈使行为、祈使语义和祈使范畴进行分析。本章从祈使语义入手，对祈使范畴进行理论阐释，概括归纳出祈使范畴的内涵、特性，分析祈使范畴构成要素之间的相互关系等。具体内容总结如下：

(1)祈使行为的产生经历了两个阶段：一是萌生阶段，祈使者首先在大脑中产生“要某人做某事”的愿望；二是实施阶段，祈使愿望借助一定的手段加以实施，形成祈使行为。祈使范畴就是对祈使行为的抽象概括，投射到语言层面，形成了祈使语义。

(2)祈使语义是对祈使言语行为意义的抽象概括，是祈使行为投射到语言层面的反映。祈使行为可以借助语言手段和非语言手段加以实施。当祈使者运用语言手段实施祈使行为时，便形成了祈使言语行为；祈使言语行为包括祈使行为的内容和祈使行为内容的表达形式两个层面；祈使言语行为的内容就是祈使语义。

(3)祈使范畴具有两个性质不同的含义：一是指对客观世界中的祈使行为的抽象概括，称之为“祈使行为范畴”，是广义的祈使范畴；一是对语言中的祈使语义的抽象概括，称之为“祈使语义范畴”，是狭义的祈使范畴。后者是我们所要研究的主要内容，简称“祈使范畴”。

祈使范畴中，由于命令意义的祈使言语行为在人们的经验域中代表一种显而易见的最强祈使，命令祈使就成了祈使范畴的原型成员。祈使范畴的其他成员以语义原型代表为参照，根据语义相似性汇集在一起。因此，祈使范畴是以“祈使语义”为核心，以“命令型祈使”为原型的认知语义范畴。

祈使行为借助一定的语言手段表达出来，形成了祈使言语行为。祈使言语行为的内容包含有三个因素：确定的祈使对象，祈使的内容和祈使者心里预设的祈使结果。通过对祈使行为内涵的分析，概括得出祈使范畴具有四个特性：主观性、目标性、指令性和预设性，这四点较好地揭示了祈使范畴所具有的特性。

(4)祈使范畴内，祈使者是祈使行为的发出者，祈使对象是祈使行为的接收者，祈使行为包含有某个特定的祈使内容。祈使者、祈使对象和祈使内容是祈使范畴的三个构成要素。其中，祈使者是祈使范畴的核心要素，祈使双方的各种社会因素和心理因素都会对祈使者以何种形式表达祈使内容产生影响；祈使对象是祈使内容的接收者和实施者，祈使者表达的祈使内容会对祈使对象产生一定的影响。

第四章 现代汉语祈使范畴及其次类

第一节 对现代汉语祈使范畴的基本认识

现代汉语祈使范畴内，祈使语义通过现代汉语各种不同的语言形式得以表现。这些表现形式承载着各种复杂的祈使信息，使得祈使语义存在语力强弱的等级差异，这些等级差异构成了划分祈使次范畴的依据。

一、现代汉语祈使范畴的语力

要想全面深入地认识现代汉语祈使范畴，首先得准确认识祈使范畴的“语力”这一概念。这是因为祈使言语行为不仅包含了祈使的内容，同时也包含了祈使的表达形式。祈使内容通过各种不同的语言形式得以表达，这些表达形式可以由语音、词汇、句法以及篇章等各种不同的语言手段构成。祈使内容表达形式的不同使得祈使范畴内存在语力强弱的等级差异。

现代汉语表达祈使语义的手段复杂、形式多样，这些形式和手段承载着说话人的各种祈使信息，包含了说话人实施祈使行为时的各种祈使意图。这些祈使意图通过不同的言语形式表现出来，使得祈使语义表现出力度强弱的差异，这种祈使力度就是祈使范畴的“语力”。李宇明(2000)曾提出类似于语力的“语势”概念，他认为表达语势的手段很多，不同的句型、不同的词语、不同的修辞方式都可以表达不同的语势。现代汉语表达祈使范畴的语言形式丰富，手段复杂，这些形式和手段的差异使得说话人表达祈使语义的力度强弱存在着等级差异。比如说话人希望表达“关上门”的祈使指令，当他选用直接命令的方式表达“给我关门”时，表现出的祈使语义的力度较强；当他选用比较委婉、温和的方式表达“关一关门吧”，表现出的祈使语义的力度适中；当他选择更加委婉、谦和的方式表达“请把门关上，好吗”，表现出的祈使语义的力度较弱。这些不同的语言形式同样都表达了“关门”的祈使内容，但表现出的祈使语义的力度强弱却不同，因此可以说决定祈使范畴的语力强弱程度的因素就是语言形式本身。

进一步分析，影响说话人选择祈使语力表达形式的制约因素又是什么？前文已经分析到，说话人发出祈使行为时，由于受到某种需求的驱使，会在大脑中产生某种祈使愿望。说话人对这个愿望在客观现实中得以实现的结果进行预设，根据对预设的祈使结果实现程度的判断，来选择不同的语言形式表达祈使愿望。说话人主观上对说话双方各种社会因素和心理因素的综合对比，成为判断预设的祈使结果实现程度高还是实现程度低的依据。其中社会因素主要包括说话双方的身份地位、社会距离、权势关系、年龄大小等；心理因素主要包括说话人对实现祈使结果的期待值、说话人心里对听话人实现祈使结果难易程度的判断以及说话双方的情感、态度等。这些社会因素和心理因素共同作用，对说话人选择不同的形式表达祈使语义产生影响。

通常情况下，说话人最容易受到双方的身份地位、社会关系、权势大小等社会因素的影响，因此以往研究大多比较重视社会因素对祈使表达方式选择的制约作用。他们认为权势大、地位高的人容易表达强祈使指令；权势小、地位低的人容易表达弱祈使指令。值得注意的是，事实并非如此。我们发现，有时基于某种心理原因，上级也会对下级表达建议或商量意义的祈使指令；地位低的人也会在极端情绪的支配下，表达命令意义类的强祈使指令。有的学者曾对制约言语行为方式的因素进行分析，如李军(2001：359)对“汉语使役方式的选择与社会情境制约关系”进行问卷调查，他发现社会权利、社会距离、说话人对听话人顺从情况的估计、使役要求的难度、使役的利益形式以及使役的内容类别等都会对说话人选择使役的方式有所影响。相比之下，影响祈使语义的语力强弱的因素也非常复杂，包括说话双方各种社会因素和心理因素。这些因素相互交错，相互作用，共同制约着说话人对语力表达方式的选择。

因此我们在分析说话人选择祈使语力表达形式的制约因素时，不能只简单地考虑各种显在的社会因素，而是要综合分析说话双方的各种社会因素和心理因素对说话人选择祈使语力表达方式的影响，这样才能更加客观、准确地认识祈使范畴。

为了更准确、形象地说明祈使范畴的语力以及影响语力选择的各种制约因素，我们可以借助认知语言学家 Talmy(2000)的"力量—动态(force-dynamics)"理论，构建一个"祈使语力—动态模型"框架。在这个框架下，进一步明确祈使语力概念以及影响语力选择的各种制约因素，为下文祈使范畴次类的划分提供一个基本的分类依据。

Talmy(2000)"力量—动态模型"把"力"的概念引入到分析语言意义的结构中，其主要思想是：语言表达式中通常蕴含着两个力量实体(force-exerting entities)，这两个力量实体之间是一种相互作用的关系(interaction)。其中一个实体是注意的焦点，叫做原力实体(agonist)，它具有自己的力量趋势(force tendency)，这种力量趋势或者能够被显示出来，或者被相反的力量克服；另外一个实体叫做对抗力实体(antagonist)，它能够发出与原力实体力量相反的力。Talmy(2000：409-440)认为，力量—动态概念都有相应的语法结构表征，语言表达式中蕴含的"力"可分为三类：物理力、心理力和社会力，心理力和社会力是基于物理力的隐喻扩张。(参看段芸，2014：81)

我们归纳出影响说话人选用不同的形式表达祈使语力的制约因素来自于说话人对预设的祈使结果实现程度的主观判断，这种判断是根据说话人心里对自己和听话人各种社会力和心理力的综合对比。参照 Talmy(2000)"力量—动态模型"，我们大概可以推断出说话人发出祈使行为时，在心里也存在两种力量的对比，一是由说话人的社会力和心理力组成的对抗力($F_{对抗力}$)，一是由听话人的社会力和心理力组成的原力

（$F_{原力}$）。$F_{对抗力}$和$F_{原力}$的对比情况决定了说话人对预设的祈使结果实现程度的判断，说话人依据这个判断来选择不同的语力表达形式。比如将军对士兵发出祈使指令，在将军大脑中会存在两种力量的主观对比，将军的权势地位肯定远远高于士兵的权势地位，即将军的社会力大大强于士兵的社会力。如果将军主观上认为士兵必须完成某个指令时，则会选择使用命令的方式向士兵发出强祈使指令。再比如一个情绪愤怒的人，大脑中存在两种力量的主观对比，说话人在负面情绪的支配下心理力远大于听话人的心理力。如果说话人认为听话人必须完成某个指令时，他会在极端情绪的管控下选择使用语力极强的方式发布祈使指令。因此，说话人心里对说话双方各种力量的综合对比，会导致说话人选择表达祈使内容的形式存在差异，这就使得祈使语义的语力存在强弱上的等级差异。

顾曰国（1994：11）指出，“语力可以说是一种具有特殊的社会、心理效应的交际意义”；李宇明（2000：68）对“语势”概念的解释是“‘语势’是说话人的情感在语言中的反映”。事实上，更准确地说，“祈使语力”是说话人通过对说话双方各种社会力和心理力的对比，判断预设的祈使结果实现程度的高低，来选择不同的语言形式表达祈使语义，这就使得祈使语义表现出强弱不同的祈使力度，这个力就是“祈使语力”。综上可见，“祈使语力”可以准确概括为：

> 说话人主观上对说话双方的各种社会力和心理力进行综合对比，这种对比成为说话人判定预设的祈使结果实现程度高低的主要依据。说话人根据这种判断选择不同的语言形式表达祈使语义，这就使得祈使语义表现出强弱不同的祈使力度，这个力就是祈使语义的语力。

二、现代汉语祈使范畴的分类

现代汉语祈使范畴的表达形式丰富，手段复杂。这些形式和手段的差异使得祈使语义的语力存在强弱不同的等级差异，这些等级差异构成了划分祈使次范畴的依据。有的学者曾尝试用数值来标注这种等级差别，如李胜昔(1992：60)用数值标注现代汉语祈使语气的大小，试图通过这种方法来描写“现代汉语精密的祈使系统”。他分析认为“在现代汉语里可能存在着280种左右不同的祈使句式，12个不同的语气值供表达选用”。这种分析方法使得祈使的强弱有了精确的判断依据。但事实上，汉语祈使范畴内语力的等级差异不宜用数值精确表示，而应该使用趋向性的分类标准进行判定。例如曹禺《雷雨》中的两例：

(9)周朴园：(严肃地)繁漪，你走，我叫你上楼去！

(10)鲁四凤：我父亲，我哥哥，我母亲，他们也许有一天会不理我，你不能够的，你不能够的。(抽咽)

我们可以明显感觉到，例(9)“我叫你上楼去”难以判定究竟是命令还是要求；例(10)“你不能够的”也很难判定到底是要求还是请求。可见，现代汉语祈使语力的强弱不是等级界限清晰的离散体，而是一个彼此相互关联的连续统。

因此，我们只能依据祈使范畴语力强弱的等级差异，对祈使范畴的次类进行一个大致的划分。为了进一步弄清现代汉语祈使范畴语力强弱的等级类型，我们对说话人心里各种社会力和心理力的对比情况进行一个大概梳理，并对梳理结果进行总结归纳，基本可以得出祈使语力强弱的等级类型，并以此为依据对现代汉语祈使范畴的次范畴进行分类。

我们把说话人记作S，听话人记作H，说话人的对抗力($F_{对抗力}$)是由$S_{社会力(社会地位、权势大小等)}+S_{心理力(期望值+主观态度、情感等)}$构成，这里“期望值”的大小是由说话人企望听话人实现祈使结果意愿的强弱构成；听话人的原力($F_{原力}$)是由$H_{社会力(社会地位、权势大小等)}+H_{心理力(实施可能性+主观态度、情感等)}$构成，这里“实施可能性”是指说话人心里认为听话人主观上实现祈使结果可能性的大小。说话人对说话双方的社会力和心理力的对比主要存在以下几种情况：

①当 $S_{社会力} > H_{社会力}$：S 判断 H 不愿意实施祈使指令或 H 实施指令难度较大；S 在特殊情境中或在极端情绪支配下对 H 实现祈使结果的意愿极其强烈。S 在身份、地位高于 H 的背景下，进一步强化自己的心理意愿，即 $F_{对抗力}$极大于 $F_{原力}$，说话人一般趋向于表达命令、要求、禁止或制止意义类的强祈使指令。比如将军的身份地位远高于士兵，当将军要求士兵必须完成某项艰巨的任务时，则会发出强祈使指令。

②当 $S_{社会力} > H_{社会力}$：S 判断 H 愿意实施祈使指令或 H 较容易实施指令；且 S 对 H 实现祈使结果的期待值不高。S 在身份、地位高于 H 的背景下，通常会模糊双方的社会关系，弱化自己的心理意愿，即 $F_{对抗力}$略大于 $F_{原力}$，说话人一般趋向于表达提示或建议意义的祈使指令。比如领导对老王发出"老王，你也谈谈吧"的祈使指令，表示领导认为老王可以"谈一谈"，并且"谈多谈少没有关系"，因此采用提示或建议的方式表达祈使指令。

③当 $S_{社会力} > H_{社会力}$：若祈使结果对 H 有利，S 判断 H 不愿意实施祈使指令或 H 实施指令难度较大；为了顺利实现祈使目的，S 可能会模糊双方的社会关系，只是明确自己的心理意愿，即 $F_{对抗力}$略大于 $F_{原力}$，说话人一般趋向于表达提示或建议意义类的祈使指令。比如"(这几天任务很紧急)，小王，你再坚持几天吧"，表示上级认为小王"再坚持工作几天"有一定的困难，为了顺利完成祈使内容，采用建议的方式表达祈使指令。

④当 $S_{社会力} > H_{社会力}$：若祈使结果对 S 有利，S 判断 H 不愿意实施祈使指令或 H 实施指令难度较大，为了顺利实现祈使目的，S 则会模糊自己和 H 的社会关系，弱化自己的心理意愿，即 $F_{对抗力}$略小于 $F_{原力}$，说话人一般趋向于表达征询或商量意义类的祈使指令。比如"小王，再帮我们完成一次任务，好吗"，表示上级认为小王"再帮我们完成任务"有一定的困难，为了顺利完成任务，采用商量的方式表达祈使指令。

⑤当 $S_{社会力} = H_{社会力}$：S 判断 H 不愿意实施祈使指令或 H 实施指令难度较大；S 在特殊情境中或在极端情绪支配下对 H 实现祈使结果的意愿极其强烈。S 则会模糊自己和 H 的社会关系，极力强化自己的心理意

愿，即 $F_{对抗力}$ 极大于 $F_{原力}$，说话人一般趋向于表达命令、要求、禁止或威胁意义类的强祈使指令。比如同级别的同事之间，说话人在愤怒情绪支配下强烈要求听话人做某事时，则会发出强祈使指令。

⑥当 $S_{社会力}=H_{社会力}$：S 主观判断 H 愿意实施祈使指令或 H 较容易实施祈使指令；S 对 H 实现祈使结果的意愿强度适中或较弱。为了顺利实现祈使目的，S 在身份、地位与 H 相等的背景下，只是明确自己的心理意愿，即 $F_{对抗力}$ 略大于 $F_{原力}$，说话人一般趋向于表达提示或建议意义类的祈使指令。比如同学之间相互提醒“上课别迟到了”“我们去食堂吃饭吧”等提示类祈使指令。

⑦当 $S_{社会力}=H_{社会力}$：S 主观判断 H 不愿意实施祈使指令或 H 实施指令难度较大；S 对 H 实现祈使结果的期望值一般，S 在身份、地位与 H 相等的背景下，为了顺利实现祈使目的，只能弱化自己的心理意愿，即 $F_{对抗力}$ 略小于 $F_{原力}$，说话人一般趋向于表达征询或商量意义的祈使指令。比如小李认为向同事借钱有一定的难度，则会发出表示征询意义的“能借点钱给我吗”的祈使指令。

⑧当 $S_{社会力} < H_{社会力}$：S 主观判断 H 不愿意实施祈使指令或 H 实施指令难度较大；S 在特殊情境中或在极端情绪支配下对 H 实现祈使结果的意愿极其强烈。S 模糊自己与 H 在权势大小、身份地位高低的差异，极力强化自己的心理意愿，即 $F_{对抗力}$ 极大于 $F_{原力}$，说话人一般趋向于表达命令、要求或禁止意义类的强祈使指令。比如社会地位极低的乞丐也会在愤怒情绪支配下对侵犯他的人发出命令意义的强祈使指令。

⑨当 $S_{社会力} < H_{社会力}$：S 主观判断 H 不愿意实施祈使指令或 H 实施指令难度较大；S 对 H 实现祈使结果的意愿较弱，S 在身份、地位低于 H 的背景下，进一步弱化自己的心理意愿，即 $F_{对抗力}$ 极小于 $F_{原力}$，说话人一般趋向于表达乞求、乞免意义类的弱祈使指令。比如乞丐社会地位最低，乞丐知道向别人乞讨东西远比通过自己劳动获得东西难得多，一般趋向于表达乞求意义的弱祈使指令。

⑩$S_{社会力} < H_{社会力}$：若祈使结果对 S 有利，为了顺利实现祈使目的，不论 S 对 H 实现祈使结果的意愿如何，S 会明确双方的社会关系，弱化

自己的心理意愿，即 $F_{对抗力}$ 略小于 $F_{原力}$，说话人一般趋向于表达征询、商量意义类的祈使指令。比如学生希望老师给自己讲题，则会发出“老师，请给我讲一下题目好吗?”的征询祈使指令。

⑪$S_{社会力} < H_{社会力}$：若祈使结果对 H 有利，为了顺利实现祈使目的，S 对 H 实现祈使结果的期望值一般，S 会明确双方的社会关系，强化自己的心理意愿，即 $F_{对抗力}$ 略大于 $F_{原力}$，说话人一般趋向于表达提示、建议意义的祈使指令。比如下级也可以发出提示上级“首长，您该休息了”的祈使指令。

列表总结以上对说话双方各种社会力和心理力的对比情况。如表 4-1：

表 4-1

	社会力对比	心理力对比	$F_{对抗力}$ 与 $F_{原力}$ 对比	祈使语义的表达
1	$S_{社会力} > H_{社会力}$（强化社会关系）	$S_{心理力} >> H_{心理力}$（极强化祈使意愿）	$F_{对抗力} >> F_{原力}$（极大于）	趋向于表达命令意义类的强祈使指令
2	$S_{社会力} > H_{社会力}$（模糊社会关系）	$S_{心理力} \approx H_{心理力}$（弱化祈使意愿）	$F_{对抗力} > F_{原力}$（略大于）	趋向于表达提示或建议意义类的祈使指令
3	$S_{社会力} > H_{社会力}$（模糊社会关系）	$S_{心理力} < H_{心理力}$（明确祈使意愿）	$F_{对抗力} > F_{原力}$（略大于）	趋向于表达提示或建议意义类的祈使指令
4	$S_{社会力} > H_{社会力}$（模糊社会关系）	$S_{心理力} < H_{心理力}$（弱化祈使意愿）	$F_{对抗力} < F_{原力}$（略小于）	趋向于表达征询或商量意义类的祈使指令
5	$S_{社会力} = H_{社会力}$	$S_{心理力} >> H_{心理力}$（极强化祈使意愿）	$F_{对抗力} >> F_{原力}$（极大于）	趋向于表达命令意义类的强祈使指令
6	$S_{社会力} = H_{社会力}$	$S_{心理力} > H_{心理力}$（明确祈使意愿）	$F_{对抗力} > F_{原力}$（略大于）	趋向于表达提示或建议意义类的祈使指令
7	$S_{社会力} = H_{社会力}$	$S_{心理力} < H_{心理力}$（弱化祈使意愿）	$F_{对抗力} < F_{原力}$（略小于）	趋向于表达征询或商量意义类的祈使指令

续表

	社会力对比	心理力对比	$F_{对抗力}$与$F_{原力}$对比	祈使语义的表达
8	$S_{社会力} < H_{社会力}$（模糊社会关系）	$S_{心理力} >> H_{心理力}$（极强化祈使意愿）	$F_{对抗力} >> F_{原力}$（极大于）	趋向于表达命令意义的强祈使指令
9	$S_{社会力} < H_{社会力}$（明确社会关系）	$S_{心理力} < H_{心理力}$（极弱化祈使意愿）	$F_{对抗力} << F_{原力}$（极小于）	趋向于表达乞求意义类的弱祈使指令
10	$S_{社会力} < H_{社会力}$（明确社会关系）	$S_{心理力} \approx H_{心理力}$（弱化祈使意愿）	$F_{对抗力} < F_{原力}$（略小于）	趋向于表达征询或商量意义类的祈使指令
11	$S_{社会力} < H_{社会力}$（明确社会关系）	$S_{心理力} > H_{心理力}$（强化祈使意愿）	$F_{对抗力} > F_{原力}$（略大于）	趋向于表达提示或建议意义类的祈使指令

综上可见，我们详尽梳理了说话人心中可能出现的 11 种对比情况，根据对说话双方各种社会力、心理力的综合对比，概括出说话人表达祈使语义的语力主要可以分为四类：命令类祈使、提示类祈使、征询类祈使、乞求类祈使。为了更加形象地表现说话双方社会力和心理力的对比情况，我们构建祈使语义的“语力—动态模型”，对听话人的社会力和心理力（$F_{原力}$）、说话人的社会力和心理力（$F_{对抗力}$）的对比类型用图 4-1 加以表示。由于祈使范畴的语力强弱只是一个相互关联的连续统，这个模型图只能大致反映祈使双方力量对比的等级差别。如图 4-1 所示。

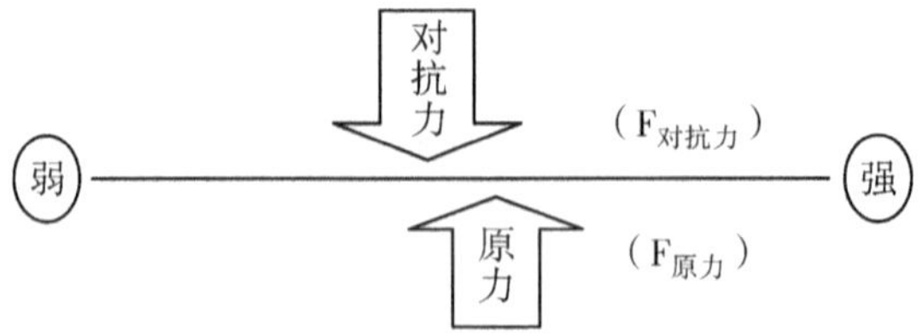

图 4-1

我们需要对“祈使语义-语力模型”图进行说明的是：

Ⅰ. 对抗力和原力不可能完全对等。这是因为即使说话人的社会力和听话人的社会力完全相等，但说话人的心理力和听话人的心理力不可能完全相等。说话人心里总会存在对祈使结果实现程度的期望值和对听话人实施祈使行为可能性大小的对比，这两种心理力的大小不可能用精确的数值标注，也不可能完全相等。这就决定了说话人的社会力和心理力与听话人的社会力和心理力不会完全相等。因此“祈使语力”只能表现为对抗力大于原力或原力大于对抗力的情况。

Ⅱ. 当对抗力极强于原力或极弱于原力时，祈使语义的语力表现非常明显，要么是强命令，要么是弱乞求。当对抗力和原力几乎接近时，对抗力可能会略大于原力或略小于原力。当对抗力略大于原力时，表现为提示型祈使；当对抗力略小于原力时，表现为征询型祈使。这两类“祈使语力”一般表现不太明显。

Ⅲ. 这两种力的对比只是从说话人的心理角度进行分析，是说话人主观上对说话双方各种社会力和心理力的综合对比。

综合以上各种对比情况，依据祈使语力强弱的等级差异，现代汉语祈使范畴次类可分为以下四种情况：

①当说话人主观上对比得出对抗力极大于原力时，则会判断祈使结果实现程度极高，一般趋向于表达命令、要求、请求或禁止、制止意义类的强祈使指令。这一类祈使称之为“命令型祈使”。如图 4-2 所示：

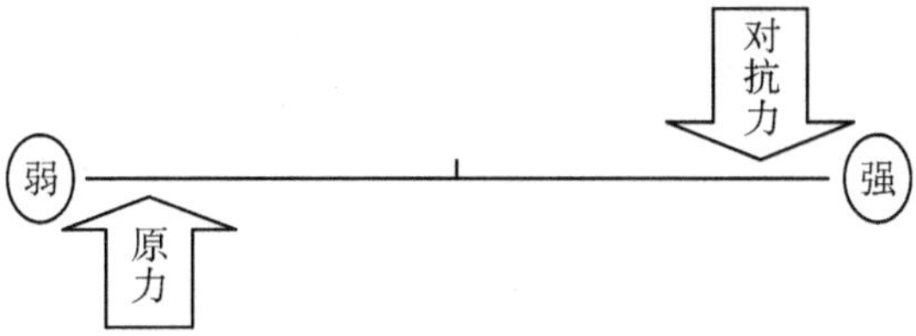

图 4-2

②当说话人主观上对比得出对抗力极小于原力时，则会预设祈使结果实现程度极低，一般趋向于表达乞求或乞免意义类的祈使指令。这一

类祈使称之为“乞求型祈使”。如图 4-3 所示：

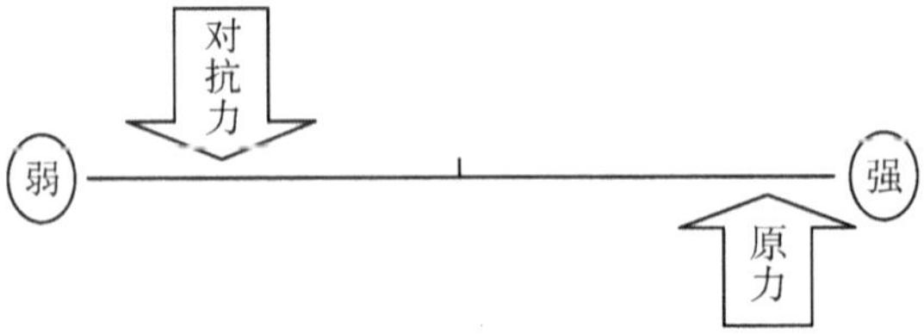

图 4-3

③当说话人主观上对比得出对抗力略大于原力时，则会预设祈使结果实现程度略高，一般趋向于表达提示或建议意义类的祈使指令。这一类祈使称之为“提示型祈使”。如图 4-4 所示：

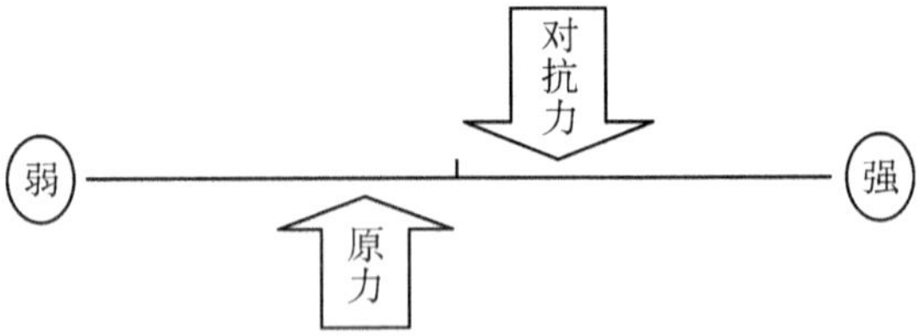

图 4-4

④当说话人主观上对比得出对抗力略小于原力时，则会预设祈使结果实现程度略低，一般趋向于表达征询、商量意义类的祈使指令。这一类祈使称之为“征询型祈使”。如图 4-5 所示：

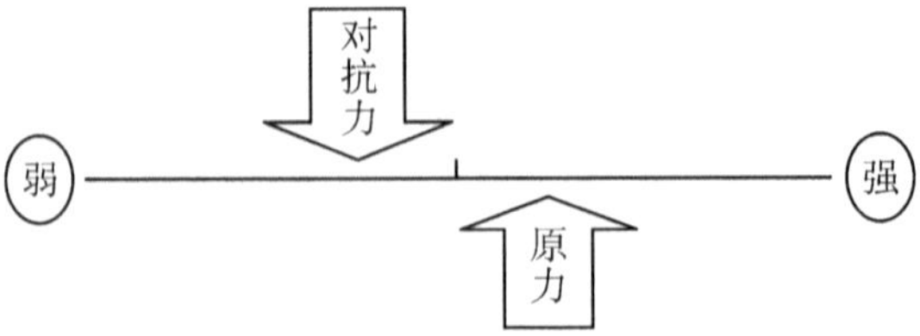

图 4-5

根据以上分析可以看出，说话人主观上对这两种力量的综合对比决定了说话人对预设的祈使结果实现程度高低的判断，依据判断结果选择不同的语言形式表达祈使指令，这就使得说话人表达祈使语义的语力存在强弱力度的差异。我们将这四个图示简化为一个公式，可以归纳出影响“祈使语力”选择的公式是：

$$F_{语力} \approx P_{预设的祈使结果实现程度} \approx \frac{F_{对抗力}}{F_{原力}}$$

当$F_{对抗力}$极大于$F_{原力}$时，说话人判断祈使结果实现程度极高，趋向于表达语力极强的命令意义类祈使；当$F_{对抗力}$极小于$F_{原力}$时，说话人判断祈使结果实现程度极低，趋向于表达语力极弱的乞求意义类祈使；当$F_{对抗力}$略大于$F_{原力}$时，说话人判断祈使结果实现程度略高，趋向于表达语力略强的提示意义类祈使；当$F_{对抗力}$略小于$F_{原力}$时，说话人判断祈使结果实现程度略低，趋向于表达语力略低的征询意义类祈使。依据祈使语力的强弱等级差异，大致归纳出现代汉语祈使范畴的四个次类是：

命令型祈使、提示型祈使、征询型祈使、乞求型祈使

命令型祈使一般采用直接命令或要求的方式表达祈使；提示型祈使一般采用委婉提示的方式表达祈使；征询型祈使一般采用征询或商量的方式表达祈使；乞求型祈使一般采用乞求或乞免的方式表达祈使。

第二节　现代汉语祈使次范畴

我们根据现代汉语祈使语力强弱的等级差别，将现代汉语祈使范畴分为四个次范畴。这四个次范畴分别是：“命令型祈使”“提示型祈使”“征询型祈使”和“乞求型祈使”。下面我们对这四个次范畴的语义内涵和语义小类进行分析。

一、命令型祈使

这里的“命令”是指广义的“命令”，凡是直接表达命令、制止、劝阻、要求或请求意义的祈使指令都可归入此类。“命令”祈使包括两种语义小类：“强命令”和“弱命令”。“强命令”祈使是具有权威性的命令；“弱命令”祈使是具有交际合作性的命令。

1.“强命令”类祈使

“强命令”类祈使是指说话人倾向于表达具有绝对权威性的命令意义类祈使，这一类祈使通常选用非常直接、强硬的命令方式表达祈使语义。例如：

(11)“我看不惯你这种女人，你给我滚！”(《寒夜》巴金)

上例祈使句语气强硬，不仅直接表达了“滚”的指令，还加上“给我”这个强调标记来进一步加强祈使命令语气，突显说话人要听话人“你”必须执行“滚”这个指令的坚定性，表现出力度极强的祈使语力。“强命令”类祈使的语义小类非常丰富，除了直接命令外，还包括命令(狭义)、号召、制止、威胁、警告等。这些语义小类分别通过具体的语言形式得以实现。例如：

(12)赵永生上了岸，向后一挥手，喊道：“同志们，冲啊！”(《桐柏英雄》前涉)

(13)“我命令你，必须撤离，马上撤离！”(《山帅》吴振录)

(14)“你快开开，少说废话！”(《前夜》阳翰笙)

(15)严禁吸烟！　严禁烟火！

(16)“再说一句，小心我揍死你！”

(17)“你再往前走一步，我就打断你的腿！”

2. “弱命令”类祈使

“弱命令”类祈使是指说话人倾向于表达具有一定强调性的命令意义类的祈使，说话人出于某种考量，自觉降低“命令”的祈使力度，通常选用较为直接、强调的方式表达祈使语义。说话人的考量，可能是基于对对方责任和义务的考虑，或是为了更加顺利地实现交际意图等，用直接强调的方式表达祈使指令。这一类祈使称之为“弱命令”祈使。“弱命令”类祈使就是要听话人必须或一定要做某事，听话人对说话人不一定有绝对的服从性。例如：

(18)“你一定要和我们一起走出草地。”(《任弼时》甘征文、韩少功)

上例中“你一定要和我们一起走出草地”用强调标记词“一定”“要”表达较为直接、强调的命令语气，即说话人要求听话人“你”一定要执行“和我们一起走出草地”这个指令，表现出力度较强的祈使语力。说话人之所以选用“一定”“要”表达这种要求意义的祈使指令，是因为说话人认为听话人有“走出草地”的“义务”或“走出草地”对听话人十分有利。在这种有利和义务的驱动下，说话人发出要求意义的“弱命令”祈使。“弱命令”类祈使体现了说话人用较为合作的方式表达祈使指令，除了要求意义外，还包括请求、阻止、劝阻、警示等语义小类，这些语义类别分别通过具体的语言形式得以体现。例如：

(19)“请你一定要拿上!”巧珍硬往他手里塞。(《人生》路遥)

(20)“你要马上离开这儿!”(《红岩》赵菜静、于成鲲)

(21)举报人对何力说：“你要守口如瓶呀，我冒着生命危险呢!”(《中国青年报》1991-4-17)

(22)“请把论文给我吧，礼品我心领了，谢谢。”(《高产作家的秘密》铁璀)

(23)“不许往下说了，我听了难受。”(《鹿回头》丛维熙)
(24)“你不要打断我，听我说。”(《离异》吴若增)

二、提示型祈使

“提示型祈使”是指说话人倾向于表达比较善意、友好的提示或建议意义的祈使，这一类祈使通常选用较为委婉、温和的提示方式表达祈使语义。例如：

(25)“别开那么快了，小心撞着人!”(《青春只有一次》杨镰)

上例祈使句语气比较委婉、温和，用“小心”一词表示“提示或提醒”听话人“不要撞着人了”，祈使语力表现适中。一般来说，说话人表达“提示”意义的指令是出于对听话人利益的考虑，往往是友好的、善意的。说话人认为自己对听话人的提示结果比较容易实现，只是加以提醒，不带有强制性。

“提示型”祈使体现了说话人用委婉、温和的方式表达祈使指令，还包括建议、催促、叮嘱、规劝等语义小类，这些语义类别分别通过具体的语言形式得以体现。例如：

(26)“你得加点儿小心才是啊!”(《离异》吴若增)
(27)“天快黑了，你该离开这里了。”(《秋鸿》边震遐)
(28)“你应该组织你自己的家庭了。”(《初夏的重逢》梁沪生)
(29)母亲说：“你是不应该病的，你应该去做工呀!”(《处女地》马宁)
(30)小心地滑!　小心台阶!
(31)注意小偷!　注意安全!

三、征询型祈使

“征询型祈使”是指说话人倾向于表达比较委婉、谦和的征询意义类祈使，这一类祈使通常选用商量、询问的方式表达祈使语义，显示出说话人对听话人的尊重。例如：

(32)“要不，等你打完护村埝，咱们一块走行不行?”(《战洪图》鲁速)

上例祈使句语气委婉谦和，句末用“行不行”的附加问形式强调说话人向听话人征询或商量意见，充分表达出对听话人的尊重，表现出较弱的祈使语力。

“征询型”祈使体现了说话人的礼貌原则与合作原则。礼貌原则是指交际中应该充分尊重对方“面子”，设法减轻言语行为对面子可能产生的威胁；合作原则是指会话双方应互相合作，使得对话得以顺利进行。在礼貌原则和合作原则的驱动下，说话人常在句末加上“好不好”“行不行”“可不可以”或“好吗”“行吗”等，表示征询或商量。这种征询和商量的方式在具体的语言中表现为问句，因为使用问句与他人商量做某事显得更有礼貌、更委婉。例如：

(33)“等俺哥俺嫂回来了，你唱一段行吗?”(《破碎的梦》郑平)

(34)“喂，同志们，我们请文工队的同志唱一个好不好?”(《怒涛》骆基)

(35)“你来帮我一把行不行?”(《男婚女嫁》刘亚舟)

(36)他把眼睛看着她的脸——“你们是文学家，尤其你是诗人，你替我代做一首好不好?”(《光明在我们的前面》胡也频)

(37)“请把你的灯借给我看看，好吗?”(《小布头掉进了大海里》徐劭)

四、乞求型祈使

“乞求型”祈使是指说话人倾向于表达语气非常卑微的乞求意义类祈使，这一类祈使通常选用乞求、哀求的方式表达祈使语义，显示出极弱的祈使主动性。例如：

(38)“求求你饶我这一次吧，我以后一定听你的话。”(《理想之光》达理)

上例祈使句语气很卑微，用“求求你”表达乞求的祈使语气，显示出说话人在祈使交际中地位非常微弱，表现出极弱的祈使语力。一般来说，说话人表达“乞求”意义的指令时不仅“有求于听话人”，而且对听话人是否能顺利接收祈使指令没有太大的把握，祈使言语交际中处于非常被动的地位。

“乞求”类祈使体现了说话人用极为卑微的方式表达祈使指令，包括乞求、哀求、乞免等语义小类，这些类别通过具体的语言形式得以体现。例如：

(39)“现在我求你一件事，你帮帮我，就算是帮帮他，也就算是帮帮你自个儿。”(《原野》曹禺)

(40)求你(您)，收下这个孩子吧！

(41)“张大嫂，我走啦，拜托您多照应啊！”(《一辆自行车》沈默)

需要说明的是，“乞求型”祈使表达内容丰富，有些形式上用乞求的方式表达的祈使，未必是真正的“乞求”。比如妈妈几番劝说孩子吃药，孩子不肯吃，最后妈妈发出“求求你，把药吃了吧”的祈使指令。这一类祈使指令，形式上是乞求，实际上是命令意义的祈使。这是因为处于某些特殊的原因，祈使者不得不采用语气很强硬的乞求方式表达命令指令。因此我们有时会体悟到用乞求的方式表达祈使指令语力不是很微弱，而是非常强硬。

我们用图4-6表示现代汉语祈使次范畴分类情况：

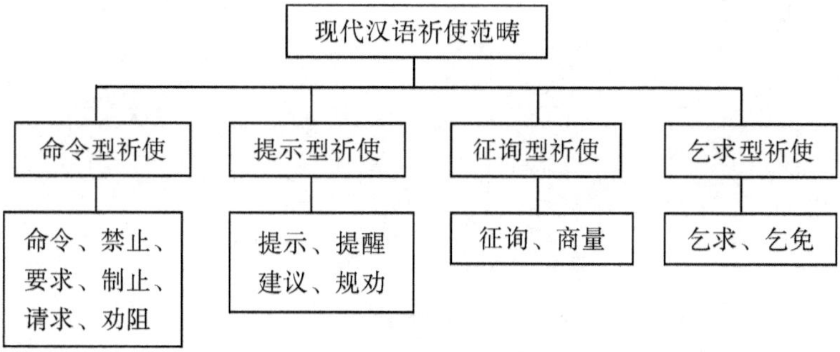

图4-6

【本章小结】

本章内容主要分析了现代汉语祈使范畴及其次类。论文概括归纳出影响现代汉语祈使范畴的语力选择的制约因素，确定了现代汉语祈使次范畴的划分标准，并对现代汉语祈使范畴的次类进行了分析。具体内容总结如下：

①“祈使语力”可以概括为：说话人主观上对说话双方的各种社会力和心理力进行综合对比，这种对比成为说话人判定预设的祈使结果实现程度高低的主要依据。说话人根据这个判断选择不同的语言形式表达祈使内容，这就使得祈使语义表现出强弱不同的祈使力度，这个力就是祈使语义的语力。

②现代汉语祈使范畴内，说话人表达祈使语义的形式和手段非常丰富，使得祈使语义存在语力强弱的等级差异，这些等级差异构成了划分祈使次范畴的依据。我们参照Talmy的“力量—动态模型”，建立祈使范畴的“语力—动态模型”。根据对祈使语力强弱等级的分类，将现代汉语祈使范畴分为四个次范畴，这四个次范畴分别是“命令型祈使”“提示型祈使”“征询型祈使”“乞求型祈使”。

③命令型祈使一般采用直接命令或要求的方式表达祈使语义；提示型祈使一般采用委婉提示的方式表达祈使语义；征询型祈使一般采用征询或商量的方式表达祈使语义；乞求型祈使一般采用乞求或哀求的方式表达祈使语义。

第五章　现代汉语祈使范畴的表达手段

现代汉语祈使范畴的表达手段丰富，形式多样。这些形式和手段各有特点，蕴含着复杂的祈使信息，承载着说话人不同的祈使意图。本章从祈使语义入手，按照语音、词汇、句法、话语标记等不同层面，梳理现代汉语祈使范畴的各种表达形式和手段，进一步探讨祈使言语行为的表达规律，并寻求一定的解释。

第一节　语 音 手 段

本节主要从语音层面探讨现代汉语表达祈使范畴主要有哪些语音手段，以及这些语音手段是如何表达祈使语义的。我们知道，语音是发音器官发出的代表一定意义的连续声波，包括语调、重音、语速、节奏等要素，“通过语调可以认知说话人的情感、性格和心态”（孙建汝，2000：69），而“重读的词可以表达较大的信息量”（端木三，2007：8）。可以说，语调和重音是表达祈使语义的主要手段，为了更准确地描述这两种语音手段是如何表达祈使语义的，我们运用实验的方法，根据Praat语音软件分析得出的数据，对祈使语调和祈使重音进行分析。

一、祈使语调

关于语调的功能和用途，早在19世纪末，英国语言学家Henry Sweet就用8种符号标识不同的英语语调，将英语语调和话语情感联系起来研究。20世纪二三十年代，赵元任先生（1929，1932，1933）提出了“橡皮带”“代数和”和“大浪加小浪”理论解释说明字调是表义的，而语调是表情的。后来的学者如吴宗济（1982，1985）、沈炯（1985，1994）、胡明扬（1987）、石佩雯（1988）、石锋（1991，1996）、林茂灿（1999）、陈虎（2006，2008）等通过实验的方法加强对汉语语调的类型功能研究。

对语调本质问题的理解，可以分为广义语调和狭义语调。广义语调不仅包括音高，还包括音长、音强在内的各种语音要素。如赵元任（1979：252-270）认为，语调除了音高和音长，还要注意音强和嗓子的性质。石佩雯（1980：71-81）认为汉语的语调和声音的高低升降、轻重缓急都有关系。罗常培、王均（1981：160）认为语调跟声音高低、强弱、长短、快慢舒缓都有关系，而声音高低抑扬顿挫的变化尤其显著，尤为重要。胡明扬（1987：146-160）以北京语调为例，论证语调与音高、音长和音量都有关系。

狭义语调只以音高为中心，其他语音要素为参照。如沈炯（1992：16）认为，语调主要是音高变化，音高以外的音长、音强可以作为伴随现象进行研究。石锋（1999：56）认为，语调是指“语句的音高随时间变化的类型”，把音高看作语调研究的中心，其他韵律特征只是语调变化的辅助手段。吴宗济（1997：333-356）强调语调问题是以音高为中心，音强、音长起重要作用的语音问题，对语调问题的研究要把听者的感知和实验研究结合起来。曹建芬（2002：195-200）用实验的方法证实了语调可以用语句音高运动的总体音阶走势来进行描写。从以上两类语调的研究来看，研究者们都很重视音高作用，我们可以从音高入手，对祈使语调的表义功能进行考察和分析。

关于祈使语调，已有一些学者对其进行了一定的描写。如黄伯荣（1984：100）指出：“祈使句都用降语调，表命令、禁止的语调急降而且很短促。表请求、劝阻的祈使句也用降语调，但往往比较平缓。”刘月华（1985：170）指出：“祈使句语调与节奏、重音、调值等因素有关系，祈使句的节奏快，发音力度大，委婉语气成分的出现会使调值相对提高。”范晓（1998：239）认为：“祈使句的句尾通常用降调。”以上这些结论多是借助语感来判断祈使语调究竟是升调还是降调，为了更准确地说明表达祈使语义的语调类型和作用，我们运用 Praat 语音软件，通过录音实验的方法对祈使语调进行分析，得出较为准确可靠的结论。

1. 实验目的和方法

我们通过选取语料库中的三组表达祈使语义的句子语调进行分析，主要探讨两个问题：一是祈使语义主要由哪一类或哪几类祈使语调表达，二是语调的高低宽窄对祈使语义的语力强弱有何影响？我们将这三组祈使句录制成 30 个音频，运用 Praat 语音软件对样本语料例句的“音高”变化进行客观分析，再以听感实验进行验证，最终得出较为可靠的结论。实验中对音高图显示的数据进行统计分析，分析的结果具有一定的直观性。例如“救命啊”的音高如图 5-1 所示：

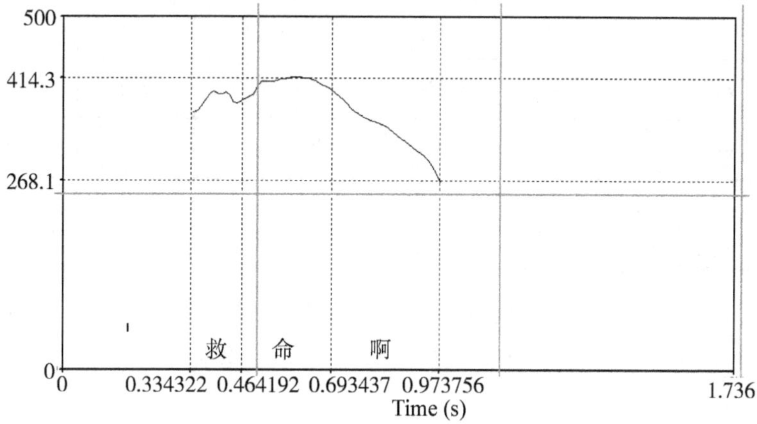

图 5-1

由图 5-1 可知，“救命啊！”这一例句的音域上限是 414. 3Hz；音域下限是 268. 1Hz；调域是 146. 2Hz（音域上限减去音域下限的数值）。音域上限越高表示说话人情感越兴奋，调域越宽表示说话人语力越强。

2. 实验语料来源

我们通过对现代汉语语料库进行考察，搜集整理出对话口语中各类带词汇标记的祈使句和特定句式的祈使句，共 3808 例。带有词汇标记的祈使句，如否定副词、部分助动词和情态副词等；由特定的格式表达祈使语义的祈使句，如“VV”句式、“VA+点儿”句式、“AV+点儿”句式、“V+着”句式、“V+一下”句式、“$VV_{趋}$”句式、“VC”祈使句式、“把”字祈使句式以及带有祈使话语标记的句子。各类实例在总样本中的比例排列，如表 5-1 所示：

表 5-1

类　别	实例数	百分比	类　别	实例数	百分比
否定副词	1341	35.3%	“AV+点儿”式	90	2.3%
助动词	89	2.3%	“V+着”式	215	5.6%
情态副词	101	2.7%	“V+一下”式	77	2.0%
话语标记	111	2.8%	“$VV_{趋}$”式	498	13.1%
“VV”式	246	6.5%	“VC”式	242	6.4%
“VA+点儿”式	456	11.9%	“把”字式	344	9.1%

3. 实验步骤

①选用发音人。三位发音人均为汉语言文学专业大三本科生。

发音人一：LXW，21 岁，籍贯河南洛阳，普通话一级乙等，讲普通话 15 年。

发音人二：LYW，22 岁，籍贯山东临沂，普通话一级乙等，讲普通话 8 年。

发音人三：SWT，20 岁，籍贯河北保定，普通话一级乙等，讲普通话 18 年。

②录音。我们对语料库的祈使句按照不同类型筛选出 30 例，分成三组，分别由这三位发音人以自然口语的方式读出并进行录音。我们对发音人的发音有一定的要求，规定每两个句子间隔 3 到 5 秒，句子之间要有足够的停顿；发音前让发音人仔细看这些句子，揣摩句子的意义，

按正常语速进行表达。

③数据分析。运用 Praat 语音软件对录音语料进行分析，求出音域上限和音域下限，得出每一个例句的调域数值，最后通过对比三组例句的调阶和调域数据，找出祈使语调与祈使语义表达之间的关系。音域上限和音域下限分别是指一句话调域的最高点和最低点，调域是指上限和下限之间的差距。不同的调阶和调域反映说话人不同的情感语义，调域和调阶的单位都是 HZ。这三组例句分别是：

第一组(共 10 例)：

(42)“好啦，好啦，别再抬杠啦！”(《战斗的青春》雪克)

(43)“你得象个作曲家！”(《你别无选择》刘索拉)

(44)“你还是问问美美本人吧！”(《还你前生缘》岑凯伦)

(45)“快拉出去，枪毙！”(《梅岭上的云烟》蒋用宏》)

(46)“你想想，他还有脸活下去吗？”(《大地》秦兆阳)

(47)“耐心点儿，再等一等。”(《车队从这里经过》张思聪)

(48)“听着！”

(49)“让一下，让一下！”(《风乍起》王剑)

(50)“晚上七点钟在德胜馆见，好不好？”(《春华秋实》老舍)

(51)“丁大勇，出去！”(《保卫和平》宋之的)

第二组(共 10 例)：

(52)“姐姐！快别说啦！”(《林海雪原》曲波)

(53)“家有家规，社有社章，你不该随便无理取闹。”(《汾水长流》禾土)

(54)“冲啊！”(《疾风》蔡维才》)

(55)“小心台阶！”

(56)“老实点儿！”(《神葬》马佳)

(57)“看着！”

(58)“你检查一下，这道题写错了没有?”

(59)“姐呀，姐呀！帮帮忙啊!”(《迎春花》冯德英)

(60)老胡说道：“请三位跟我来。”(《红顶商人胡雪岩》高阳)

(61)眼看那猛虎窜来了，她慌得六神无主，禁不住脱口喊道：“救命啊!”(《努尔哈赤》李文澄)

第三组(共10例)：

(62)“不要灰心嘛!”(《水云间》琼瑶)

(63)“你一定要拿上!”巧珍硬往他手里塞。(《人生》路遥)

(64)原名芳棺儿的蔡夫人，也微笑着说了声：“你们谈吧!”(《狼烟》刘绍棠)

(65)冯涛：“同志们，风来了，迎上去!”(《第二个春天》刘川》)

(66)徐伯贤上前劝着：“张大夫，张大夫，冷静点儿，事情总能说清楚的……请坐。”(《皇城根》陈建功)

(67)“穿着!”(别冻感冒了!)

(68)“等一下!”(我马上就来)

(69)我见她犯疑，“我们都爱吃，不信你尝尝吧。”(《北京晚报》1990-7-12)

(70)胡文玉忙立起来拦住赵青恳求道：“求你无论如何要给我保守秘密。”(《战斗的青春》雪克)

(71)然后萧恩再催促桂英：“快走!”(《周信芳舞台艺术》周信芳)

4. 实验结果

首先，我们通过Praat语音软件画出每一句录音语料的音高图，对每一例音高运动进行测量与观察，分析祈使语义与语调升降之间的关系。

第一组实验数据，如表5-2：

表 5-2

序号	例　　句	祈使语义	音域上限	音域下限	调域	语调类型
1	别再抬杠啦！	劝阻	372	147	225	降调
2	你得象个作曲家！	要求	368	78	290	降调
3	你还是问美美本人吧！	建议	336	144	192	降调
4	快拉出去！	命令	406	165	241	降调
5	你想想，	建议	281	91	190	降调
6	耐心点儿！	命令	306	86	220	降调
7	听着！	命令	325	177	148	降调
8	让一下，让一下！	命令	472	158	314	降调
9	晚上七点钟在德胜馆见，好不好？	征询	351	158	193	升调
10	出去！	命令	482	446	36	降调

第二组实验数据，如表 5-3：

表 5-3

序号	例　　句	祈使语义	音域上限	音域下限	调域	语调类型
11	快别说啦！	制止	406	165	201	降调
12	你不该随便无理取闹。	劝阻	319	128	191	降调
13	冲啊！	命令	378	293	85	降调
14	小心台阶！	提示	337	201	136	升调
15	老实点儿！	命令	312	99	213	升调
16	看着！	命令	341	211	103	降调
17	你检查一下，	要求	282	166	116	降低
18	帮帮忙啊！	请求	369	191	178	降调
19	请三位跟我来。	邀请	291	156	135	降调
20	救命啊！	请求	414	268	146	降调

第三组实验数据，如表 5-4：

表 5-4

序号	例　　句	祈使语义	音域上限	音域下限	调域	语调类型
21	不要灰心嘛！	劝阻	303	194	109	降调
22	你一定要拿上！	命令	299	104	195	降调
23	你们谈吧！	建议	220	129	91	降调
24	迎上去！	命令	366	164	202	降调
25	冷静点儿，	命令	286	82	204	降调
26	穿着！	命令	367	158	209	降调
27	等一下！	要求	350	186	164	降调
28	不信你尝尝。	建议	230	112	118	降调
29	求你无论如何要给我保守秘密。	乞求	290	138	152	降调
30	快走！	命令	352	153	199	降调

我们对这 30 个录音例句的音高图式和数据进行统计发现，其中只有 3 例句子的整个音高走势为上升趋势，占实验语料的 10%，其余 27 例句子语调音高走势下降，读降调，从中可以看出祈使语义表达的基本语调是降调。读升调的例句如图 5-2、5-3、5-4 所示：

例：晚上七点钟在德胜馆见，好不好？（图 5-2）

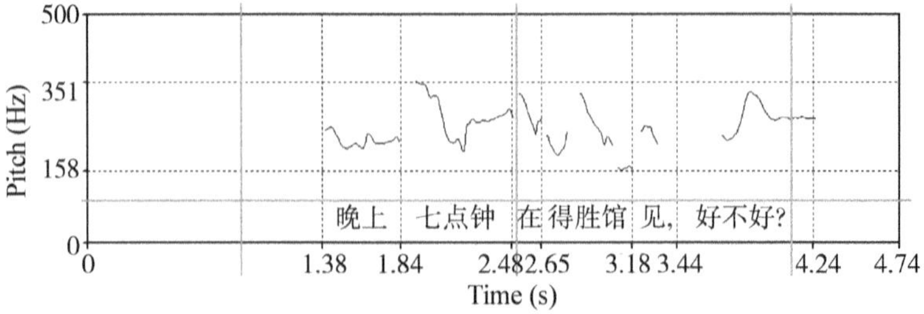

图 5-2

例：小心台阶！（图 5-3）

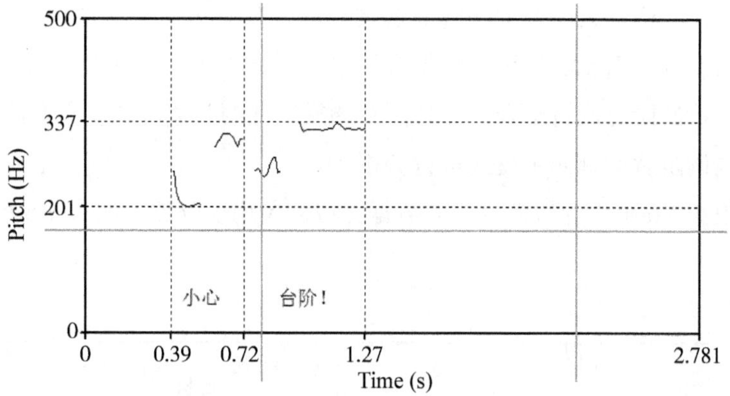

图 5-3

例：老实点儿！（图 5-4）

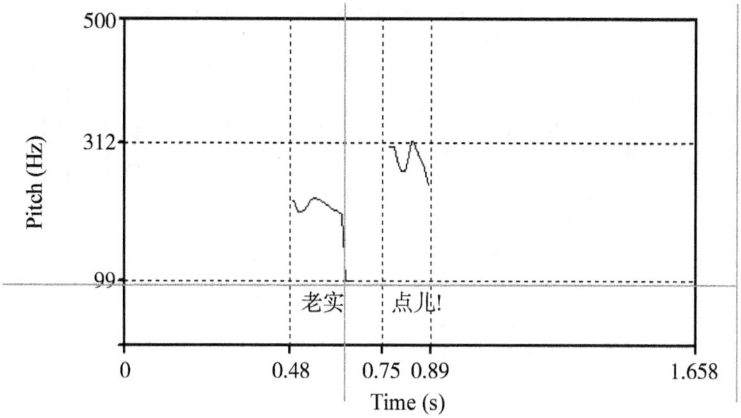

图 5-4

由上图可以看出，这三个例句整个语调的音高走势基本均为上扬，如“晚上七点钟到德胜馆见，好不好？”表示友好询问的征询祈使；“小心台阶！”表示很突然的提示祈使；“老实点儿！”表示急切紧张的命令祈使。其他的祈使句的语调都是用降调表达；祈使语义用升调表达时，一般是表示带有询问商量意味的征询祈使、带有惊异意味的提示祈使和带有紧张意味的命令祈使。

其次，说话人语调的调阶高低与调域宽窄对祈使语义的情感表现、语力强弱都有重要的作用。根据音域上限和调域的实验数据，以 Hz 为单位，将调阶与调域结合为低调阶窄调域、低调阶宽调域、高调阶窄调域、高调阶宽调域四种模式进行分析。①

根据 Praat 语音软件分析的数据，将例句列表分类，如表 5-5 所示。

表 5-5

模式＼举例	例　　句	音域上限	音域下限	调域	祈使语义类型	语力	情感
（A）低调阶（0~300Hz）窄调域（0~150Hz）	你们谈吧！	220	129	91	建议	弱	委婉
	你检查一下，	282	166	116	要求	弱	和缓
	不信你尝尝。	230	112	118	建议	弱	委婉
	请三位跟我来。	291	156	135	请求	弱	和缓
（B）低调阶（0~300Hz）宽调域（150~250Hz）	求你无论如何要给我保守秘密。	290	138	152	乞求	强	哀求
	冷静点儿！	286	82	204	命令	强	低沉
	你想想，	281	91	190	建议	强	低沉
（C）高调阶（300~500Hz）窄调域（0~150Hz）	出去！	482	446	36	命令	弱	紧张
	救命啊！	415	267	148	乞求	弱	紧张
	冲啊！	378	293	85	命令	弱	激情
	看着！	341	211	103	命令	弱	低沉
	小心台阶！	337	201	136	提示	弱	委婉
	不要灰心嘛！	303	194	109	劝阻	弱	委婉
	听着！	325	177	148	命令	弱	低沉

① 由于发音人都为年轻女性，所有例句调阶的音域上限都在 0Hz~500Hz 之间，女性调值偏高，选取比平均值略高的 300Hz 为调阶音域上限的界限，所有例句的调域几乎都在 0Hz~300Hz 之间，选取中间值 150Hz 为调域宽窄界限。调阶高低和调域宽窄的界限是根据本次录音确定的相对数值，带有一定的主观性。

续表

模式 \ 举例	例句	音域上限	音域下限	调域	祈使语义类型	语力	情感
(D) 高调阶(300~500Hz) 宽调域(150~500Hz)	你一定要拿上!	302	104	198	命令	强	深沉
	你还是问美美本人吧!	336	144	192	建议	强	沉重
	等一下!	350	186	164	要求	强	沉重
	你不该随便无理取闹。	319	128	191	制止	强	生气
	老实点儿!	312	99	213	命令	强	批评
	晚上七点钟在德胜馆见，好不好?	351	158	193	征询	强	强调
	别再抬杠啦!	372	147	225	劝阻	强	激动
	帮帮忙啊!	369	191	178	请求	强	哀求
	快别说啦!	406	165	241	要求	强	低沉
	穿着!	367	158	209	命令	强	沉重
	你得象个作曲家!	368	78	290	要求	强	热情
	快拉出去!	406	165	241	命令	强	催促
	耐心点儿!	306	86	220	命令	强	激动
	迎上去!	366	164	202	命令	强	热情
	快走!	352	153	199	命令	强	催促
	让一下，让一下!	472	158	314	命令	强	急切

语调的高低升降具有浓厚的感情色彩，蕴含着说话人复杂的主观情感。赵元任先生(1928：78-123)在《现代吴语的研究》中指出，音程(interval)的绝对大小，跟发音者的精神和脾气有关，“高兴的时候或是不怕难为情的人容易用大一点的音程，不起劲或是怕难为情的时候就会把音程减少(曲线上下挤扁)”。这里的“音程”相当于“调域”，调域的宽窄和调阶的高低对祈使语义的表达具有一定的影响作用。调阶高低主要影响说话人表达祈使语义情感兴奋的高低，调域宽窄主要影响祈使语义语力的强弱。调阶越高，说话人表达祈使指令的情绪就越高；反之，调阶越低，说话人表达祈使指令的情绪就越低。调域越宽，说话人强调听

话人完成祈使指令的强度越强，则祈使语力越强；反之，调域越窄，说话人强调听话人完成祈使指令的强度越弱，则祈使语力越弱。调阶和调域之间也有一定的关联，一般来说，通常调阶越高，调域就会越宽。

由表5-5可知，祈使语调的低调阶窄调域有4例，占13.3%；低调阶宽调域3例，占10%；高调阶窄调域7例，占23.3%；高调阶宽调域16例，占53.4%。统计数据说明高调阶宽调域为祈使语调表现的主要模式，这说明说话人表达祈使指令时更容易受到主观情绪的影响，尤其是说话人表达命令、制止、劝阻、要求的强祈使指令时，易受到情感、情绪的影响，形成高调阶宽调域，反过来高调阶宽调域会增强祈使指令的语力强度，力图使听话人顺利执行和完成祈使指令。

二、祈使重音

重音对语义信息的表达具有重要的作用，传统语言学把重音分为语法重音和逻辑重音。语法重音是指在没有上下文语境时某些成分按照一定的句法规则重读；逻辑重音是指“在话语交际时为表达特定的语意或情感而有意识地把句中某个词说得响亮些”(邵敬敏，2001：65)。王韫佳(2006：87)认为，其实语法重音也是与语义相关的重音，因为“句法(syntax)研究的是句子中表达意义连接关系的词的排列方式”(Van Valin & Lapolla，2002：1)，因此，我们“趋向于将语法重音和逻辑重音都看成语义重音——与句法或语义相关的重音”，两者都是“一个句子中为了表达语义上的相对重要性而出现的重音”。祈使句的重读成分是为了满足不同的语义表达需要，在语音形式上表现为音高更高，音强更强，音长更长，常是说话人想要强调的语义重点或是情感表达的焦点。以“别再抬杠了！”为例，如图5-5所示。

从音高图可以看出，“再”读重音时音域最宽、音强最强、音高最高，由此推断说话人强调“不要‘再’抬杠”这一祈使语义的情感态度。可见，重音可以起到加重语力、凸显语义信息的作用。沈炯(1992：16-22)将与语义表达相关的重音称为语势重音，它“以相邻音节为衬托显示出着重程度，从而对语句意义的形成做出贡献”。祈使重音的位置不

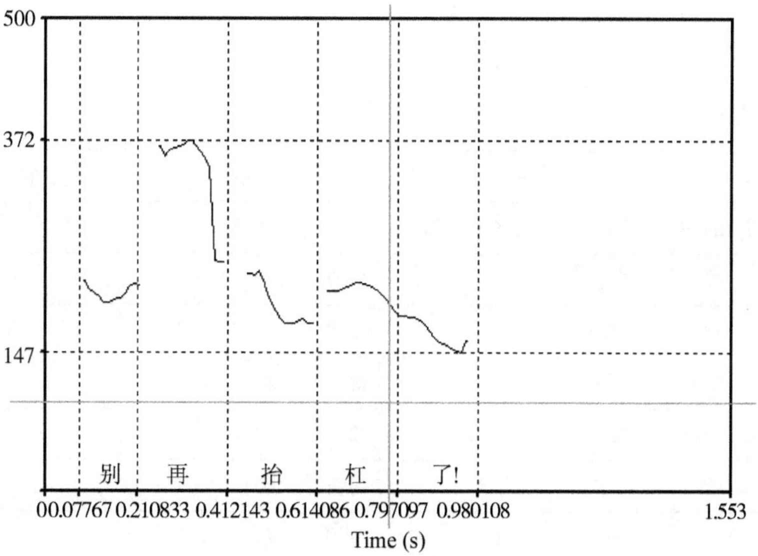

图 5-5

同，表达祈使语义的信息和凸显的情感也不一样。我们通过 Praat 语音软件检测出这三十个例句的音强值(intensity)，对比每一句话的音强值大小来判断重音的位置，归纳出祈使重音对凸显祈使语义信息的作用。

第一组音强数据统计如表 5-6：

表 5-6

例句	别　**再**　抬杠　了!	你　**得**　像个　作曲家!
音强	77.8　**81.1**　74.6　67	69.6　**70.0**　69.5　69.6
例句	你　还是　**问问**　美美　本人　吧!	快　**拉**　出去!
音强	74.3　73.9　**78.5**　76.3　72.573.4	77.9　**80.2**　72.7
例句	你　**想想，**	**耐心**　点儿!
音强	68.4　**70.5**	**75.9**　75.0
例句	**听**　着!	**让**　一下，让　一下!
音强	**80.0**　78.0	**80.7**　79.0　74.3　73.7
例句	晚上　七点钟　在　**德胜馆**　见，好不好?	**出**　去!
音强	68.5　71.3　71.1　**71.7**　70.4　73.4	**77.5**　68.6

第二组音强数据统计如表5-7：

表5-7

例句	快	别	说	**啦！**	你	**不该**	随便	无理取闹！
音强	69.9	70.4	71.6	**72.4**	66.3	**71.2**	68.7	67.4
例句	冲	**啊！**			**小心**	台阶！		
音强	73.3	**81.8**			**68.0**	66.4		
例句	**老实**	点儿！			**看**	着！		
音强	**75.0**	72.0			**72.8**	67.1		
例句	**你**	检查	一下！		**帮帮忙**	啊！		
音强	**70.8**	69.8	67.6		**77.0**	72.1		
例句	请	**三位**	跟我	来！	救命	**啊！**		
音强	68.0	**76.8**	74.4	69.0	74.7	**81.2**		

第三组音强数据统计如表5-8：

表5-8

例句	不要	**灰心**	嘛！			你	**一定**	要	拿上！
音强	69.5	**71.4**	69.5			65.0	**71.6**	69.0	64.3
例句	你们	**谈**	吧！			迎	**上去！**		
音强	60.2	**69.6**	61.7			72.0	**72.9**		
例句	**冷静**	点儿！				**穿**	着！		
音强	**70.4**	67.9				**79.2**	73.9		
例句	等	**一下！**				**不信**	你	尝尝	吧！
音强	71.5	**76.7**				**70.1**	54.3	62.9	63.2
例句	**求你**	无论如何	要	给我	保守秘密！	**快**	走！		
音强	**70.3**	68.9	66.7	72.3	70.0	**71.7**	70.0		

这些祈使重音的出现，不会改变句子的语义，只是凸显说话人强调的语义重点。对以上例句进行分析，可归纳出祈使重音有以下几种类型：

第一，当重音落在谓语中心语上，表示说话人强调听话人通过某种方式要对祈使指令进行积极反馈。例如“让一下，让一下”“你还是问问美美本人吧”“你想想”“出去”“小心台阶”“帮帮忙啊”“快拉出去”等，这些例句的声波图也明显表现出谓语动词重读。例句“出去”的声波图如5-6所示：

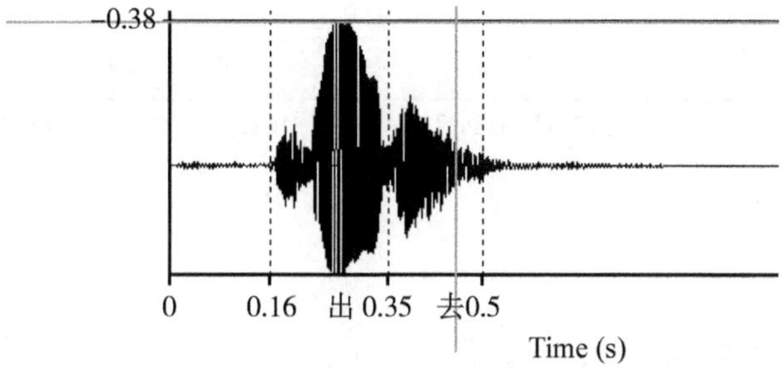

图 5-6

第二，如重音落在动词修饰语上，表示说话人强调听话人完成祈使指令时的某种主观认识和主观态度，如“你得像个作曲家”“快走”“别再抬杠了”“你一定要拿上”。

第三，如重音落在句中某个名词上，表示说话人强调祈使指令的接收对象，或是祈使行为发生的时间或地点等，这些名词重读是为了强调说话人表达的祈使意义的接收对象，或行为动作发生的时间、地点等。例如“你检查一下”“你们三位跟我来”“晚上七点在德胜馆见，好不好”等。

第四，如重音落在句末本该读轻声的语气词上，凸显了说话人表达祈使指令时的某种特殊情感，或带有急切的催促意味，或表示强烈的号召意味。例如“快别说啦”“救命啊”“冲啊”等。

同时，可以看出重音的表达常和音长联系在一起，读重音的词发音一般比非重音的词发音时间要长。如“快拉出去!”，其中“拉”读重音，用时也最长。如图 5-7 所示：

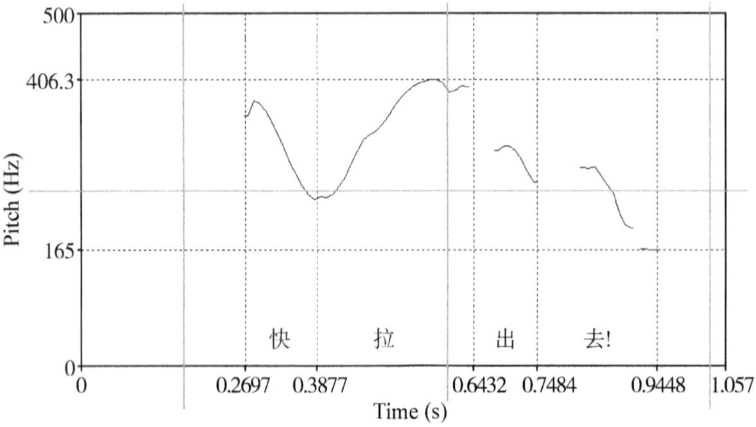

图 5-7

通过对实验数据和例句的分析表明，说话人重读的词一般都表示信息量较大的祈使新信息。说话人通过强调重读成分以此增强祈使新信息的语义强度，力图使听话人能更好地接收和理解新信息，所以说祈使重音的表达承载着加强某种祈使意义和增强祈使信息凸显度的作用。袁毓林曾指出(1999：185)，“说话人把信息量大的词说得重些，是为了表达清楚，让听话人听起来方便”。Duanmu(2007：8)也指出，“信息量大的词要重读，信息量小的词不用重读”，即“信息-重音原则”(information-stress principle)。因此，说话人通过加大音强，延长音长重读这些所要强调的成分，增强所要表达的祈使新信息语力，力图让听话人能够更好地理解自己的祈使意图，以期顺利执行祈使指令。

【本节小结】

在语音层面，现代汉语表达祈使范畴的语音手段主要是祈使语调和祈使重音。祈使语调可以表达祈使语义的情感，表现出不同的祈使语力；祈使重音凸显祈使语义信息，强调说话人的祈使交际意图。为了更加客观地说明祈使语调和祈使重音的表达作用，我们运用 praat 语音软件，通过实验的方法对录音语料的数据进行分析，得出相关结论。具体内容总结如下：

①现代汉语表达祈使范畴的语调基本上是降调。这是因为说话人实施祈使行为时，主观上已经确定了祈使的对象、祈使的内容，并预设了祈使的结果。说话人表达的祈使语义都是比较确定的内容，因此基本上用降调表达。这也正符合王寅(2012：23)所指出的："用降调表示肯定，用升调表示疑问是基于人下蹲时重心低(稳当、肯定)，立身(乃至踮脚站)时重心高(不稳、疑问) 的身体经验。"有的时候，说话人表达的祈使语义是带有商量意味的征询祈使和带有紧张意味的命令祈使时，祈使语气不太确定，可以用升调表达。

②祈使语调的调域宽窄和调阶高低表示说话人发布祈使指令时不同的情感意义。说话人可以通过扩大调域、提高调阶的方法，彰显自己表达祈使指令时的情感变化。一般来说，调阶越高，说话人表达祈使指令的情绪就越高；调阶越低，说话人表达祈使指令的情绪就越低。而调域越宽，说话人表达祈使指令的语力越强；调域越窄，说话人表达祈使指令的语力越弱。

③重音是说话人想要强调某种信息时对一些词加以重读。祈使重音可以传达足够的信息量，强调说话人的祈使交际意图。因此，说话人可以通过重读的方法强调祈使语义的主要内容和新信息，以便听话人更好地理解和接收祈使内容，顺利完成祈使指令。

总之，现代汉语祈使范畴在语音层面主要通过祈使语调和祈使重音得以表达。这两种语音手段可以帮助说话人更准确地传达祈使语义，更好地表现自己的祈使交际意图。

第二节 词 汇 手 段

本节主要从词汇层面探讨现代汉语表达祈使范畴主要有哪些标记词

以及这些标记词是如何表达祈使语义的。祈使标记词是指这类词的词汇义中某个义项可以直接表达祈使语义。我们对这一类直接或间接表达否定祈使语义的词语如“别”“甭”“不要”“不用”“不许”“小心”“注意”“少”“严禁”和表达强调祈使语义的标记词如“(应)该”“可以”“必须”“要”“得(děi)”“千万”“务必”进行分类对比研究，考察这些标记词究竟可以表达哪些类别的祈使语义。

一、否定祈使标记词

现代汉语中，否定祈使语义可以直接由一些否定词语表达，也可以由一些隐含否定意义的词语表达。这些隐含否定意义的词可以表达间接的否定祈使语义。我们把直接或间接表达否定祈使语义的词称之为否定祈使标记词。直接表达否定语义的祈使标记词如“别说话，老师来了”中的“别”表示制止的祈使语义；“不要再哭了，好吗”中的“不要”表示劝阻的祈使语义。这里“别”和“不要”的词汇义直接表达否定的祈使语义。袁毓林在《现代汉语祈使句研究》(1993：16)曾指出：“祈使句可以分为肯定式和否定式两大类。否定式中含有‘别’‘甭’‘少’‘不要’‘不用’‘不许’等否定性词语。否定式祈使句则通常表示禁止、劝阻、乞免等祈使意义。”

还有一类词以肯定的形式表达隐含的否定祈使语义，相当于“别”或“不要”。这类词间接地表达说话人对听话人的劝阻、提醒或告诫，避免听话人因为某些行为出现不好的结果。比如“小心地滑！”中的“小心”表示说话人提醒听话人不要摔着；“注意小偷！”中“注意”表示说话人提醒或告诫听话人不要被小偷偷了。这里“小心”和“注意”隐含了间接的否定祈使语义。袁毓林(2013：575)曾指出“‘小心’‘注意’”包含有隐性否定意义，表示“‘集中精神于某个方面’，以便‘不+发生不如意的事情’”，他把这一类词称之为“内在性否定谓词”。

通过对大量真实语料的考察，我们选出这9个常用的否定祈使标记词——“别”“甭”“不要”“不用”“不许”“少”“严禁”“小心”“注意”进行分类对比研究。根据《现代汉语词典》(第6版)、《现代汉语副词词典》

和《现代汉语八百词》等词典对这些词的词义解释，将其分为四组（“别/甭”“不要/不用/不许”“少/严禁”“小心/注意”）进行分析。

1.“别”与“甭”

《现代汉语副词词典》（岑玉珍，2013：8；14）对否定副词“甭”“别”的解释分别是：

“甭”：相当于“别”“不要”，表示劝阻或禁止，多用在祈使句中。

“别”：表示禁止或劝阻，意思相当于“不要”，用在祈使句中。

从《现代汉语副词词典》对这两个词的解释可以看出，“别”和“甭”之间的词义非常相近。“别”和“甭”都表示说话人对听话人的某种行为或状态进行劝阻或制止。通过对现代汉语语料库的考察，我们发现带有“别”和“甭”标记词表达祈使语义的例句分别有 327 例和 51 例，这两个否定词在使用频率和句法组合格式上有很大区别。如表 5-9 所示：

表 5-9

	句法组合格式									合计
	名词或名词性短语	形容词或形容词性短语	单一动词		复杂动词结构					
			V	V+语气词	状中	述宾	动补	“把(让/给)”字句	其他特殊结构	
别	3 0.9%	30 9.2%	42 12.8%	37 11.4%	46 14%	106 32.4%	12 3.7%	35 10.7%	16 4.9%	327 100%
甭	2 3.9%	5 9.8%	16 31.5%	4 7.8%	4 7.8%	14 27.5%	0 0%	2 3.9%	4 7.8%	51 100%

从上表可以看出，表示否定祈使语义时，祈使标记词“别”的使用频率远远高于“甭”，并且“别”字句的祈使项也比“甭”字句的祈使项形式丰富，尤其是“别”后可以加上复杂的句法结构表达祈使语义。例如：

(72)“来，抽支烟吧，别把什么都想那么好。”(《离异》吴若增)
(73)“老总，别拿枪对着我，我害怕。”(《荷叶台》张朴)
(74)“抓往她，别让她跑了！”(《海盗》胡正言)
(75)“有空找我玩，别光想着借车才找我。”(《中学生梦幻曲》肖复兴)

上例中祈使标记词“别”后可以搭配复杂的结构形式，例(72)是“把”字式，例(73)是连动式，例(74)是兼语式，例(75)是紧缩句。

而否定词“甭”后多搭配简单的动词或动宾短语，“甭”和“管”“问”“提”等在使用过程中逐渐固化，构成“甭管”“甭问”“甭提”的固定结构表达制止或劝阻意义的祈使指令。有时还会在“甭”前加上主语“你”或“您”，表示强调制止或劝阻的对象。例如：

(76)你甭管，我明白！
(77)您甭问，心急吃不到热豆腐！
(78)您甭提了，烦着呢！

我们发现，“别”与“甭”后搭配的动词有所区别，有些动词可以跟在“别”后面表示阻止或制止的祈使语义，却不能跟“甭”组合搭配。如表5-10所示：

表5-10

第一组		第二组		第三组	
别+V	甭+V	别+V	甭+V	别+V了	甭+V了
别怕！	甭怕！	别遗忘！	？甭遗忘！	别遗忘了！	？甭遗忘了！
别问！	甭问！	别生病！	？甭生病！	别生病了！	？甭生病了！
别管！	甭管！	别摔跤！	？甭摔跤！	别摔跤了！	？甭摔跤了！
别提！	甭提！	别感染！	？甭感染！	别感染了！	？甭感染了！

通过列表对比发现，第一组动词都是自主动词，都能接受“别”和“甭”的否定；第二组、第三组动词都是非自主动词，只能接受“别”的否定，而不能接受“甭”的否定。这说明“别+V[+自主]”成立，“甭+V[+自主]”成立。马庆株(1988：164)首先对自主动词作了这样的解释：“自主动词从语义上说是能表示有意识或有心的动作行为。”李临定(1990：67)在对动词进行分类时，将自主动词和非自主动词放在首位，并解释非自主动词是“人的主观意志无法控制的动作行为”。袁毓林(1993：27)又进一步解释说：“自主动词表示动作发出者有意识的发出动作行为，非自主动词是动作行为者无意识发出动作行为。”可见，“别”能够否定有意识或无意识的动作行为，而“甭”只能否定有意识的动作行为。

“别”与“甭”对动词自主与非自主语义的选择差异是由它们本身的否定语义所决定的。“别”相当于“不要”，表示说话人否定听话人的某种行为或状态的发生，这种行为或状态可以是有意或无意中发生的。当有意发生时，“别”否定自主动词；当无意发生时，“别”否定非自主动词。“甭”相当于“不用”，表示说话人否定听话人的某种行为或状态，这种动作或状态是有意发生的，因此“甭”只能否定自主动词。例如：

(79) a. 多穿点衣服，别病了！

b. 大热天穿那么多衣服，甭装病了！①

以上 a 例中“病”是非自主动词，“别病了”的话语预设是：“生病”是人无意中产生的行为结果，说话人用“别”提醒听话人避免这种无意识行为结果的发生。b 例“装病”是自主行为，“甭装病了”的话语预设

① 本节中没有标明出处的例句一般是自造句，从现代汉语语料库中检索到的例句一般都表明来源和出处。

是：听话人正在有意实施某种行为，说话人用“甭”劝阻或制止听话人实施这个有意识行为的发生。

由于“别”可以和自主动词和非自主动词搭配，其句法组配情况较为丰富，“别”表达祈使语义的内涵也就比“甭”丰富。“甭”一般只表示劝阻或制止的祈使语义，而“别”除了表示一般的否定意义外，根据其搭配的不同成分，其表达祈使语义的小类也有区别。通过对 327 例“别”字句的分析，“别”除了表示劝阻或制止意义外，还可以表示安慰、提示、请求等祈使语义。其中表示制止意义的例句有 40 例，占 12.2%；表示劝阻意义的例句有 145 例，占 44.3%；表示提示意义的例句有 68 例，占 20.8%；表示安慰的例句有 48 例，占 14.8%；表示请求意义的例句有 26 例，占 7.9%。例如：

第一，表“制止”。

(80)“死女子，别多嘴！”(《插上翅膀的农民》艾风)

(81)“抓住她，别让她跑了！”(《海盗》胡正言)

第二，表“劝阻”。

(82)“大田，别这样萎靡不振的。”(《红云》元杰)

(83)“别自作聪明了——你又给高强介绍对象了？”(《爱你没商量》王朔)

第三，表“安慰”。

(84)“别着急，只要配件齐全补救还来得及。”(《吉原先生》徐筑敏)

(85)“你做什么——连哥儿，别怕，过来！”(《幼年》骆宾基)

第四，表“提示”。

(86)“别慌，跟上!”(《海盗》胡正言)

(87)袁文兵小声提醒他：“班长，别又主观了。”(《哥俩好》所云平)

第五，表“请求”。

(88)“你要顶住，别退啊，千万别退下来!”(《晚霞》韩少华)

(89)“是是是，亲爹，别打我啦……”(《红高粱家族》莫言)

从根本上说，“别”字句带有一定的主观性指示功能，表示指示听话人做或不做某事，如建议、请求、安慰、提示、警告等。和“甭”字句相比，“别”字句的否定意义相对复杂含蓄。表示安慰、提示或劝阻的“别”字句一般不能被“甭”替换，例如：

(90)“你做什么——连哥儿，别怕，过来!”(《幼年》骆宾基)
“你做什么——连哥儿，甭怕，过来!”

(91)“是是是，亲爹，别打我啦……”(《红高粱家族》莫言)
“是是是，亲爹，甭打我啦……”

表示安慰、提示或劝阻的“别”字句在语义上比较委婉，说话人用“别”表示主观意愿上不希望听话人做某事，或是不希望某种状态发生，即“否定性意愿”(邵敬敏、罗晓英，2004：7)。用“甭”表示说话人心里认为否定的内容是客观条件不允许、没理由或是没必要发生、制止或劝阻听话人不做某事，即“否定性事实”。列表总结“别”与“甭”形式和意义的区别，如表 5-11 所示：

表 5-11

否定标记	形式	意　　义	否定模式
“别”	别+VP	制止对方做某事	否定性意愿
		劝阻对方做某事	
		请求对方不要做某事	
	别+A(N)	劝对方不要出现某种状态	
		安慰、提示对方不要出现某状态	
“甭”	甭+VP	制止对方做某事	否定性事实
		劝阻对方做某事	
	甭+A(N)	劝对方不要出现某种状态	

从上表可以看出，“别”和“甭”表示否定祈使语义的语力强弱存在一定的差异。“别”字句表达祈使语义，制止义强度最高，劝阻义其次，请求、提示、安慰义最弱。“甭”字句表达祈使语义，制止义强度最高，劝阻义其次。否定祈使的语力强弱是说话人心里通过对双方力量的对比，判断祈使结果实现程度高低，然后选择不同的语言形式表达语力强弱不同的否定祈使语义。否定副词“别”包含的否定祈使语义内涵丰富，既可以表达语力较强的否定祈使，如制止义和劝阻义的祈使指令，也可以表达语力较弱的请求或提示意义的否定祈使。而否定副词“甭”包含的否定祈使语义相对简单，只能表达语力较强的制止义和劝阻义的祈使指令。有时说话人用“甭”表达较为礼貌的否定祈使时，通过加上人称敬词“您”降低祈使力度，表达较为委婉的否定祈使指令，如“您甭管了”“您甭提了”“您甭说了”等。

2.“不要”“不用”和“不许”

《现代汉语副词词典》(岑玉珍，2013)否定副词“不要”“不用”和“不许”的解释分别是：

“不要”：表示劝阻或禁止，相当于“别”。

“不用”：表示不需要，没有必要。

"不许"：表示不允许，常用在祈使句中。

"不要""不用"和"不许"都表示否定意义的祈使指令，即说话人劝阻或制止听话人做某事。通过对现代汉语语料库的考察，我们搜集到用"不要"表示祈使语义的句子144例，由"不用"表示祈使语义的句子34例，由"不许"表示祈使语义的句子91例。通过对比发现，接受"不要"否定的多是说话人情感上认为不需要实施的行为和事件，表示意愿否定；接受"不用"否定的多是说话人认为事实上不必要实施的行为和事件，表示事实否定；接受"不许"否定的多是说话人认为必须强制听话人不能实施的行为和事件，表示命令否定。例如：

(92) a. 不要怕！（要勇敢！）
b. 不用怕！（有我在呢。）
c. 不许怕！（往前冲！）
(93) a. 不要管！（孩子已经长大了！）
b. 不用管！（他会照顾好自己！）
c. 不许管！（这是命令！）

"不要""不许""不用"这三个否定标记词在表达形式和表达祈使语义的区别如表5-12所示：

表5-12

否定标记	形式	数目	比例	祈使语义	否定模式
"不要"	不要+VP	121	84.0%	制止	否定性意愿
	不要+A	20	13.9%	劝阻	
	不要+N	3	2.1%	拒绝	
"不用"	不用+VP	13	38.2%	制止	否定性事实
	不用+A	18	53.0%	劝阻	
	不用+了	3	8.8%	拒绝	

续表

否定标记	形 式	数目	比例	祈使语义	否定模式
“不许”	不许+VP	89	97.8%	命令	否定性命令
	不许+A	2	2.2%	劝阻	

从上表可以看出，“不要”“不用”和“不许”的否定模式不一样，其中“不要”表示“否定性意愿”，其表达制止义的指令比例最高，达到84.0%；“不用”表示“否定性事实”，其表达劝阻义的指令比例最高，达到53.0%；“不许”表示“否定性命令”，其表达的命令义的指令比例最高，达到97.8%。可以说，“不许”的语力强度最高，其次是“不要”，最弱的是“不用”。

3.“少”和“严禁”

吕叔湘先生在《现代汉语八百词》(2006：480)中对“少”用作形容词的一个解释是“数量小”，如“少放盐，太咸对身体不好”；另一个解释是“比原来的数目有所减少，数量上不足”，如“你就少说几句吧”。但是在现代汉语中，还有一类“少”的用法与上面提到的“少”的情况不同。例如：

(94)少说一套做一套！　少没事找事！　少跟我装蒜！
少招惹是非！　少倚老卖老！　少在这儿吹牛皮！

上例中的“少”相当于否定副词“别”或“不要”，表示制止或劝阻的祈使语义。我们把这类表数量少和表否定意义的“少”分别记作“$少_1$”和“$少_2$”。

“$少_1$”表示“数量小”或“比原来的数目有所减少”时，常和“多”成对出现作状语，例如：

(95)炒菜时少放盐，多放醋！

(96)少说话，多干事！

我们发现，当“少$_1$”的对立项“多”不出现时，“少$_1$+VP”句式表示祈使语义更加明显，如上例中“少放盐！”“少说话！”。这时“少$_1$+VP”句式表建议或劝说意义的祈使指令，“少$_1$”修饰限定“VP”动作量的次数减少。有时“少$_1$”刻意表示说话人要听话人减少做某事的具体数量时，后面一般要加上数量词：“少$_1$+VP+数量词”。例如：

(97)“少说两句，行不行？”(《上海的早晨》周而复)

(98)“少买一件衣，少抽几包烟少吃几顿肉！”(《人民日报》1995-6-9)

“少$_2$”可修饰的成分与“少$_1$”相比差别较大，常用来否定一些抽象事件、惯常行为，或情理道义上不允许的行为和事件。例如：

(99)“你少来这套假浪漫吧！”(《金牧场》张承志)

(100)“你少给我吃空心汤团。”(《早上》庄新儒)

(101)少三心二意！　少来这一套！　少啰嗦！　少插嘴！
少骗人！

从上例中可以看出，“少$_2$”表达的并不是语义强度较弱的建议或劝阻义，而是表示命令或禁止意义的强祈使指令。

“少”从“少$_1$+VP”表示数量减少的弱祈使语义，再到“少$_2$”直接表示制止或命令的强祈使语义的演变，是由于会话的“合作原则”传递和推导的隐含义所决定的。沈家煊(1999：89)指出，“衍推义是句子固有的意义，按照‘适量原则’是不需要追加的，一旦追加就会产生某种隐含义，也就是说话人‘利用’适量原则来传递某种隐含义。这里“少$_2$”的隐含义是指‘说话人不希望事情发生或实现’”。例如当说话人用“多”和“少”对举数量的多少时，如“多吃几口菜，少喝几口酒”，可以推导出一般隐含义是说话人要求听话人最好"不要喝酒"，尤其是对立项"多吃几口菜"省去后，"少喝几口酒"的否定祈使意味变得非常明显。当"少"从修饰具体意义变为修饰抽象意义时，如"少跟我装蒜"，被修饰成分发生了变化，说话人的心理意图由此改变。我们可以推导出"少"的隐含义是由"$少_1$+VP"表示建议或劝说的否定祈使，到直接由"$少_2$"表示说话人禁止或命令听话人做或不做某事，甚至带有厌恶、斥责的祈使意味，例如：

(102)"少废话，跟我们走！"(《青春只有一次》杨镰)

(103)宋蔼龄佯装发怒："少胡说！"(《宋氏家族全传》陈廷一)

(104)"小孩子，少插嘴，快走！"(《上海的早晨》周而复)

(105)小成听牛皮子一说，非常气愤，说："谁和你沾亲带故，少来这一套！"(《茁壮成长》柳山朵)

(106)"你这个小猴儿崽子，少来吹毛求疵，老子革命的时候，你还吃屎哩！"(《战斗的青春》雪克)

从上例可以看出，"$少_2$"表示命令或禁止的祈使语义时，带有强烈的主观情感，更强调说话人内心的主观评价，其表达的否定意义是以说话人自身的主观感受为准则，禁止或制止听话人做某事，说话人不是站在客观角度对某种不利的行为予以阻止，有时为了更强调说话人的主观色彩，"$少_2$"的后面加上"给我"加强语势。例如：

(107)"少给我胡闹！"(《花儿与少年》严歌苓)

(108)"少给我上纲上线！"(《你别无选择》张卫)

由上例可以看出，这一类"$少_2$"表示否定的祈使语义时，语义强度要远远高于"别""甭""不要""不用"。例(107)"少给我胡闹"不是简单地相当于"别胡闹"或"不要胡闹"，其中包含说话人强烈的主观情感和态度。"$少_2$"在特定的语境中主观性不断加强，其否定祈使语义的强度也不断加强。

"'少$_2$'的这种用法经过普遍使用和反复使用逐渐固定下来，使听话人不需要再经过语用推理就可以直接作'命令'或'禁止'的理解。"(姚占龙，2014：46)这也是将"少$_2$"与"严禁"放在一起进行对比的原因。

"严禁"与"少$_2$"都是表达强祈使语义，但"严禁"表示非常客观的否定祈使，多是"法规性否定祈使"。"严禁"通常不能和其他否定词替换，如"严禁倒垃圾"不说"别乱倒垃圾"或"少倒垃圾"。"法规性否定祈使"常是以无主句形式出现，指令发出者一般是具有相对权威的组织或单位，指令接受者的范围很大，通常指一定范围的公民。"法规祈使句"交际双方通常不面对面。例如：

(109)严禁烟火！严禁停车！严禁吸烟！　严禁乱扔垃圾！严禁攀爬！

总之，"少$_2$"和"严禁"都表示强度极高的否定祈使，但"少$_2$"否定祈使语义的主观性较强，而"严禁"的客观性较强。"少$_2$"与"严禁"表达祈使语义的区别如表 5-13 所示：

表 5-13

否定标记		语 体	语义分类	语义强度
"少"	"少$_1$+VP"	口语	表示建议或劝阻	弱祈使
	"少$_2$"	口语	表示命令或禁止	强祈使
"严禁"		书面语	表示命令或禁止	强祈使

"少"从"少$_1$+VP"表达弱否定语义的祈使，到"少$_2$"直接表达强否定祈使，是因为"少"的意义经历了一个从对具体物质数量的减少、到表示对社会行为的规范、再到表示说话人心理认知推理的规范的变化过程。这是在心理感受相似性基础上通过隐喻的方式实现的，这就是认知

语言学的概念隐喻从物质世界到心理世界推理的映射。

4. “小心”和“注意”

根据对语料的考察，我们发现，“小心”和“注意”本身就隐含某种否定意义，相当于带有“别”或“不要”的否定形式。例如：

(110) 小心摔跤≈集中精神，使摔跤不要发生。
小心钱包≈集中精神，使钱包被偷的事情不要发生。
(111) 注意传染≈提高警惕，使传染不要发生。
注意台阶≈提高警惕，使滑倒在台阶上的事情不要发生。

《现代汉语词典》(第 6 版) 对“小心”作动词时的解释是：“[动词] 注意；留神：小心火烛。”《现代汉语词典》(第 6 版) 对“注意”的解释是：“[动词] 把心神放到某一方面；小心，可带名词、动词、小句作宾语，常用于命令语气。”事实上，“小心”和“注意”的词汇意义中含有某种隐含的否定祈使语义，这一隐含的否定祈使意义可以概括为：集中精神放在某一行为或事件上，以便“使消极意义的事件+不发生”。袁毓林 (2012：99-113) 也指出，“小心、注意”是指“把思想、意志等集中到某个方面，以防止危险、错误等发生”。因此，“小心”“注意”表示否定祈使语义时，后面附加的成分具有“消极义”。例如：

(112) a. 小心小偷！　小心坏人！　小心强盗！　小心人贩子！
b. 小心碰头！　小心着凉！　小心摔跤！　小心传染！
c. 注意钱包！　注意胳膊！　注意花瓶！　注意玻璃！
d. 注意高压线！　注意台阶！　注意车！　注意针！

上例中“小心”和“注意”都表示提示意义的祈使指令，仔细分析可发现，“小心”具有[+提防]，“注意”具有[+警惕]。“小心”和“注意”后面的成分代表某种行为或某个事件，并且这些行为或事件具有“消极义”。其隐含的否定意义是“提防或警惕某种不好的行为或事情发生，避免这种行为或事情带来的消极结果的伤害”。a 例表示消极事件的施事者，b 例表示消极行为，c 例表示消极事件的受事者，d 例既不是施事者，也不是受试者，而是事物本身带有一定的“危害性”。“小心”和“注意”都隐含“说话人提示听话人提高警惕使消极事件不发生”，但“小心”表示[+提防]的祈使语义较为被动，“注意”表示[+警惕]的祈使语义比较主动。一个人在心里主动做某事比被动做某事的动力要大，因此“注意”表示隐性的否定祈使语义强度大于“小心”。

值得注意的是，“小心”和“注意”这种语义层面上的隐性否定意义，有时可以语义溢出(semantic overflow)，转移到句法表层用“别”或“不要”将否定祈使语义显性地表达出来。例如：

(113) a. 小心别着凉！

b. 小心不要碰在石头上！

c. 注意千万别碰到高压线了！

从上例可以看出，“小心”和“注意”的隐性否定意义可以在表层的句法结构上显现。我们对搜集到的带有“小心”的例句和带有“注意”的例句进行考察，发现当“小心”和“注意”+NP 时，其隐性否定语义不能在句法表层得以实现。例如：

(114) a. 小心小偷！≠小心别小偷！

小心坏人！≠小心别坏人！

小心钱包！≠小心不要钱包！

小心花瓶！≠小心不要花瓶！

b. 注意高压线！≠ 注意别高压线！

注意台阶！≠注意别台阶！

注意车！≠ 注意不要车！

注意针！≠注意不要针！

上例中“小心”和“注意”后限定的成分都是名词，在语义上具有“消极义”，但并不能使否定语义外溢。袁毓林(2012：106)解释说，由于这些词的隐性否定语义外溢后，要实现为显性的否定副词，否定副词又必须粘附到受隐性否定动词支配的谓词性成分。因此，“小心”“注意”后能带否定式的条件是后面是谓词性成分。当“小心”“注意”带谓词性宾语时，表示提醒听话人把精神集中于可能发生的由谓词性宾语所表示的那个不如意的事件；其否定祈使语义就是：“别/不要发生某种不如意事件”。在这种情况下，可以加上否定副词“(千万/一定)别”“(千万/一定)不要”进一步强调否定祈使语义。例如：

(115)a. 小心卡到刺！≈ 小心(千万)别卡到刺！
　　小心上当！≈ 小心(一定)别上当！
b. 注意碰头！≈注意(千万)不要碰头！
　　注意感冒！≈ 注意(一定)不要感冒！

上例中的肯定式和否定式的意义相当，我们可以概括为：集中精神于某一行为或事件上，以便“不+发生卡刺(上当、碰头、感冒)”。可以说“小心”和“注意”词义本身是“集中精神于某一行为或事件上”，“不发生不如意事情”是“小心”和“注意”在语用中推导出来的特殊隐含义，也就是说“只有集中精神注意某一方面了，才会避免不如意的事情发生”。沈家煊(2004：245)认为：“特殊隐含义是利用不过量准则，通过判断说话人的意图而推导出来的。”表示隐性祈使否定的“小心”“注意”就是说话人和听话人根据其词汇意义，经过语用推理推导出来的特殊隐含义。

“小心”“注意”本身隐含否定的祈使语义，后面附加上否定副词“别”“不要”，使得句子中有一明一暗两个否定性词语。不少学者称这种否定副词为“羡余成分”，因为它只是“小心”“注意”类词中隐含的否定意义的词汇实现。那么，语言中为什么需要或容许这种既违反经济原则、又可能造成歧解的冗余否定呢？Jespersen（1924：332-334）认为：

“在强烈的感情影响下，说话人想要绝对保证否定的意义得到充分理解，他不仅把否定词加在动词上，而且加在句中易于构成否定的其他成分上。事实上，他给整个句中蒙上了一层否定的色彩，而不是把否定局限在一个地方。”沈家煊(1999：69)进一步解释到：“因为原来的句中含有否定的意思而又没有明确表达出来，说话人感到有必要强调否定的意思以避免误解，于是就加上事实上是赘余的否定词。”也就是说，说话人心里为了让听话人更充分地理解否定祈使语义时，往往在句中会再加上一个否定成分。

我们对现代汉语语料库例句考察发现，“小心”和“注意”带有否定副词“别”或“不要”的例句共有 32 例，其中“小心”只有 5 例，占 15.6%；“注意”有 27 例，占 84.4%，且情感和语义强度都有区别。

“小心”和“注意”隐含的否定祈使语义的区别是：“小心”表示提醒，带有关心、关怀的意味，语气比较委婉；而“注意”表示警告，带有命令意味，语气比较生硬。例如：

(116)“这种人眼高，心肠又硬，小心把你甩了。”(《大出殡》韩静霆)

(117)“别开那么快了，小心撞着人！”(《青春只有一次》杨镰)

(118)“术后可暴露或包扎，注意防止感染。”(《皮肤科学》陈大用)

上例我们看出，“小心”表示否定祈使语义常用于随意的口语中，而“注意”常用在较为正式、严肃的语境中，进一步说明“小心”表达否定祈使比“注意”表达否定祈使要温和、委婉。“注意”和“小心”表达隐性的否定祈使语义的差别如表 5-14 所示：

我们在搜集到的带有“小心”的例句中，“小心”除了表示隐性的否定祈使语义，还有 47 例句子表示带有威胁的命令祈使，占 22.1%，常用在“再/敢/要是/胆敢/假如……小心(我/他)”，如“要是你敢再动一下，小心我撕了你的嘴”“再说一句，小心把你赶出去”，这

表 5-14

祈使标记	语义特征	祈使语义	语境	情感	祈使强度
“小心”	［+防止］	提示听话人防止并避免某种消极行为或事件	口语、对话场合	温和委婉	弱祈使
“注意”	［+警惕］	提示听话人警惕并避免某种消极的行为或事件	庄重、正式场合	强硬直接	强祈使

里的“小心”小句表示假设复句里的结果分句，带有夸张、威胁听话人不要做不利于说话人的行为或事件，表示对听话人一种不好的处置，不带有隐含的否定祈使语义。现代汉语语料库中 102 例带有“注意”的例句中，有 89 例表示命令或要求的祈使语义，占 87.3%，“注意”后常跟一些具有非消极意义的句法成分，如“文明、礼貌、卫生、通知、问题、休息、安全、分寸、纪律、健康”等，不含有否定语义。这两种情况不属于祈使否定语义讨论的范围。

总结：我们对带有否定祈使语义的标记词进行了分类考察，运用对比和数据统计的方法，在语言事实基础上分析四组否定祈使标记词：(1)“别”和“甭”；(2)“不要”“不用”和不许；(3)“少$_2$”和“严禁”；(4)“小心”和“注意”。通过对比分析，按照语义强度，构建祈使否定标记的层级体系，如图 5-8 所示：

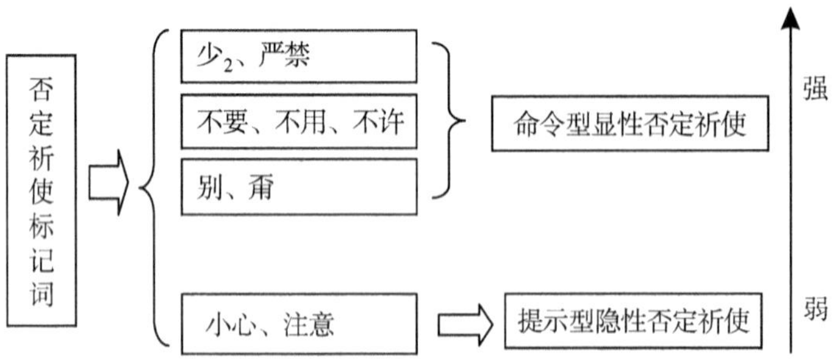

图 5-8

二、强调祈使标记词

袁毓林(1993：17)指出："带有'(应)该''可以''必须''(一定)要''(千万)要'等作强调标记(emphatic marker)，表达了说话人对听话人执行指令的主观态度——说话人认为听话人做某事的可能性、必要性，等等。"事实上，这种可能性和必然性来自说话人对听话人实施祈使行为责任与义务大小的判断，这种判断一般会通过"义务情态词"表达，如"你必须去！""你可以去！""你应该去！""你一定要去！""你务必去！""你千万要去！"等。这一类表达祈使语义的"义务情态词"主要是一部分情态助动词和情态副词。

1. 义务情态助动词

《现代汉语词典》(第6版)对"应该""应当""该""要""得(děi)""必须"这6个词语的解释中都含有"事理或情理上的必然性"。周有斌(2010：23)根据助动词意义的不同，将这6个词归为"必然类助动词"。另一个情态助动词"可以"表示"事理或情理上选择的可能性"。我们把这7个助动词归为一类，表示"事理或情理上做某事的可能性与必要性"，称之为义务情态助动词。下面分别对这7个义务情态助动词的祈使语义强度和祈使表达功能进行分析。

(1)祈使语义强度

Halliday(1999：558)指出，"情态是说话人对所谈论事情的一种态度"。祈使句可以通过义务情态动词表现出说话人对听话人完成指令内容的主观态度。"可以"具有可选择性，表示说话人心里给听话人一个选择余地，即你可做或不可做某事，其预设的祈使结果实现程度最低，语力最弱；"该、应该、应当、要、得(děi)"具有惯常性，表示说话人心里认为祈使指令"通常情况下需要执行"，其预设的祈使结果实现程度一般，语力适中；"必须"具有必然性，表示说话人心里认为祈使指令"是听话人必须完成的责任和义务"，其预设的祈使结果实现程度最高，语力最强。例如：

(119) a. 你可以去。　b. 你应该去。　c. 你必须去。

从上例可以看出，a 例表示“你”可选择去，语义强度最弱；b 例表示建议“你去”，语义强度适中；c 例表示命令“你去”，语义强度最强。

即使同一类型的义务情态助动词，其内部语义强度也有差别。“要、得(děi)”我们称之为“要”类情态助动词；“该、应该、应当”称之为“该”类情态助动词。这两类词的语义强度存在着细微差别，反映了说话人主观心理对听话人责任义务强度的判定。“要”类义务情态助动词常用在“一定(千万/务必)要(得)”的句法格式中。我们对现代汉语语料库进行考察，共搜集到 135 例带有“要”“得”表示祈使语义的例句，其中有 76 例在“要(得)”前加上“一定/千万/务必”，占 56.3%。这一数据说明使用“要”类情态动词表达祈使语义时，说话人心里认为听话人履行责任和义务的程度较高，语义强度几乎接近“必须”。“要”通常用在较正式的对话口语中，“得(děi)”通常用在较随意的口语对话中。

“该”类情态助动词表示说话人判定听话人执行祈使指令的义务适中，但同一类词的语义功能也有细微差别。《现代汉语八百词》和《现代汉语词典》对“该、应该、应当”的解释相当，都可以表示“情理上的理所应当”，三个词的词义相近。语言是个封闭系统，它必定要遵循经济性原则，意义相近的词有不同的语义功能。我们对语料分析发现，“该”多使用在面对面的口语对话中，常以零主语形式出现，如“该做饭了”“该起床了”等，有“轮到”的意思；“应该”的使用频率最高，常用在比较正式的对话中，如“你应该回家”“咱们应该走啦”等；“应当”常用在书面语中，如“同志之间，应当讲友谊、讲和气”。

“要”类助动词、“应该”类助动词和“必须”类助动词由于语义强度大小不同，在现代汉语语料库中出现的比例差异很大。如带有“该”“应该”“应当”的例句 299 例，占总数的 48.9%；带“可以”的例句 160 例，占 26.1%；带“要”“得(děi)”例句 135 例，占 22.1%；带“必须”的例句 17 例，只有 2.9%，比例最小。这些数据说明人们在言语交际中，除了满足对话的合作原则外，还需要讲究礼貌策略。礼貌策略就是：a. 别强求对方；b. 给对方留有余地；c. 让对方感觉友好。（参看何自然，2006：63）言语交际中，用“可以”“（应）该”类助动词表达祈使指令语力适中，多用于许可、建议类祈使，礼貌程度比命令指令要高，因此在语言中使用频率也比较高。

（2）祈使表达功能

说话人对听话人完成祈使指令的义务大小有一个主观判断，根据这个判断通过语言形式给听话人施加一个影响力，这个影响力反映了说话人的主观态度。这种语言形式可以通过一部分情态助动词得以表现。首先，情态助动词可以表达“强调”的语义功能。例如：

（120）a.（你）该走了！　　（你）该回家了！
b.（你）应该冷静点儿！　　（你）应当早点回家！
c.（你）可以走了！　　（你）可以出去了！

例（120）表示说话人心里预设听话人有义务做某事，并认为听话人可以执行或应该执行祈使指令，为了加以强调选用“可以”“（应）该”来表达祈使语义。

其次，当说话人主观上判定听话人必须执行祈使指令，常用“（一定/千万/务必/给我）要/得（děi）”，或用“必须”来发布祈使指令，增强语力，表示“强制命令”的祈使表达功能。例如：

（121）a. 千万要冷静！　　一定要小心！
b. 千万得早点回来！　　一定得把敌人赶走！
c.（你）必须回家！　　（你）必须站着！

例（121）用“（一定/千万/务必）要/得（děi）”“必须”表明说话人强制听话人要执行祈使指令。义务情态助动词的强制性，使得一些不能表达祈使意义的结构进入带有“（一定/千万/务必/给我）要/得（děi）”“必须”句式中可以表达祈使语义。例如：

	A	B
(122)	？治好老王的病！	一定要治好老王的病！
	？找到孩子！	千万要找到孩子！
	？洗得漂漂亮亮的！	一定要洗得漂漂亮亮的！
	？炸得脆生生的！	千万要炸得脆生生的！
	？救活！	必须要救活！
	？赢回这一局！	必须赢回这一局！

从上例可以看出，A 组例句不能成立是因为其谓语动词表示[+自主][-可控]的语义特征，不能直接用来表达祈使语义；B 组例句加上强调标记词，表示的话语预设是“说话人认为听话人有义务完成祈使指令，并受到一定强制力去执行”。因此，[-可控]动词加上这一类强调标记词可以表达祈使语义，这正是义务情态助动词语义表达作用所在。

综上可见，表达强调意义的情态助动词可以分为三类：一是通过许可或允许的方式加以强调，用“可以”表达，“可以”具有“可选择性”；二是通过直接命令或要求的方式加以强制，用“必须”表达，“必须”具有“必然性”；三是通过建议或提示的方式加以强调，用“该、应该、应当、得(děi)”表达，这些词具有“惯常性”。因此，“可以、该、应该、应当、得、要、必须”这 7 个义务情态动词表达祈使语义的语力强弱等级序列如图 5-9 所示：

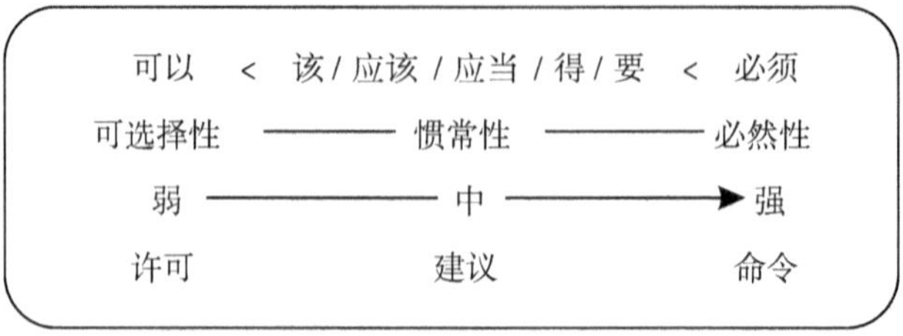

图 5-9

2. 义务情态副词

现代汉语情态副词比较丰富，根据对李泉《副词与副词的再分类》(1996)所列举的208个情态副词的考察，常用来表达祈使语义的义务情态副词有“千万”和“务必”两个。这两个义务情态副词蕴含着说话人强烈的主观情感，表示说话人心里认为听话人实施祈使行为的义务程度极高，表达极为强烈的祈使语气。“千万”和“务必”在表达祈使语义时，潜藏着明显的肯定和否定的不对称。我们对现代汉语语料库进行考察，搜集到141例带有“千万”表达祈使语义的例句，46例带有“务必”表达祈使语义的例句，其肯定和否定句式对比如表5-15：

表5-15

	总数	肯定句	占总数比例	否定句	占总数比例
“千万”	141	17	12.1%	124	87.9%
“务必”	46	46	100%	0	0%

从上表可以看出，“千万”和“务必”表示肯定祈使与否定祈使的不对称非常明显。“千万”和否定副词搭配的比例高达87.9%，“务必”和否定副词搭配的比例是0%，可见“务必”只用来表示肯定的祈使语义。这一数据同时印证了《汉语副词词典》(岑玉珍，2013：255；312)对“千万”和“务必”词义解释。两个词都有“一定、必须”的意义，但其差别是：“千万”表示“对别人的嘱咐，或者劝阻”，“务必”表示“对别人的叮嘱或命令”。因此“千万”常用来表示制止或劝阻意义的祈使指令，而“务必”常用来表示催促或命令意义的祈使指令。例如：

(123)小毅赶忙捂住国王的嘴说：“你千万别哭，我会治疗受伤的小数。”(《“小数城”地震之后》李敏佩)

(124)“老文哪，你千万别去找，看、看连累上你！”(《富了以后》郑业林)

(125)“你千万不要向别人说呀!”(《迟到的来客》彭懿)

(126)“你务必把他们释放掉。”(《春风秋雨》阿英)

(127)“你可务必要来!”(《小雨珠》张玲)

我们发现，“千万”表达否定祈使语义时，由于“千万”的双音节形式，和双音节词“不要”搭配比例最高，有 76 例，占 61. 3%，和“别”搭配有 34 例，占 27. 4%，和“不能”搭配有“12”例，占 9. 7%，和“莫”“不可”搭配分别都有 1 例，各占 0. 8%。这一数据说明，说话人用“千万”表示说话人对听话人不能做的事情的实施指令，用“务必”表示说话人对听话人可做事情的催促和命令指令。“千万”和“务必”的相同点是都体现了说话人主观上认为听话人实施祈使指令的责任和义务很大。

【本节小结】

本节主要参照袁毓林《现代汉语祈使句研究》(1993：17)对祈使标记词的分类，从词汇层面探讨现代汉语表达祈使范畴使用哪些标记词以及这些标记词是如何表达祈使语义的。我们对“别”“甭”“不要”“不用”“不许”“小心”“注意”“少”“严禁”一类直接或间接表达否定祈使语义的词语和表示强调祈使意义的标记词“(应)该”“可以”“必须”“要”“得(děi)”“千万”“务必”运用数据统计和对比研究的方法，分类考察这些标记词究竟可以表达哪些类型的祈使语义。总结可见，这些祈使标记词可以表达不同语义类别的祈使指令，如表 5-16 所示。

通过对大量真实语料的考察，我们发现否定祈使标记词通常都是否定具有“消极义”或对说话人不利的事件；强调标记词都是强调说话人主观上认为听话人有义务实施的祈使指令。人类的一切活动都具有“趋利避害”的特征，这里的“利”有三个含义，要么是对说话人有利，要么是对听话人有利，要么是符合社会公认的利益。说话人否定或强调的祈使指令欲达到的效果通常都对听话人存在“有利”的一面。这些标记词的使用可以促使听话人实施祈使指令，达到企望的祈使结果。

表 5-16

标记类型	标记词	祈使语义	祈使语义次类
否定祈使标记词	别	提示或建议	提示型祈使
	别、甭	制止或劝阻	命令型祈使
	不要、不用、不许	制止、劝阻或命令	
	少$_2$、严禁	禁止或制止	
	小心、注意	提示或劝阻	提示型祈使
强调祈使标记词	可以	许可	
	该、应该	建议	
	要、得(děi)、必须	命令	命令型祈使
	千万、务必	叮嘱、劝阻或命令	

否定祈使标记和强调祈使标记都是相对而言的。根据标记论的关联理论，说话人将否定标记词与带有“消极义”指令、强调标记词与说话人主观上认为听话人有义务执行的祈使指令结合起来，最大限度地表述要否定和强调的信息内容，以便听话人在理解指令内容时尽可能省力。“关联模式”在说话人和指令内容之间建立起一种关联：对说话人而言，具有“积极义”和非义务执行的祈使指令是无标记项，具有“消极义”和有义务执行的祈使指令是有标记项；对于否定副词和义务情态词而言，具有“积极义”和无义务执行的祈使指令是有标记项，具有“消极义”和有义务的祈使指令时无标记项。

	积极指令/无义务执行指令	消极指令/有义务执行指令
说话人	无标记	有标记
否定副词 义务情态词	有标记	无标记

总之，否定祈使标记和强调祈使标记在发布祈使指令时具有重要作用。说话人根据对否定祈使结果或强调祈使结果实现程度高低的主观判断，选择不同的否定标记词和强调标记词表达祈使语义，最大限度地给予听话人充分的指令信息，促使听话人顺利执行祈使指令。

第三节　句法手段

本节内容主要从句法层面探讨现代汉语表达祈使范畴有哪些典型句式，以及这些句式是如何表达祈使语义的。根据对搜集到的真实语料的分析，动词独用、动词重叠式、动词后加“着”或“一下”、动补结构、动趋结构、动词性短语加“(一)点儿”、动词性短语加“来”或“去”等句式常用来表达祈使语义。按照句式相近的原则，将其分为五组进行对比研究：①“V”和“VV”祈使句式；②“V 着”和“V 一下”祈使句式；③“VC”和“$VV_{趋}$”祈使句式；④“AV(一)点儿”和“VA(一)点儿”祈使句式；⑤“来/去+VP”和“VP+来/去”祈使句式。

一、“V”和“VV”祈使句式

1.“V”句式

这里所讨论的“V”句式限定为动词独用的祈使句式，句末一般用“!”表示，记作“V!”，也称作“光杆动词祈使句”。例如：

(128)“给我滚，滚，滚!”(《野女泪》武宝生)
(129)“好小子，给脸不要脸，打!”(《红军强渡大渡河》乃禾)
(130)“王虎，走!”(《风雪线路》王德本)
(131)“吃，这辣椒炒牛肉，你爱吃的!”(《埋在地下的爱》王咏)

我们对《汉语动词用法词典》(孟琮，2012)中 2117 个(按义项归纳)动词用法进行考察，整理出 53 个动词可以进入“V!”句式表达祈使语义。例如：

单音节：掰　蹦　变$_3$　猜　拆$_2$　撤$_2$　吃$_1$　冲$_{(很快地向前直闯,突破障碍)}$
打$_3$　请$_3$　倒$_1$　翻$_1$　干(gān)$_3$　搞　滚$_2$　过$_1$　喝　看$_1$
来　拉$_{(用力使朝自己所在的方向或跟着自己移动)}$　离$_1$　去$_{1(从所在地到别的地方)}$
扔$_2$　杀$_2$　上$_4$　射　说$_1$　听$_1$　停$_1$　推$_1$　追$_1$　赔$_1$
走$_1$　坐$_1$　念$_1$　跑$_1$　脱$_2$①(37个)
双音节：出发　出来　出去　放心　回答　坚持　接收　开始
留神　起来　前进　下来　下去　小心　注意　进攻
(16个)

这53个动词按照使用类型的不同，可分为七类：

宴请招待类：吃！　干(gān)！　喝！　请！　坐！
战时命令类：撤！　冲！　出发！　进攻！　前进！　杀！
上！　射！　追！
动作指令类：掰！　蹦！　拆！　打！　翻！　搞！　拉！
跑！　推！扔！　走！　脱！
提示警告类：猜！　看！　听！　放心！　留神！　小心！
注意！　接收！　坚持！
趋向命令类：出来！　出去！　倒！　滚！　过！　来！　起
来！　去！　停！　下来！　下去！
言语指令类：回答！　说！　念！
事件命令类：变！　开始！　离！　赔！

---

① 例词右下角的序号为该词在《汉语动词用法词典》中按义项的排序。如"变"在《汉语动词用法词典》中共有3个词。变$_1$：和原来不同；变化；改变；变$_2$：改变[性质、状态]；变成，不单独作谓语；变$_3$：表演[戏法、魔术]。我们对动词独用能力分义项进行考察，根据动词在《词典》中的义项顺序进行编号，表示魔术表演中的口语"变$_3$！"可以常单独使用表达祈使指令。

以上整理出的53个动词占该词典所收全部动词的2.45%，这些动词有的在口语中出现的频率很高，有的只在特殊的语境中使用。在口语中使用频率较高的光杆动词祈使句与人们日常生活关系密切，如“吃、喝、请、坐”等；有的使用频率较低，只在特定情境中出现，如“立正、稍息、冲、杀、射”等只在战时场景中使用。无论频率高低，这些光杆动词祈使句都表示语气强硬的命令祈使。

我们从说话人心理角度进行分析，“V!”句式在说话人心里表示的是恒常的、不间断的动作，与“VV”和“V一下”相比，不存在动作量大与小的限定。说话人用光杆动词祈使句直接发布指令，指令内容明确，语气肯定，不给听话人任何商量和选择的余地，要求或命令听话人必须坚决执行指令内容，不存在做与不做的自主选择。因此，“V!”句式常用来表达强祈使指令。

2.“VV”句式

我们对《汉语动词用法词典》(孟琮，2012)中的2117个(按义项归纳)动词进行统计，其中能够进入“VV”式的动词有846个，占总数的39.9%。通过对这些可重叠动词例句的考察发现，其中689个动词重叠后可以表达祈使语义，占总数的81.4%，其余的动词重叠式分布在陈述句和疑问句中。

可以说动词重叠式和祈使语义之间有着密切的关系，甚至可以认为动词重叠式是表达祈使语义的一个重要手段。反过来思考，两者之间的密切关系会不会是动词重叠式本身具有的某种语法意义在起作用？又是哪种语法意义在起作用呢？一直以来，不少学者都非常关注重叠动词的语义研究。王力(1954：284)认为，动词重叠是情貌(aspect)的一种，称为“短时貌”。丁声树(1961：227)认为，动词重叠在语义上“表示稍微……一下”。赵元任(1979：108)曾提出动词重叠为“动词的尝试态，如看看、看一看”。张静(1979：16)认为：“动词重叠式表示的是动词的‘轻微体’，‘轻’是轻松或轻巧的意思，‘微’是微少或短暂的意思。”

从上文的论述中，我们不难发现，动词重叠的语义具有以下两个重要的特征："短时"和"微量"。① 例如：

(132)你们几个年轻人先研究研究。

(133)爬山的时候咱们比比看。

(134)你也表示表示态度吧。②

上例中动词重叠式"研究研究""比比""表示表示"对比"研究""比""表示"来说，的确表示动作量小、动程短，具有"短时少量"的语义特征。仔细分析，动词重叠式的"短时少量义"在客观上并不能单纯理解为行为施动者的动作时间短、次数少。我们不能说"研究"就是"研究一下""比比"就是"比一会儿"或"表示表示"就仅仅是"表示一下"。这里动词重叠式表示的"短时微量"可以说不是一个客观量的减少，而是说话人主观意愿上有意减少动作量，表达比较轻松的祈使语气。就如同我们说"吃饼饼"，客观上"饼"并没有变小，而是说话人主观心理上认为用重叠式可以表达"小"与"喜欢"的意思。动词重叠式也一样，如例(132)中"你们几个年轻人先研究研究"与"你们几个年轻人先研究"相比，"研究"的过程、结果不会改变，但是"研究研究"会显得说话人主观上有意识将动作量变小。因此用"VV"式表达祈使语义显得说话人语气比较委婉、温和，多用来表示建议、商量或提示意义的祈使指令。

这些动词能够进入"VV"式表达祈使语义体现了说话人的"主观意愿性"。华玉明(2010：41)解释说，动词的"主观意愿性"是指"人们主观心理上愿意或是认为可以实施、接受的某种行为动作"。如果同一个词有不同义项，某些义项表达心理上不愿意施发或承受的意义，也不能重叠，如"关"有3个义项(《汉语动词用法词典》，2012：156-157)：

---

① 有的学者认为动词重叠式具有"尝试义"，也是由于重叠后动词动作量变小、动程变短而引申出的意义。

② 本节没有标明出处的例句一部分是自造句，一部分均来自《汉语动词用法词典》(孟琮，2015)、《形容词用法词典》中列举的例句。

a. 使开着的物体合拢，如“关上门”；

b. 放在里面不使出来，如“把他关起来”；

c. [企业等]倒闭；歇业；如“生意不好，只有关门了”。

“关”的3个义项，只有a义项在《汉语动词用法词典》中有重叠的例句：“风太大，你去关关门”；b、c义项没有重叠例句，这是因为b、c义项是人们主观意愿上不愿意发生的行为事件。

因此，说话人使用动词重叠式表达祈使语义时，这些动词常常是人们主观情感上认为比较积极、如意的行为动作；人们主观情感上不愿意，或是认为带有贬义的、消极的动词，一般不能用来重叠表达祈使语义。例如：

偷、抢、霸占、抱怨、病、剥削、道歉、发愁、分裂、讽刺、诽谤、俘虏、勾结、滚、害、忌妒、践踏、恐吓、骂、谋害、抹杀、埋怨、虐待、破坏、迫害、欺负、侵略、丧失、煽动、逃避、投降、侮辱、误会、误解、削弱、隐瞒、糟蹋、诈骗……

我们发现《汉语动词用法词典》中有4个表示消极、贬义的动词重叠后也可以表示祈使语义。分别是：

报复：[解释]：对批评自己或损害自己利益的人进行反击。[例句]：你可要想法~~他。

威胁：[解释]：用威力逼迫恫吓使人屈服。[例句]：你可以~~他们。

折腾：[解释]：反复做(多只做无意义的事)；胡乱动作；[例句]：你帮我~~这些没用的东西。

骗：[解释]：用谎言或诡计使人上当；欺骗；[例句]：你~~他，看他上钩不上钩。

从上例可以看出，这 4 个表示贬义、消极义的动词之所以能够重叠后表达祈使语义，是因为说话人赋予这些动词“临时”的主观意愿性，在特定的情境下认为这些动作是可以做的，因此可以使用重叠式表达祈使指令。

一些非自主动词重叠后带有说话人的主观意愿性，具有较强的主观感情色彩，也可以用来表达祈使语义。例如：

冻：[解释]：(液体或含水分的东西)遇冷凝结。[例句]：把牛奶～～。

醒：[解释]：结束睡眠状态或尚未入睡。[例句]：你～～！

从上例可以看出非自主动词“冻”“醒”重叠后表示说话人认为听话人可以完成“冻”“醒”的动作行为，在这里“冻”和“醒”由[－自主]的动词转变为具有[＋自主]动词。说话人用“冻冻”“醒醒”表示对听话人发出动作量小、可自主控制的祈使指令。这里的“动作量小”其实就是指说话人心理上对动作量的减少，如“你去写写作业”在实际上并不会比“你去写作业”动作量减少，而是说话人心里表达轻松、短时的动作量。这个量在时间上、程度上都是模糊的，是由说话人主观心理决定的。例如：

(135) 你把眼睛闭闭，休息一下儿。

(136) 再试试吧！

(137) 你再尝尝这种糖。

我们可以看出，动词重叠式“闭闭”“试试”“尝尝”都表示减少动量，但这个量是模糊的，不能明确说出“闭上眼睛”的时间究竟有多长，“试”的次数有几下，“尝这种糖”会尝几块。它们只是在说话人主观意识上减少了动程和时间的量，从而使句子语气变得比较委婉、温和、有礼貌，多用来表示建议、请求或商量意义的祈使语义。朱德熙(1982：

67)就曾说过："因为重叠动词表示时量短，所以用在祈使句里，可以使口气显得缓和些。"刘月华(1983：9)也指出："重叠动词在祈使句中，具有缓和语气的作用，是汉语中委婉地、有礼貌地表示命令或请求的重要手段。"

3."V"式与"VV"式的比较

为什么"V"式常用来表达命令、要求的强祈使语义，而"VV"式常用来表达建议、请求或商量意义的弱祈使语义呢？台湾学者戴浩一从认知心理角度对汉语重叠现象进行了解释。Tia(1993)指出，在现实生活中，我们会将两个或多个相同的物体归在一起，会在一段时间内重复相同的动作，会表达某种状态的程度加深。Tia将这种重叠动因定义为："语言表达形式的重叠对应于概念领域的重叠。"(参看张敏，1997：42)他认为动词的重叠如"你教教他""你打打他"表"做那么一点点"的意思，并含"尝试"义。我们知道，一个人反复尝试做某件事情往往要试不止一次，并且对这件事最终的结果也是不确定的。因此动词重叠式表示委婉、不确定语气是有心理动因的。的确，我们对《汉语动词词典》的动词重叠现象进行考察时发现，动结式动词完全不能重叠，如"摆脱、撤销、断绝、放弃、改良、改正、昏迷、降落、流露、埋没、灭亡、屈服、说明、听从、养活"等，因为这些动词已经表明了动作的结果，没有实施某个动作的动因，因此不能重叠。

Tai用"重叠动因"对汉语动词重叠现象进行解释，可以说从心理角度深化了我们对汉语重叠现象的认识。Zhou-Minglang(1993：29)在Tai(1993)的基础上，从形式—意义配置的认知机制上，进一步阐释了汉语动词重叠的类象性质。Zhou注意到汉语动词重叠式短时少量意义带来的解释上的困难，提出必须从时间维向上去理解这一类象表现。根据Zhou的理论解释，我们将动词原型"V"看作一个恒常的动作概念，在时间轴上没有间断，也没有量大量小的变化，"V"在时间轴上不间断的无限延伸性，蕴含了说话人心里对指令动作的断然性——任务确定；而动词重叠式"VV"类似在时间轴上将恒常动作切分成若干小段，"VV"所指的动作就对应若干个较小的、零散的模糊动作量。因此，说话人表达祈使指令时，用“V”式表示肯定、强硬、命令的祈使指令，而用“VV”式表示随意的、建议的、征询意见的祈使指令。人们用动词重叠式“VV”表示量小、短时概念，可以通过“VV”的形式—意义配置机制加以解释。我们用图 5-10 表示：

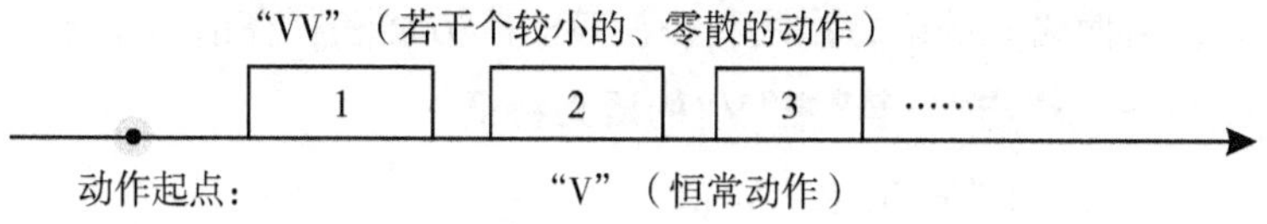

图 5-10

从上图可以看出，“VV”表示的动作量是一个在时间轴上难以刻画的动量，甚至对比“V 一下”，“VV”表示的动作的量也较难确定。例如：

(138) a. 你背背这一段。　　b. 你背一下这一段。
(139) a. 你来蹦蹦看。　　b. 你来蹦一下。
(140) a. 把灯捻儿再拨拨。　　b. 把灯捻儿拨一下。

从上例可以看出，a 中“背背”“蹦蹦”“拨拨”表示的动量比“背一下”“蹦一下”“拨一下”更加模糊。说话人用“VV”式发布祈使指令时，主观上希望给予听话人更多的选择空间，听话人对做与不做拥有较多的选择空间。因此，“VV”式常用来表达建议、请求和商量的祈使语义。

我们可以用表 5-17 更直观地表现“V”式和“VV”式在表达祈使语义、祈使语力的强弱和祈使语用策略方面的差异。

表 5-17

结构形式	祈使语义	语　力	语用策略	例　句
“V”式	命令、要求	强祈使	直接、强硬	推！/吃！
“VV”式	建议、商量	弱祈使	温和、委婉	尝尝！/看看！

二、"V 着"和"V 一下"祈使句式

"V 着"和"V 一下"在现代汉语口语中表达祈使语义非常普遍，两者具有一定的相似之处。"V 着"和"V 一下"分别表示说话人要听话人完成某种"状态持续"和某个"动作持续"的祈使指令，它们在动词的语义特征、祈使语义的语力强度和祈使策略等方面还存在诸多差异。

1. "V 一下"与"V 着"中"V"的语义特征

(1)"V 着"中"V"的语义特征

我们这里讨论的"V 着"是指"着"后面不附加其他成分，句末通常用"!"，记作"V 着!"句式，常用来表达语气较强的祈使指令，如"站着!""坐着!""听着!""看着!"等。袁毓林(1993：47)对"V 着"的祈使句式义概括为"要求听话人进入某种状态、改变某种状态或回到原来所处的某种状态"。可见，"V 着"句式是说话人针对听话人某种状态的改变而发出的祈使指令，进入这一句式的动词 V 受到以下三类语义条件的限制。

首先，"V"具有[+自主]。"V"表示人能够自主发出的行为动作，这些自主动词必须受到行为发出者的控制。一些听话人的[-可控]、[-自主]的动词不能进入"V 着"句式。例如"病、活、死、醉、爱、愁、掉、跌、丢、冻、断、饿、忘、恼、输、怕、垮、懂、亏、惊、姓、瘫、遇"等。

其次，"V"具有[+状态]。"V 着"句式表示说话人要听话人进入或改变某种状态，进入这一句式的"V"也必须是表示某种动作状态的动词，这种状态动词同时要具有"持续性"。这类动词主要有三类：一是表示借用人的躯干动作完成的动词，如"坐、躺、仰、侧、靠、背(bēi)、扛、顶"等；二是表示用四肢完成动作的动词，如"站、跪、爬、蹲、提、放、推、捧、抱、抬、举、拉、握、扶、抱、端、拿"等；三是表示借用五官完成动作的动词，如"听、睁、盯、看、瞧"等。这三类"状态持续义"动词，进入"V 着"句式后，表示这种动作状态的"静止态"。所谓"静止态"是指"V"的状态在时间轴上匀质进行，动作

状态的每一个瞬间都与其他瞬间的情状相同，如“站着!”表示“站”的状态一直保持下去。这种动作状态呈静态持续，可以充当其他动词的状态或方式，构成“V+着+V”句式表达祈使语义。例如：

(141)站着吃!　坐着写!　跪着说!　搀着走!　躺着睡!

最后，“V”具有[+附着]。我们对“V”具有“附着义”有三种理解，一是物体附着在人身体上，如“穿、戴、带、套”等；二是人身体附着在某物或某个空间里，如“躺、坐、跪、立、站、蹲”等；三是通过人的某种行为方式将某物进行处置，使之附着在某处，如“堆、放、搁、拿、藏、卷”等。

我们想说明的是，“V着”中“V”的这三个语义条件是共同存在的，也就是说，当一个动词同时具有[+自主][+状态][+附着]时，才能进入“V着”句式表达祈使语义。我们对《汉语动词用法词典》(孟琮，2012)中的2117个(按义项归纳)动词进行统计，其中能够进入“V着”句式的动词几乎都是单音节动词，只有一个“提溜”是双音节动词(袁毓林，1993：54)，这些单音节动词共有135个，如表5-18：

表5-18

分　类	例　词
人的躯体或五官状态：(58个)	仰、盯、睁、看(kàn)、听、记、顶、张、含、趴、躺、坐、倒(dǎo)、背(bēi)、挺、靠、侧、撑、架、支、挑(tiāo)、担(dān)、扛、搬、抱、端、举、抬、握、提、拿、捧、抱、别(bié)、接、夹、揪、抓、按、捏、推、拖、拉、挽、牵、拽、带、伸、搀、扶、拄、蹲、跪、立、踩、蹬、盘、骑；
人的穿戴状态：(7个)	穿、戴、披、套、盖、系、带；
人的行为状态：(18个)	歇、停、等、呆、待、藏、躲、窝、陪、跟、挨(āi)、贴、驮、占、空(kòng)、欠、晾、晒；

续表

分　　类	例　　词
人的忍受状态：（5个）	挨（ái）、忍、憋、记、瞒；
物体存置状态：（29个）	摆、藏、放、搁、留、压、收、挂、存、叠、卷、攒、吊、兜、包、缠、裹、捆、绑、垫、泡、圈、别（bié）、倒（dào）、翻、扣、插、套、拴；
物体完成状态：（15个）	吹、点、锁、闭、开、关、掩、封、塞、挡、堵、拦、卡、守、看（kān）；

通过对以上动词词义的考察，我们发现“V”具有[+自主]、[+状态]是其进入“V+着!”句式的必有特征，而[+附着]是其进入该句式的优势特征。《现代汉语词典》(2005：428) 对“附着”的解释是：“较小的物体黏着在较大的物体上。”构成显性附着关系的动词可以是表示身体部位附着在某物或某个空间的动词，共有 58 个，占 43. 2%；表示穿戴物附着在人身体上的动词有 7 个，占 5. 2%；表示通过人的行为使某物附着于某处的动词有 29 个，占 20. 9%。从[+附着]中我们可以推导出“V 着”在特定的语境中具有“说话人要求听话人对具身或某物进行处置，使之附着于某物或某个空间”。这种“处置义”可以导致人或物体的某种状态发生改变。我们可以用“把 N+V 在+处所”句式进行变换。例如：

(142) 坐着！ = 把屁股坐在沙发上！　跪着！ =把膝盖跪在地上！
(143) 含着！ = 把药含在嘴巴里！　拴着！ =把牛拴在树上！
(144) 穿着！ = 把衣服穿在身上！　戴着！ =把手表戴在手腕上！

我们发现，有一类祈使句式“V 着”中“V”的“附着义”表示“把人的某种情感存在心里”，如“忍着!”“憋着!”“记着!”等可以转换为“把”字句式：

把+N[+心理]+ V[+心理附着]+在+NP[+心里]

(145)a. 忍着！ =　把痛苦忍在心里！

b. 憋着！ =　把委屈憋在心里！

c. 记着！ =　把回忆记在心里！

例(145)a 中“忍着”可以推导出说话人要听话人将“痛苦的感情”存放在“心里”；对于听话人来说，“痛苦的感情”处置后的状态是“不说出来，存放在心里”。我们把这一类将“感情附着在心里”的动词归纳为“忍”类动词。

“忍”类动词进入“V 着!”句式表达祈使语义是心理相似性作用的结果。认知语言学认为，“心理相似性指的是一种非物理意义上的相似，即一种心理感受上的相似。”(参看束定芳，2008：169)“忍着”类句式就是利用某些具体事物的物理基础与某些心理体验之间的相似形成的。人的认知心理通过概念隐喻将人的内心当作一个封闭的空间，当人们某种悲伤或沮丧的情感不易或不能表现出来时，看作附着在心理空间，因此“忍”“憋”“挨”“记”等具有[+附着]，可以进入“V 着!”句式表达祈使语义。

(2)“V 一下”中“V”的语义特征

我们对《汉语动词用法词典》中的 2117 个(按义项归纳)动词进行统计，其中有 1162 个动词能够进入“V 一下”句式表达祈使语义，占该词典全部动词的 54.9%，已经超过一半以上。“V 一下”句式表示“说话人让听话人做短时微量的持续动作”，如“坐一下!”“尝一下!”“出去一下!”等。马庆株(1988：157)指出，表示短时量的“一下”只能用在自主动词后面，如“看一下、办一下、联系一下、等一下、问一下、洗一下、休息一下”等。进入“V 一下”句式的“V”具有[+自主]、[+动作]的语义特征。我们知道，任何动作行为都占有一定的时间，可是动作时间的长短会有差别。根据占有时间的长短可以把动作动词分为两类：一类是开始和结束是瞬间完成的，缺乏“时段持续”特征，如“死、塌、毕业、看见”等。这些词都不能跟“一下”搭配；另一类是开始和结束可以持续或短或长时间的动词，具有“时段持续”特征，如“看、听、研究、学习”等，可以进入“V 一下”表达祈使语义。

当然，并不是所有具有“时段持续”特征的动词都可以进入“V 一下”句式表达祈使语义。动作完成需要持续较长时间的动词不能进入“V 一下”句式，例如我们一般不说：

(146)？战斗一下！　？革命一下！　？攻占一下！　？孝敬一下！

(147)？住一下！　？教育一下！　？剥削一下？　？养活一下！

从以上所举例句来看，表示动作行为长时间持续的动词一般只能跟表示较长时间的时量短语组合，而不能跟表示“短时少量义”的“一下”组合。我们可以说“教育了三年”“培养了五年”“战斗十年”等。相比起来，有些动词显示动作完成的持续时量非常短，具有“短持续性”，如“停、咽、敲、举、蘸、开、尝、看、听”等，这些动词进入“V 一下”句式表达祈使语义的频率很高。

2. “V 一下”与“V 着”的祈使语力强度

通过对真实语料的考察发现，有一部分动词既能进入“V 一下”句式，又能进入“V 着”句式表达祈使语义，这部分动词具有“表动作/状态、持续、自主”的语义特征(如看、推、听、举、抬、拿、推、挂、戴、套等)。例如：

(148) a. 听着，别说话！

b. 你听一下，谁在敲门？

通过两例对比发现，例(148)中 a、b 表达祈使语义的含义存在较大差别。a 例中的“听着”表示说话人让听话人完成“听”的动作并将“听”的状态持续下去，并且这种持续状态是一种不间断的状态，中间不会出现停顿，状态持续具有两个重要特征：“没有停顿”和“无界性”(沈家煊，1995：376)。b 例中的“听一下”表示说话人让听话人完成

“听”的动作持续，这种动作持续是一种“进行时”的持续，是指动作从开始到结束有一个完整的过程，并且这个过程受时量短语“一下”的制约在很短的时间内完成，完成后就会停下来。动作持续具有两个重要特征：“停顿”和“有界”。“一下”还表示对动作程度和时间量的限定，具有“微量短时义”。这个量在人们大脑中不是表示具体的数量“一”，而是一个模糊的概念。虽然量的数值不确定，但是在时间轴上，“一下”可以描述动作“V”的起点和终点，把“V”放在一个有界的范围内将动作行为进行短时微量的持续延长。我们可以说：

(149)你听一下，再仔细听一下，谁在敲门？

概括说，“V 着”表达祈使语义的含义为“动作状态在持续”，如“推着!”表示说话人让听话人把“推”这一动作完成后的状态一直匀质地持续下去；“V 一下”表达祈使语义的含义是“动作行为短时进行”，如“推一下!”表示说话人让听话人将“推”这一动作短时进行。根据以上论述，我们可以把这两种句式表达祈使语义的内在差别用图 5-11 表示：

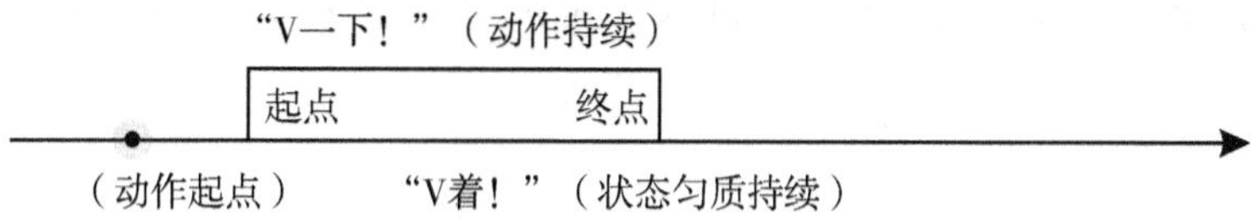

图 5-11

“V 一下”是在“V 着”持续过程中的一个动作片段，也就是说如果“V 着”只是着眼于只有起点的无界状态，那么“V 一下”是这个过程中有起点、有终点的有界动作。说话人对听话人发出“无界状态”的动作指令，其指令强度远远高于“短时进行”的动作指令，即“V 着”表达祈使语义的力度要强于“V 一下”。

由于“V 着”与“V 一下”表达祈使语义的语力强度存在差异，与其前后搭配成分也存在明显差异。“V 一下”一般常与表示礼貌的敬辞

“请”、中度祈使的情态助动词“应该”、弱祈使的附加问“是不是”“能不能”搭配，而与强祈使的情态助动词“必须”“(一定)要”“得”等搭配很少。我们在现代汉语语料库中统计了174例用“V一下”表示祈使语义的例句，其搭配情况如表5-19所示：

表5-19

“V+一下”	请	应该	能不能	是不是	得	必须	(一定)要
数目	89	41	12	10	11	8	3
比例	51.1%	23.7%	6.9%	5.7%	6.4%	4.6%	1.6%

可以看出，“V一下”和敬辞“请”搭配使用的例句最多，有89例，占到51.1%，超过一半以上；其次是和表示建议祈使的助动词“应该”搭配，有41例，达到23.7%；和表示商量祈使的“能不能”“是不是”附加问搭配的例句加起来有22例，合起来占到12.6%；最后和表示命令祈使的助动词“得”“必须”“(一定)要”搭配的例句共有22例，这三类加起来只占到12.6%。统计数据说明“V一下”通常和语气较为温和的成分搭配，表示更加委婉的请求、建议和商量意义的弱祈使指令。例如：

(150)“陈娜，请你们到梦幻池来一下。”(《希望岛》韦世林)

(151)“噢，我来问一声，请等一下。”(《投机家》束纫秋)

(152)这时儿子在旁边轻声地提醒他说：“爸爸，我们马上就要减速，应该准备一下。”(《探索号》相峰)

(153)“……你太激动了，应该休息一下。”(《灭亡》巴金)

(154)“您能不能让王医生帮我照顾她一下。”(《香港之滨》陈定兴)

(155)“陈主任，您是不是找尤大夫谈一下?”(《明朗的天》曹禺)

同样，我们对口语中搜集到的 91 例“V 着”句式进行考察，“V 着”句式大多是不附带其他成分使用，句末一般常用“！”。其搭配情况如表 5-20 所示：

表 5-20

“V+着”	独用	给我	必须	(一定)要	其他
数目	55	10	4	4	18
比例	60.5%	10.9%	4.4%	4.4%	19.8%

可以看出，“V 着”单独使用的例句最多，有 55 例，占到 60.5%，远远超过一半以上；其次是和表示强调命令祈使的动宾结构“给我”搭配，有 10 例，达到 10.9%；“V 着”和表示命令祈使的“必须”“(一定)要”搭配的例句共有 8 例，占到 8.8%。我们对语料库进行搜集，没有找到一例“V 着”和表示建议祈使的情态助动词“应该”和表示商量祈使的“能不能”“是不是”搭配的例句。统计数据进一步说明“V 着”主要是独用或是和强调标记词搭配，表示更加直接、强硬的命令意义的强祈使指令。例如：

(156) 听着！　站着！　等着！　拿着！　放着！　坐着！　戴着！

(157) “你给我远点煽着！”(《工会小组长》李宝奎)

(158) “老老实实给我坐着！”(《保卫和平》宋之的)

(159) “任他们砸门打户，发狠耍横，抓鸡逮鸭，翻箱倒柜，咱可一定要忍着！”(《大地》秦兆阳)

(160) “满仓老弟啊，”他又对着井口呼喊着，“你更要听着！”(《大地》秦兆阳)

综上可见，“V 着”和“V 一下”句式表达祈使语义的语力强度不同，

“V 着”表达语力较强的命令、要求意义的祈使；“V 一下”表达语力较弱的建议、商量意义的祈使。

3.“V 一下”与“V 着”的祈使策略

“V 一下”和“V 着”两种句式在表达祈使语义时体现了说话人不同的祈使策略。这种祈使策略的差异和“V”后面的“着”与“一下”的语义特征和语用功能有着密切的关系。

“一下”表示动作在短时持续进行，具有“少量”和“模糊”的语义特征。说话人可以用“V 一下”来降低要求的量、帮助的价值和责备的量，从而表示很有礼貌地要听话人做某事。同时“一下”的少量义也使得“V 一下”可以用来表示说话人对听话人发出的祈使指令“往少量做”的指示。此外，“一下”的量是“模糊”的，就意味着说话人暗示听话人可以对“动作量”的取值按自己的标尺进行主观阐释，听话人可以按照自己主观意愿缩小动量和时量而并不违背会话的质量原则和数量原则。所以说“一下”的“模糊少量义”是“V 一下”在实际语用中表达请求、建议和商量的祈使语义的基础。

在实际的言语交际中，“V 一下”表达祈使语义体现了言语交际的礼貌原则。Lakoff(1973)将礼貌和合作原则结合起来，提出了“语用能力规则”，即礼貌策略，它包括三条次则：

> a. 别强求对方；　b. 给对方留有余地；　c. 让对方感觉友好。
> (参看冉永平，2006：63)

说话人发出祈使行为时，会在心里预设一个祈使的结果。说话人主观上对这个祈使结果实现程度高低的判断决定其采用何种方式表达祈使指令。当说话人不太确定听话人是否会顺利执行祈使指令，或是主观上认为听话人执行指令有困难时，为了能顺利实现祈使意图，说话人通常会采用一些语用策略。“V 一下”就是通过增加限定词“一下”来降低对听话人要求的动量和时量，从而委婉地表达指令。这里的“一下”并不仅仅表示说话人实际要求的动量和时量少了，同时还体现了说话人为了表现出自己的礼貌，达到维护人际关系的社交目的，以期顺利完成指令内容。有时说话人为了表示更委婉的礼貌策略，常把“V 一下”用问句的形式（如“能不能”“是不是”给听话者选择的权力）展现，搭配情态动词（如“应该/该”表达说话者要求的主观性）、程度副词（如“稍微”表示更少量）表达礼貌策略。例如：

(161)“求你，能不能让王医生帮我照顾她一下。”(《香港之滨》陈定兴)

(162)“班长，我看这条架设路线是不是请示一下参谋长，稍为改变一下。”(《风雪线路》王德本)

(163)“……你太激动了，应该休息一下。”(《灭亡》巴金)

而“V 着”表示“说话人要求听话人进入或保持某种持续或反复的动作状态”。这种状态与“着”的词义有密切的关系。“着”具有“附着”的意义，《现代汉语词典》(2005：428) 对“附着”的解释是：较小的物体黏着在较大的物体上。说话人心里希望听话人实施某一行动使某物或具身加以附着，并且说话人心里对这一“附着”状态的结果非常明确、肯定，即主观上判定预设的祈使结果的实现程度较高。这一判定结果使得说话人可以忽视礼貌策略，采用“V 着”表达比较强硬的命令祈使，目的是要求听话人坚决执行指令。例如：

(164)“叫他们等着！”(《男人的风格》张贤亮)

(165)“任他们砸门打户，发狠耍横，抓鸡逮鸭，翻箱倒柜，咱可一定要忍着！”(《大地》秦兆阳)

总结：通过对“V 着”和“V 一下”句式的动词语义特征、祈使语力的强度和祈使礼貌策略的分析，进一步深刻认识到说话人用“V 着”句式表达非常直接、强硬的强祈使指令；使用“V 一下”表达委婉、温和的弱祈使指令。我们可以列表对比“V 着”和“V 一下”在祈使语义、祈使语力强度和祈使语用策略方面的差别，如表 5-21 所示：

表 5-21

结构形式	祈使语义	语力强度	语用策略	例句
“V 一下”式	建议、商量	弱祈使	委婉、温和	**推一下！/等一下！**
“V 着”式	命令、要求	强祈使	直接、强硬	**推着！/等着！**

三、“VC”和“$VV_{趋}$”祈使句式

我们将动结式和动趋式放在一起进行对比研究，是因为这两类句式在结构形式、祈使语义内容、祈使语力强度等方面都有相似之处，但二者也存在一些差异。通过对动结式和动趋式的对比分析，发掘这两类句式在表达祈使语义时的异同。

1.“VC”祈使句式

这里讨论的“VC”句式是指由“动词+结果补语”构成的动补结构表达祈使语义的句子。吕叔湘(1980：17)称之为动结式，记作“VC”，如“站好”“拿稳”“听明白”“洗干净”“说清楚”等。我们在分析动词和结果补语之间的语义关系时，一般都认为动结式表示致使关系，也就是说谓语动词所表示的行为动作是导致结果补语所表示状态的原因。我们对《汉语动词—结果补语搭配词典》(王砚农，1987)的语料进行整理，发现一部分“VC”句式可以表达祈使语义。能够进入这一类句式的动词和补语需要满足两个条件：首先必须是由人的某个行为动作导致了某种结果；其次，这种行为和结果还要能够由人自由控制。例如：

(166)a. 河水涨高了。　？河水涨高！　？河水别涨高！
　　b. 月亮变圆了。　？月亮变圆！　？月亮别变圆！
　　c. 大地干死了。　？大地干死！　？大地别干死！
(167)a. 老李病死了。　？老李病死！　？老李别病死！

b. 你碰到王平。 ?你碰到王平! ?你别碰到王平!

c. 小李长高了。 ?小李长高! ?小李别长高!

从句子语义上看，例(166)都表示除了人以外的某个事物的变化导致的某种结果，如 a 组例句中不可以表达肯定的祈使指令“河水涨高!”，也不能表达否定的祈使指令“河水别涨高!”；例(167)虽然表示人的行为导致的某种结果，但这种行为和结果不由人所控制，我们不能决定这个人“病死”或“不病死”“碰到王平”或“不碰到王平”“长高”或“不长高”。因此“病死”“碰到”“长高”这些不可控的“VC”句式不能表达祈使指令。由此可见，“VC”句式表示祈使语义的前提条件是要具有[+述人]和[+可控]的语义特征。

(1)“VC”否定式

通过对《汉语动词—结果补语搭配词典》中动词和结果补语搭配情况的考察，结合马真、陆俭明(1997：3)“形容词作结果补语情况”的分析，整理出 2521 条动结式例句，共有 282 个结果补语可以进入“VC”句式表达肯定或否定的祈使语义。进一步分析发现，这些表达祈使语义的“VC”句式中的“C”都蕴含着说话人的某种主观态度，反映了说话人心里愿意或不愿意接受某种行为所导致的结果状态。当说话人主观上不愿意接受某种行为结果发生时，“VC”必须用否定式表达祈使语义，这一类“VC”式导致的结果状态多是具有“贬义”或“消极义”；当说话人主观上愿意接受某种行为结果时，“VC”可以用肯定式表达祈使语义。“VC”肯否对比如表 5-22 所示：

表 5-22

	进入“VC”肯定式的“C”	进入“VC”否定式的“C”
数量	181	101
比例	64.2%	33.7%

从表 5-22 可以看出，进入“VC”肯定祈使句式的结果补语占 64.2%，进入“VC”否定祈使句式的结果补语占 33.7%，肯定式的比例远远超过否定式。这说明，人们内心的主观意愿总是希望好的、积极的结果出现；不好的、消极的结果只能进入“VC”否定祈使句。这 101 个能够进入否定祈使句的动结式结果补语列举如下：

扁、瘪、病、暴躁、蠢、错、差[chà]、馋、错、串、岔气儿、残、残疾、惨、潮、沉、迟、重[chóng]、臭$_1$、臭$_2$、出格、出神儿、粗心、呆、刁、倒[dào]、颠倒、丢、钝、呆板、乏、翻、烦、反、肥、疯、复杂、过火儿、过头、怪、横[hèng]、坏、火、荒凉、糊涂、急、僵、绝、贱、精、倔、骄傲、苦$_1$、苦$_2$、烂、累、漏、乱、利害、没、猛、麻、灭、模糊、蔫、闷、腻、拧、歪、趴下、胖、皮、偏、破、弱、碎、馊、输、伤、上瘾、散架、瘦、酸$_2$、涩、傻、塌、疼、淘气、调皮、咸、凶、消极、消沉、晕、哑、厌烦、野、砸、折、脏、糟(共 101 个)。

由上可见，这些动词或形容词充当结果补语所表示的状态都具有[+贬义]或[+消极义]，是说话人主观上不愿发生的结果状态，只能进入否定“VC”句式表达祈使语义。例如：

(168)别把人看扁了！

(169)别把蛋糕给挤瘪了！

(170)他姓王，你可别说差了！

(171)别把刀使钝了！

(172)别想错了！

上例中的“扁”“瘪”“差”“钝”“错”都是说话人心里不愿意发生的结果状态，只能出现在否定祈使句中。否定的“VC”祈使句式，“V”和“C”之间的语义关系不同，表达的祈使语义也不同。当说话人心里判断

"VC"中的结果是听话人有意要实现的结果状态，说话人用否定的"VC"句式表达祈使指令，表示对听话人加以劝阻。例如：

(173) 别画丑了！　　别给弄烦了！　　别砍钝了！
别碰坏了！　　别卖贱了！　　别学精了！
别碰洒了！　　别踩断了！　　别把他搞臭了！
别学懒了！　　(脾气)别变倔了！　　别玩入迷了！
别学淘气了！　　别把事情搞复杂了！

当说话人心里判断"VC"的结果是听话人无意中实现的结果状态，说话人用否定的"VC"句式表达祈使指令，表示对听话人加以提醒。例如：

(174) 别把话说出格儿了！　　别长胖了！
别捂臭了！　　小心，别把小汽车给撞扁了！
别抽上瘾了！　　别把花养死了！
别戳疼了！　　别把嗓子咳哑了！
别转晕了！　　别碰到他了！

由例(173)(174)可以看出，说话人对这些动作导致的消极结果，无论是听话人有意或无意实现，都用否定副词"别"对这些状态予以阻止、提醒听话人不要出现这种不好的结果，可以说"VC"否定式主要表示劝阻或提醒的祈使语义。

(2)"VC"肯定式

我们对其余的181个可以充当结果补语的动词和形容词进行考察，发现结果补语成分分别可以进入不同的"VC"肯定祈使句式中。我们将其分为两类：一是能够进入无标记的"VC"祈使句式，如"伸直了""扫干净""听明白""说清楚"；二是能够进入带有强调标记的"一定/千万要VC"或"一定/千万给我VC"祈使句式，如"粮食一定要准备充足！"

“字一定要写工整!”“账一定要算精确!”“把屋子给我收拾利索了!”等。

为什么用肯定的“VC”句式表达祈使语义可以有两种不同的表现?我们对无标记的“VC”句式和有标记“VC”句式进行对比分析，发现“V”和“C”之间的语义关系决定了标记的有无，同时也决定了祈使语义的语力强度。我们知道，“VC”肯定祈使句式表示说话人要听话人有意识地通过某个动作实现某种结果。动作和结果之间的逻辑关系决定了“VC”表达祈使语义时是否需要进入“一定/千万要 VC”或“一定/千万给我VC”句式。

我们知道，祈使行为的实施必定会带来某种结果，当说话人认为动作和结果之间是直接联系，如“扫地”的直接结果是“扫干净”，可以直接发布指令“扫干净!”，“听话”的直接结果是“听明白”，可以直接发布指令“听明白”；当说话人认为动作和结果之间的关系是间接联系，要想达到主观意愿中想要的结果，需要付出一定的努力和代价，如“治病”，有可能“治好”，也有可能“治不好”，因此想要表达“治好病”的祈使指令，必须加以强调，如“一定要把病治好!”“给我治好病!”“必须治好病!”等。有时即使动作与结果之间有直接关联，但说话人主观上认为听话人实现祈使结果难度较大时，也可以进入带有强调标记的“VC”句式表达祈使语义，如“扫干净”，可以说“一定给我扫干净!”“必须扫干净!”等。

我们进一步对比近义词“懂”和“明白”，可以更深入地理解“VC”肯定祈使句式标记有无的差异。“懂”和“明白”二者都有“了解”的意思，但《现代汉语词典》(第6版)对其解释有细微差别:

懂:[形]:熟悉；了解；

明白:[形]:内容、意思等使人容易了解；

由上可知，“懂”的意思是“熟悉”，而“明白”的意思是“容易了解”。“懂”和“明白”的语义内涵决定了我们可直接发布“听明白!”的祈使指令，但不能直接说“听懂!”。因为一个人听“懂”比较费力，必须付出一定的努力才能“懂”；而一个人听“明白”相对容易。因此“听懂”表达祈使语义时必须加上强调标记，如“一定要听懂！”“必须要听懂！”“千万要听懂！”来表达命令意义的祈使指令。

我们通过对动词和结果补语之间的关系进一步考察，发现能够进入“一定/千万要 VC”或“一定/千万要（给我）VC”祈使句式的结果补语的确都是较难实现的结果状态，列举如下：

治好、学会、练会、听懂、教育好、找到、逮住、记住、演好、学好、考好、卖光、吃足、喝足、搬动、起早、救活、建成、凑够、搞确实、研究透彻、办妥当、学扎实、写真实、答正确、搞准确、算精确、准备充足、分配合理、考虑周到、查到底、搞到手、熬到头、记详细……

因此，以上“VC”结构表达祈使语义时一般情况下都要加上强调标记。表示命令的强祈使指令，更加强调说话人的主观性。例如：

(175) 一定要给我把病治好！　这个问题一定要听懂！
这事一定要记住！　基础知识一定要学好！
事情一定要写真实！　这道题你一定要答正确！
情报一定要搞准确！　一定要考虑周到！

从上例可以看出，说话人在发出“治好”“听懂”“记住”“学好”等祈使指令强前，心理预设是：听话人完成这个指令的难度较大。说话人要用“一定/千万/要（给我）”等强调标记表示指令的强制性，才能使听话人坚决、顺利地执行祈使指令。

对于动作和结果之间具有直接联系的无标记的“VC”祈使句式，其肯定和否定形式并不对称。一部分具有褒义色彩的结果补语是说话人主观上愿意实现的结果状态，这一类“VC”结构不能进入否定祈使句式；一部分带有中性色彩的结果补语，具有[-贬义]的语义特征，其结果状态对于言语交际双方来说，可以实现也可以不用实现。例如：

(176)扫干净！	？别扫干净！
听明白！	？别听明白！
站稳当！	？别站稳当！
考虑充分了！	？别考虑周密了！
(177)把房间腾空！	别把房间腾空！
拿走！	别拿走了！
把水放满！	别把水放满！
把头发打散！	别把头发打散！

例(176)中的结果补语“干净”“明白”“稳当”“充分”都具有[+褒义]的语义特征，说话人对具有“积极义”和“褒义”的结果状态持肯定态度，这一类“VC”结构只能用肯定式表达祈使语义。例(177)中的结果补语“空”“快”“满”“打散”具有[-贬义]的语义特征，说话人主观上对这一类结果状态可以持肯定或否定的态度，这一类“VC”句式可以有肯定和否定两种形式表达祈使语义。

对比具有[+褒义]的“VC”句式和具有[-贬义]的“VC”句式，我们发现，由于具有[+褒义]的“VC”句式不容许否定形式出现，表达祈使语义时语气更加肯定、强硬，只能在句末加上语气词“了”；而具有[-贬义]的“VC”句式有肯定和否定形式出现，表达祈使语义时强制度相对较弱，只能在句末加上表示商量和建议的语气词“吧”。例如：

(178)a. 扫干净了！	b. 把房间腾空吧！
听明白了！	拿走吧！
站稳当了！	把水放满吧！
考虑充分了！	把头发打散吧！

总结：“VC”句式表达祈使语义的各种情况，如表5-23所示：

表 5-23

<table>
<tr><td colspan="3">“VC”肯定祈使句式</td><td colspan="2">“VC”否定祈使句式</td></tr>
<tr><td colspan="2">无标记“VC”肯定</td><td>有标记“VC”肯定</td><td>“有意”结果</td><td>“无意结果”</td></tr>
<tr><td>[+褒义]结果</td><td>[-贬义]结果</td><td>“一定/千万/要”</td><td rowspan="2">表示劝阻</td><td rowspan="2">表示提示</td></tr>
<tr><td>表示命令</td><td>表示命令</td><td>表示命令</td></tr>
<tr><td colspan="3">强祈使</td><td colspan="2">弱祈使</td></tr>
</table>

上述各种表达情况之间的差别主要是同说话人的主观心理有关，它们之间的差异主要由说话人的主观认识和态度决定。“VC”句式表达的祈使指令比较复杂，这与“C”结果补语的复杂性有关。说话人主观上都愿意“如意”的结果实现，因此对“不如意”结果用否定式表达；根据“如意”结果所达到的难易度用不同的肯定式表达，这些都对祈使语义的语力强度产生影响。

2. “$VV_{趋}$”祈使句式

由动词和趋向动词构成的动补结构可以常用来表达祈使指令，如“站起来！”“坐下去！”“跟上！”“转过来！”“拿回去！”等，将这一类祈使句式记作“$VV_{趋}$”式。趋向动词所作的补语跟动结式的结果补语相比，趋向动词是一个封闭的类，主要包括“上、下、进、出、过、回、开、起”与“来、去”这 10 个简单趋向动词，以及由这 10 个趋向动词相互搭配组成的 14 个复合趋向动词，如表 5-24 所示：

表 5-24

	上	下	进	出	过	回	开	起
来	上来	下来	进来	出来	过来	回来	开来	起来
去	上去	下去	进去	出去	过去	回去	？开去	？起去

“开”“起”与“去”组合的“开去”“起去”几乎很少出现，一些学者也

将“开去”“起去”不算作趋向动词(袁毓林，1993：83)。这里我们只讨论除了“开去”“起去”的 24 个趋向动词作补语进入“$VV_{趋}$”句式表达祈使语义的情况。趋向动词作补语可以进入不同的动趋句式，最常用的是“$VV_{趋}$”，复合趋向动词作补语时 NP 可以插入其中，如“头抬起来”可以转换为“抬起头来”，“把书拿出来”可以转换为“拿出书来”等。这里主要分析趋向动词作补语进入“$VV_{趋}$”句式表达祈使语义的各种类型，不对其他句式作单独分析。

按照趋向动词的运动方向，我们将其分为五组，第一组为“上下”类，表示动作运动的趋向是上下活动，包括“上”“下”“上来”“下来”“上去”“下去”；第二组为“进出”类，表示运动的趋向是里外活动，包括“进”“出”“进来”“进去”“出来”“出去”；第三组为“回过”类，表示运动趋向是水平移动，“过”是经过某处到达目标点，“回”是回到原处所，包括“过”“回”“过来”“过去”“回来”“回去”；第四组为“开”类，表示离开原处所，包括“开”“开来”；第五组为“起”类，表示离开原处所，没有目标终点的向上移动，包括“起”“起来”。

我们以“$VV_{趋}$”句式中“$V_{趋}$”的语义特征为切入点，对“$VV_{趋}$”表示趋向位移的基本义和表示状态变化的引申义进行分析，以此来探讨“$VV_{趋}$”句式可以表达哪些类别的祈使语义。

(1)“上下”类

我们对《汉语动词用法词典》(孟琮，2012)中 2117 个动词(按义项归纳)的动趋式构成情况进行考察，其中有 474 个动词可以加上“上下”类趋向动词构成“$VV_{趋}$”式表达祈使语义，这一部分动词占该词典全部动词的 22.4%，相关例句 886 例，下面分别对这些动词和例句进行分类考察。

①“上”和“下”

《汉语动词用法词典》中有 101 个动词可以进入“V 上(NP)”句式表达祈使语义；有 56 个动词可以进入“V 下”句式表达祈使语义，共计 157 个动词。我们将对比趋向动词“上”和“下”的基本义和引申义进行分析，对比“V 上”和“V 下”这两类句式表达祈使语义的差异。

第一类：基本义。

《现代汉语词典》对“上”的解释是“[**动**]**由低处到高处**”；对“下”的解释是“[**动**]**由高处到低处**”。“V上”表达“位移”祈使指令时，须在前面加上强调标记“一定/必须(要)”，或情态副词“赶紧/赶快”等，而“V下”可以直接表达祈使语义。例如：

(179)a. 赶紧爬上楼顶！ 一定要登上顶峰！ 必须开上山顶！

b. 坐下！ 蹲下！ 趴下！ 跪下！ 躺下！

上例a组动词不能单独加上“上”表达祈使指令，须在前面加上表示祈使强调的标记词才能成立；b组单独由动词加上“下”表达祈使指令。根据《现代汉语词典》(第6版)对“上”和“下”的词义解释，我们知道，“上”的源点在低处，目标点在高处；而“下”的源点在高处，目标点在低处。从“上”“下”的运动路径可以看出，“V上”是说话人要听话人由下至下运动，“V下”是说话人要听话人由上至下运动，听话人在接收“V上”和“V下”指令时的作用力是不一样的。从力学的角度分析，一个人完成向上的运动比完成向下的运动要费力得多，并且空间范围也大得多。说话人表达向上的位移指令时，心里预设实现祈使结果的难度较大，只有加上表示强调的标记词增加说话人的力量才能完整地表达祈使语义，否则语义模糊不能成立；说话人表达“V下”的祈使语义时，语义内涵明确，因此可以直接表示命令或要求的祈使指令。

第二类：引申义。

“V上”和“V下”最初用在表达空间领域的位移指令，后来通过隐喻扩展到状态域。“V上”表示从低处的源点到高处的目标点，若将目标点看作水平空间的事物，从中可以引申出表示“趋近目标点”(目标点不再是高处，位置可前可后)，如“追上”“跟上”等；再从“趋近目标点”进一步引申出“依附”于目标点，或达到与目标点由开到合的“闭合”状态，如“贴上”“关上”等。“V上”可以表示抽象状态的“趋近”义、“依附”义和“闭合”义。例如：

(180) a. 跟上！ 赶上！ 叫上！ 接上！ 牵上！ 追上！

b_1. 安上！ 包上！ 缝上！ 砌上！ 糊上！ 贴上！

b_2. 穿上！ 带上！ 戴上！ 套上！ 披上！ 系上！

b_3. 标上！ 记上！ 写上！ 签上！ 填上！ 划上！

c. 闭上眼睛！ 关上门！ 把门锁上！ 插上门栓！ 合上书本！

上例中 a 组是说话人要听话人实施某种行为达到和某物物接近的状态；b 组是说话人要听话人实施某种行为，使某物达到“依附”状态，每一类的语义小类又各不相同，b_1是某物依附于某处，b_2是穿戴物依附于人的身体，b_3是文字书写在某处；c 组表示说话人要听话人实施某种行为动作，使某物达到“闭合”状态。

“V 下”表示从高处的源点到低处的目标点，从受事的角度来看，“V 下”可以引申为物体的某一部分与主体分离，如“放下”“砍下”等；若从容器的角度看，“V 下”可以引申为将物体投入、放入容器内，如“收下”“装下”等。可以说，“V 下”在状态域表示说话人要听话人实施某个行为使人或物进入某种“脱离”或“容纳”状态。

(181) a. 拿下！ 拆下！ 撤下！ 丢下！ 放下！ 扔下！

b. 先把大家安置下再说！ 把这些客人安排住下！

你就收下这份礼物吧！ 你用这个袋子装下这几棵白菜吧！

快咽下这口饭！ 快吞下这颗药！

上例中 a 组表示说话人要听话人实施某种行为动作，使某物处于与主体的“脱离”状态；b 组都是说话人要听话人实施某种行为，使人或物处于被某个空间“容纳”的状态。

对比“V 上”与“V 下”，两者可以表达不同的祈使语义。我们对已搜集到的语料进行分类考察，其表达基本义和引申义的比例如表 5-25

所示：

表 5-25

	具体位移意义	抽象状态意义			祈使语义
“V 上”	向上位移	趋近义	依附义	闭合义	表命令祈使
数目	8	12	70	11	
比例	0.8%	13.2%	77.6%	11.1%	
“V 下”	向下位移	脱离义		容纳义	表命令祈使
数目	10	34		12	
比例	17.9%	60.7%		21.4%	

所调查的语言事实和统计数据表明，“V 上”主要用于表示“依附义”的祈使指令，占比达到 77.6%；“V 下”主要用于“脱离义”的祈使语义，超过一半以上，占比达到 60.7%。说话人用“V 上”和“V 下”表达祈使语义，语气比较直接、强硬，可以直接表示命令的祈使指令。

②“上来”“上去”“下来”“下去”

“上”“下”表示动作行为与空间的位移关系，而“来”“去”表示人或物与说话人之间的位移关系。由“上”“下”“来”“去”组成的复合趋向动词主要从空间与说话人两个方面加以考虑。《汉语动词用法词典》有 111 个动词可以进入“V 上来”祈使句式；有 157 个动词可以进入“V 下来”祈使句式；有 142 个动词可以进入“V 上去”祈使句式；有 330 个动词可以进入“V 下去”祈使句式。通过对比 $VV_{趋}$ 的基本义和引申义，分析这四类句式表达祈使语义的差异。

a.“上来”“上去”

第一类：基本义。

“上来”和“上去”都可以跟在具体的行为动词后面，表示说话人要听话人实施某个动作，使人或物从低处位移到高处。“V 上来”表示说话人在高处，要听话人实施某个动作使人或物趋近说话人；“V 上去”

刚好相反，表示说话人在低处，要听话人实施某个动作使人或物离开说话人。例如：

(182) a. 搬上来！　背上来！　抱上来！　端上来！　堆上来！
　　b. 搬上去！　背上去！　抱上去！　端上去！　堆上去！

上例表示说话人要听话人通过某个动作，使人或物在空间领域的向上位移，a 组表示趋近说话人，b 组表示离开说话人。

第二类：引申义。

“V 上来”和“V 上去”从现实空间领域的位移，通过隐喻扩展到心理空间的位移。下级向上级、地位低的人向地位高的人上交某物或反映某问题，可以看作人的动作行为在心理空间由下至上的位移，“V 上来”和“V 上去”引申为“递交”义。例如：

(183) a. 交上来！　递上来！　把问题反映上来！　收缴上来！
　　b. 交上去！　递上去！　把问题反映上去！　收缴上去！

上例中 a 组表示说话人以自己为目标点，要听话人把某物或某事件“递交”到较高部门，显然说话人的身份、地位高于听话人；b 组表示说话人以较高部门为目标点，要听话人把某物或某事件“递交”到高一级部门，显然说话人和听话人可能处于同一较低地位。“V 上来”和“V 上去”表达“递交”义时，由于说话人的身份、地位的差异，“V 上来”的祈使语义强度高于“V 上去”。

“V 上来”和“V 上去”在现实空间领域的“位移”，映射到抽象概念的“上升”，最有代表性的是人的职位或社会地位的“升迁”。例如：

(184) 把车间主任调上来！
把有觉悟有能力的青年干部提拔上来！
把有才华的人推荐上来！

推上来一名代表!

(185)? 调上去!　　? 提拔上去!

想办法把他推荐上去!

这次工会选举，咱们把老秦推上去!

从上例可以看出，a组表示说话人社会身份、地位高于听话人，与听话人是上下级关系，可以对听话人发布指令，要听话人完成“推荐”或“选拔”的工作，使某人得以“晋升”。b组说话人和听话人都处于较低部门，“调”和“提拔”这一类的工作只能是由上至下完成，因此听话人无法完成“调上去”“提拔上去”的指令；而“推荐”“推”这一类工作可以由上至下或由下至上完成，听话人可以行使“推/推荐上去”或“推/推荐上来”的权利。可见，“V上来”和“V上去”表达“升迁”义时，由于说话人的身份、地位的差异，“V上来”的祈使语义强度高于“V上去”。

对比“V上来”与“V上去”基本义和引申义，可以看出这两类句式表达祈使语义的差异。我们对已搜集到的语料进行分类考察，其表达基本义和引申义的分布如表5-26所示：

表5-26

	具体位移意义	抽象状态意义		祈使语义强度
“V上来”	向上趋近说话人	递交义	升迁义	命令型祈使
数目	99	8	4	较强
比例	89.1%	7.2%	3.6%	
“V上去”	向上离开说话人	递交义	升迁义	命令型祈使
数目	124	16	2	较弱
比例	87.3%	11.3%	1.4%	

可以看出，“V上来”和“V上去”表达祈使指令时，表示具体实在的“位移义”占绝大多数，分别占到89.1%和87.3%。这说明“上来”和“下去”的语法化程度还不高，其余表示“递交义”和“升迁义”是“上来”

和“上去”的抽象意义的表现。由于两者隐含了说话人和听话人的身份地位的差异，“V 上来”比“V 上去”表达祈使指令时语义强度要高。

b. “下来”“下去”

《汉语动词用法词典》中有 157 个动词可以进入“V 下来”句式表达祈使语义；有 330 个动词可以进入“V 下去”句式表达祈使语义。对比“V 下来”和“V 下去”的基本义和引申义，分析这两类句式表达祈使语义的差异。

第一类：基本义。

“下来”“下去”都表示行为动作在空间领域由上至下的位移，只是说话人的立足点不同，“V 下来”表示说话人在低处，要听话人通过某种行为做趋近说话人的位移；而“V 下去”表示说话人在高处，要听话人通过某种行为做离开说话人的位移。例如：

(186) a. 跳下来！ 蹦下来！ 爬下来！ 滚下来！ 推下来！
b. 跳下去！ 蹦下去！ 爬下去！ 滚下去！ 推下去！

上例中 a 组表示说话人在低处，要听话人做向下的位移；b 组表示说话人在高处，要听话人做向下的位移。

第二类：引申义。

“V 下来”和“V 下去”在“位移义”的基础上，可以引申为不同的抽象意义。通过对真实语料的考察，发现“V 下去”与“V 下来”表达抽象的祈使语义有细微差异。“V 下来”和“V 下去”中的趋向补语都可以表示“脱离义”，如“切下来”“切下去”“撕下来”“撕下去”。通过对比发现，表示“吃”类动词只能跟“下去”搭配，不能跟“下来”搭配。例如：

(187) a. 吃下去！ 喝下去！ 咽下去！ 吞下去！
b. ？吃下来！ ？喝下来！ ？咽下来！ ？吞下来！

上例中 a 组可以表达祈使指令，而 b 组不能使用。我们不会说“吃下来！”“喝下来！”“咽下来！”“吞下来！”等。这是因为“V 下来”中的“下来”表示“脱离义”时，侧重点在被脱离事物可以保留，也可以不用保留，如“把那块肉切下来！”，表示“肉”具有[±保留]；而“V 下去”中的“下去”表示“脱离义”时，侧重点在被脱离事物不要保留，应该被遗弃，如“把多出的那块肉切下去！”，表示“肉”具有[-保留]。因此，表示“吃”类的动作完成后，食物消失，不可能保留下来，因此“吃、喝、咽、吞”等动词只能和“下去”搭配。

由于“V 下来”的脱离结果是被分离物可保留，也可不保留，表示“保留义”的“V 下来”可以引申为“获得义”。例如：

(188) 拍下来！　写下来！　买下来！　保存下来！　存下来！
　　　留下来！　定下来！　分配下来！　登记下来！　记下来！

上例中“V 下来”都是在“脱离义”的基础上引申为“获得义”，这里的“获得”都是相对于说话人而言，发布企望获得某物的祈使指令。而“V 下去”要求被分离物不需要保留，它不能被引申为“获得义”。

“V 下去”和“V 下来”都可以借助空间领域的位移，通过概念隐喻投射到时间领域，表示时间概念上的“持续义”。试比较“V 下来”和“V 下去”的“持续义”在表达祈使指令时存在一定的差别。例如：

(189) a. 坚持下去！　发扬下去！　奋斗下去！　继承下去！
　　　b. ？坚持下来！　？发扬下来！　？奋斗下来！　？继承下来！

上例中 a 组可以表达祈使语义，表示某种抽象概念在时间上的“继续”，而 b 组不能用来表达祈使指令，我们只能说“这段时间坚持下来真不容易”等。徐静茜(1985：1)认为，“下来”“下去”表示时间上的延续时，着眼点不同：“下来”着眼于从“开始”到“现在”，表示过去某一时段的延续；“下去”着眼于从“现在”到“将来”，表示在未来一段时间的延续。例如：

(190) a. 你在极其困难的条件下进行工作，总算坚持下来了。

b. 你既然已经下了决心，那你就坚持下去吧！

上例 a 中“坚持下来”表示从过去某一时间点到现在时间的延续；b 中“坚持下去”表示从现在某一时间点到将来时间的延续。我们知道，祈使行为具有“未然性”，表示说话人让听话人在未来某一时间做或不做某事，因此，只有“V 下去”表示“持续义”的祈使指令。

综上，“V 下来”与“V 下去”表达祈使指令时，表示具体实在的“位移义”时语义基本一致，表示引申义时存在一定的差异。已统计出的数据显示，“V 下去”表示“持续义”占较大比例，这说明“下去”语法化程度较高。我们对已搜集到的语料进行分类考察，其表达基本义和引申义的比例如表 5-27 所示：

表 5-27

	具体位移意义	抽象状态意义		祈使语义
“V 下来”	向下趋近说话人	脱离义	获得义	命令型祈使
数目	52	60	45	
比例	33.1%	38.2%	28.7%	
“V 下去”	向下离开说话人	脱离义	持续义	命令型祈使
数目	18	78	234	
比例	5.5%	23.6%	70.9%	

从上表可以看出，“V 下来”表示具体的“位移”义与表示抽象的“脱离”义、“获得”义的比例相对比较均衡；而“V 下去”表示“持续”义占了很大的比例，共 234 例，占 70.9%。所调查的语言事实和数据说明，“V 下来”和“V 下去”表达祈使语义时，“V 下来”主要表示空间概念的祈使命令，“V 下去”主要表示时间概念的祈使命令。

(2)“进出”类

《汉语动词用法词典》中有267个动词可以跟上“进出”类趋向动词表达祈使语义，占12.6%，相关例句550例，下面对这些动词和例句进行分类考察。

①“进”和“出”

袁毓林(1993：87)指出，趋向动词“进”不能和动词结合，没有“V进(NP)！”这种句式。我们对《汉语动词用法词典》进行考察，发现有33例“V进”句式可以表达祈使语义。这里“进”只表示位移义，表示人或物从外面进入里面或进入到某处。“V进”不能单独出现，只能进入“快/先+V进+NP！”句式或“把+N+V进+NP”句式表达祈使指令。例如：

(191)快藏进屋里！　　快躲进屋里！
先钻进被窝！　　先扶进屋里！
(192)把这篇文章编进第二期！　　把脚注抄进正文！
把冰棍捡进垃圾箱！　　把这个分店合进总店！
把冬天穿的衣服装进箱子！　　把他们编进红星队！

上例都是动词加“进”表达祈使语义的句子，例(191)中“V进”进入“快/先+V进+NP！”句式才能表达祈使语义；例(192)“V进”只能进入“把+N+V进+NP！”句式表达祈使语义。这是因为通常说话人表达祈使指令时要求语义明确，而“V进”只表达位移方向，不能明确说话人的指令内容和表达意图，加上副词“先”“快”或进入“把”字句式可以明确说话人用“V进NP”句式表达祈使语义的祈使意图和祈使受事对象。

袁文在谈到“V出”表达祈使指令时，只列举了2个动词：“伸”和“探”。通过对《汉语动词用法词典》中动词加“出”的语料考察后发现，能够进入“V出(NP)”句式表达祈使语义的动词远不止这两个，已有语料中共有33个动词可以进入“V出(NP)！”句式。这些句式有的已逐渐成为固定格式，有的须进入“一定要+V出(NP)！”句式表达祈使语义。例如：

(193) 赛出风格！　冲出重围！　杀出重围！
读出声音！　伸出胳膊！

(194) 一定要描写出当时的情景！　一定要检讨出错误！
一定要发挥出水平！　一定要发扬出革命精神！
一定要标出价钱！　一定要制定出解决问题的办法！

上例都是动词加“出”表达祈使语义的句子，例(193)中“V 出”在日常口语中已成为固定结构，“V 出 NP”可以直接表达祈使语义；例(194)“V 进”只能进入“一定要+V 出+NP！”句式表达祈使语义。由以上两组例句可以看出，“V 出”不仅仅表示人或物的位移，也表示抽象概念从无到有的显露，为了强调这些抽象概念的完成，用“一定要”强调说话态度，表达语气比较强硬的命令祈使。

②“进来”“进去”“出来”“出去”

a.“进来”“进去”

《汉语动词用法词典》中有 95 个动词能够进入“V 进来”句式表达祈使语义；有 109 个动词能进入“V 进去”句式表达祈使语义。通过对真实语料的考察，分析“V 进来”和“V 进去”的基本义和引申义，对比这两类句式表达祈使语义的差异。

第一类：基本义。

“进来”“进去”都表示行为动作在空间领域的水平位移，只是说话人立足点不同。“进来”表示说话人在空间里面，要听话人通过某种行为做趋近说话人的位移；而“进去”表示说话人在空间外面，要听话人通过某种行为做离开说话人的位移。例如：

(195) a. 端进来！　倒进来！　爬进来！　扫进来！　推进来！
b. 端进去！　倒进去！　爬进去！　扫进去！　推进去！

上例中 a 组表示说话人在里面，要听话人做向里的位移；b 组表示说话人在外面，要听话人做向外的位移。

第二类：引申义。

我们发现，“进来”与“进去”在表示位移义的基础上可以引申为“融合义”，这里的“融合义”是指某种领属关系由外至内或由内至外的改变。能够进入“V 进来”句式的动词有“编$_1$、编$_2$、抄$_2$、存$_4$、调、划[huà]、活动、合、介绍、结合、派、算、吸收、写”等，这类动词跟“进来”或“进去”结合可以表达“融合义”例如：

(196)把二年级的学生也编进来/去!

(197)把这篇通讯稿编进来/去!

(198)把这段话抄进来/去!

(199)把钱先存进来/去!

(200)把部队调进来/去!

例(196)中“二年级的学生”的领属关系或占有关系通过“编进来/去”发生改变；例(197)中“通讯稿”通过“编进来/去”改变所属关系。“进来”和“进去”可以相互替换，两者之间的区别就是说话人的参照视点不同。

b.“出来”“出去”

《汉语动词用法词典》中有 164 个动词能够进入“V 出来”句式表达祈使语义；有 122 个动词能够进入“V 出去”句式表达祈使语义。通过对真实语料的考察，分析“V 出来”和“V 出去”的基本义和引申义，对比这两类句式表达祈使语义的差异。

第一类：基本义。

“出来”“出去”都表示行为动作在空间领域水平的位移，但说话人的立足点不同，“出来”表示说话人在外面，要听话人通过某种行为离开某个空间，而“出去”表示说话人在里面，要听话人通过某种行为离开某个空间。例如：

(201)a. 端出来!　倒出来!　爬出来!　抱出来!　推出来!

b. 端出去！　倒出去！　爬出去！　抱出去！　推出去！

上例中 a 组表示说话人在外面，要听话人做向外的位移，离开某个空间；b 组表示说话人在里面，要听话人做向外的位移，也是离开某个空间。

第二类：引申义。

我们发现，“V 出来”与“V 出去”在表示位移义的基础上可以引申为不同的抽象意义。“V 出来”可以表示行为或事件的“完成义”，这里的“完成义”是指祈使行为或事件的结果从无到有的显露。能够进入“V 出来”句式表达这类意义的动词有“写、编$_2$、抄$_2$、拟定、测、查$_1$、查$_3$、乘$_2$、公布、喊、讲、揭发、培养、让$_3$”等。例如：

(202)先把这五个数儿乘出来！

(203)把第三期杂志编出来！

(204)先把计划拟定出来！

(205)把结果公布出来！

(206)把多余的干部调出来！

例(202)中“五个数”的积只有通过“乘出来”才能得出；例(203)中“第三期”杂志只有通过“编出来”才能产生，以下例句分析类同。

“V 出去”在“位移义”的基础上，可以引申为“转移义”和“去除义”。这里的“转移义”是指某种领有关系或占有关系的转移或扩散，能够进入“V 出去”句式表达“转移义”的动词有“包$_5$、发、交、花、让、捅、嫁、租、献、卖、弄、挪、派、送、调$_3$、贴、拖、抛、推广”等。例如：

(207)我们把车全包出去！

(208)把信发出去！

(209)把钥匙交出去！

(210)把她嫁出去!

(211)把房子给租出去!

上例(207)中"车"通过"包出去"使其领属关系发生转移，例(208)中"信"通过"发出去"转移领属关系，以下例句分析类同。表示"转移义"的"出来"和"出去"不可以相互替换。

"V 出去"表示"去除义"是指说话人让听话人通过某种行为使某物脱离某个空间不再保留，能够进入"V 出去"句式表达"去除义"的动词有"淘、淘汰、剔、挑$_2$、撤、丢、滚、抠、驱逐、清理"等。例如：

(212)想办法把沙子淘出去!

(213)把退化的品种淘汰出去!

(214)把砖头丢出去!

(215)废品要清理出去!

(216)把侵略者驱逐出去!

上例(212)中"沙子"通过"淘出去"使其消失，不再保留；例(213)中"退化的品种"通过"淘汰出去"使其不再保留。表示"淘汰义"的"出来"和"出去"不可以相互替换。

综上，"V 进来""V 进去"与"V 出来""V 出去"在表达具体实在的"位移义"时有一定的相似之处。"V 进来"和"V 出去"都表示说话人在某一空间里，但"V 进来"表示要人或物进入这个空间，"V 出来"表示要人或物离开这个空间，"进来"和"出去"常用来表示反向的趋向意义，如"快进来，别跑出去!"，如图 5-12 所示：

"V 进去"和"V 出来"都表示说话人在某一空间外，但"V 进去"表示要人或物进入这个空间，"V 出来"表示要人或物离开这个空间，"进去"和"出来"可以构成表示反向的趋向意义，例如"快进去，别跑出来!"，如图 5-13 所示：

根据我们统计的语料可以看出，"V 进来/进去""V 出来/出去"表

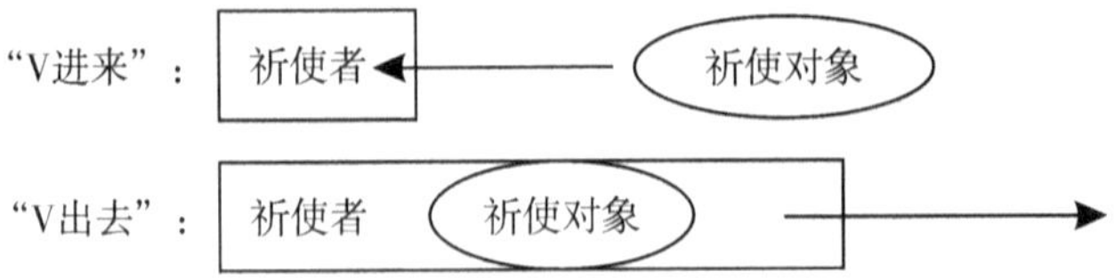

图 5-12

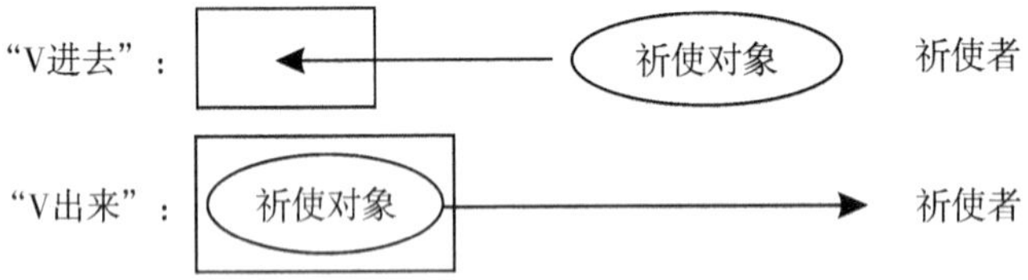

图 5-13

达祈使语义的差别较大。我们对已搜集到的语料进行分类考察，其表达祈使指令的基本义和引申义的比例如表 5-28 所示：

表 5-28

	具体位移意义	抽象状态意义		祈使语义
"V 进来"	趋近说话人	融合义		命令型祈使
数目	23	72		
比例	24.2%	75.8%		
"V 进去"	离开说话人	融合义		命令型祈使
数目	27	82		
比例	24.8%	75.2%		
"V 出来"	趋近说话人	完成义		命令型祈使
数目	68	96		
比例	41.5%	58.5%		
"V 出去"	离开说话人	转移义	去除义	命令型祈使
数目	58	39	25	
比例	47.5%	31.9%	20.6%	

可以看出，“V 进来”“V 进去”表示抽象状态意义的比例比“V 出来”“V 出去”要高，同时“进出”类趋向动词作补语的“$VV_{趋}$”式都可以表达命令祈使。

(3)“回过”类

趋向动词“回”是指回到原处所，“过”是指经过某处到达目标点。“回”和“过”并不能形成完全的反义关系，但两者都可以表示人或物的水平移动，我们可以暂时将两者归为一类。《汉语动词用法词典》(孟琮，2012)中2117(按义项归纳)个动词中，有189个动词后可以加上“回”“过”类趋向动词表达祈使语义，占8.9%，相关例句547例，下面对这些动词和例句进行分类考察。

①“回”和“过”

我们对已搜集的43例“V 回”例句进行分析，发现“回”只表示位移义，表示人或物位移到原处所。“V 回”一般不能单独出现，要进入“V 回+NP!”句式才能表达祈使语义，这里的“NP”只能是表示原处所的名词。例如：

(217)撤回大本营！　送回教室！　倒回车库！
放回原处！　搁回原处！　拿回办公室！

上例都是动词加“回”表达祈使语义的句子，例(217)中“撤回”“送回”“倒回”“放回”“搁回”“拿回”等必须加上趋向处所名词，才能明确说话人的指令目标。

“V 过”表达祈使指令的例句有24例，表示人或物经过某处的位移运动。这类动词有“钻、迈、跨、越、走、跑、举”等。“V 过”在“位移义”基础上可以引申为“度熬”义，动词“度、熬、挨、闯、忍、躲”等能够进入“V 过”句式表达祈使语义；或是引申为表示“胜过义”，动词“赛、胜、盖、超”等能够进入“V 过”句式表达祈使语义。“V 过”表达祈使语义时，有时须进入“一定要+V 回+NP”句式才能成立。例如：

(218) a. 一定要钻过山洞！　　一定要越过封锁线！
b. 一定要渡过难关！　　一定要挨过这段时间！
c. 一定要赛过对手！　　一定要胜过对方！

上例都是动词加“过”表达祈使语义的句子，a组表示人或物经过某处的位移；b组表示人的思想或精神度过某段难过的时间；c组表示比赛、竞争中胜过对方。“V过”还可以表示另一种引申义，即“超过”，但只能用在表示否定的祈使指令中，通常指听话人的某种行为超出了规定，说话人提醒或告诫对方不要发生“V过”这种行为。例如：

(219) 别睡过了头！　别坐过了站！　别饶过了他！
别放过坏人！

上例中“V过”都表示“做过了头”的事件，因此说话人用否定式表达提醒、劝阻的祈使指令。

②“回来”“回去”“过来”“过去”

a.“回来”“回去”

《汉语动词用法词典》中有112个动词可以进入“V回来”句式表达祈使语义；有105个动词可以进入“V回去”句式表达祈使语义。通过对真实语料的考察，分析“回来”和“回去”的基本义和引申义，对比这两类句式表达祈使语义的差异。

第一类：基本义。

表示人或物向原处所移动是“回来”“回去”的基本意义，这种移动可以是说话人要听话人的具身运动，如“走回来”“走回去”“爬回来”“爬回去”等；或是通过人的肢体动作完成物体向原处所移动的指令，如“抓回来”“抓回去”“搬回来”“搬回去”“送回来”“送回去”等。

第二类：引申义。

我们发现，“V回来”与“V回去”在位移义的基础上可以引申为“转移义”，这里的“转移义”是指某种领属关系或占有关系转移回原处所。

两者的区别是“V 回来”表示向说话人这边转移，而“V 回去”是说话人不在原处所，要听话人把物体转移回原处。例如：

(220) a. 从外地把箱子带回来！　先把丁技术员换回来！
把他送回来！
b. 把工具全带回去！　把小孟换回去休息一下！
你把奶奶送回去！

我们发现，“V 回来”“V 回去”除了表示一般行为动作的位移外，还有极少数带有贬义色彩的动词也可以进入“V 回来”句式表达祈使指令，如“你把答案偷回来！”“你把这笔钱捞回来！”“你把他给我骗回来！”等，而“V 回去”一般不说“偷回去”“捞回去”或“骗回去”等，这些例句说明趋近说话人位移的“V 回来”具有更强主观性。

b. “过来”“过去”

《汉语动词用法词典》中有 139 个动词可以进入“V 过来”句式表达祈使语义；有 124 个动词可以进入“V 过去”句式表达祈使语义。通过对真实语料的考察，分析“过来”和“过去”的基本义和引申义，对比这两类句式表达祈使语义的差异。

第一类：基本义。

“过来”“过去”都表示行为动作经过某处所，向目标点移动，但两者的位移立足点不同，“V 过来”表示经过某处趋近说话人，而“V 过去”表示经过某处离开说话人。例如：

(221) a. 端过来！　推过来！　爬过来！　抱过来！　送过来！
b. 端过去！　推过去！　爬过去！　抱过去！　送过去！

上例中 a 组表示经过某处接近说话人到达目标点；b 组表示经过某处离开说话人到达目标点。“V 过来”和“V 过去”在表达位移义时，可以是说话人要听话人的自身运动，如“扭过来”“扭过去”“侧过来”“侧过去”“钻过来”“钻过去”等；或是通过人的肢体动作完成物体向目标点移动的指令，如“送过来”“送过去”“搬过来”“搬过去”“拿过来”“拿过去”等。

第二类：引申义。

我们发现，“V 过来”与“V 过去”在表示位移义的基础上可以引申为“转移义”，表示某种领属关系或占有关系转移到目标点处。表达这类意义的动词有“拨、争取、抄$_2$、调、颠倒、夺、介绍、派、抽、调剂、转移”等，这类动词跟“过来”或“过去”结合可以表达“转移义”，例如：

(222) 把这两个字颠倒过来/去！

(223) 把他调过来/去！

(224) 把她争取过来/去！

(225) 把部队转移过来/去！

“V 过来”和“V 过去”除了表达“转移义”外，还可以表达其他引申义。少数动词如“救、抢救、醒悟”可以进入“一定要 V 过来”表示“回复义”，即说话人要听话人心理或生理回复到正常状态。例如：

(226) 一定要把小张救过来！

(227) 你一定要醒悟过来！

少数动词如“忍、忍受、熬、挨、闯、挺、躲、对付、应付、瞒”等可以进入“V 过去”表示“忍受义”，即说话人要听话人在未来一段时间忍受困难，渡过难关。例如：

(228) 这种小事你就忍过去得了！

(229) 这种苦日子你一定要熬过去！

(230) 你要把他们应付过去！

（231）一定要挺过去!

“V 回来/回去”“V 过来/过去”表示基本义和引申义的比例差别较大，我们对已搜集到的语料进行分类考察，其表达祈使指令的基本义和引申义的比例如表 5-29 所示：

表 5-29

<table>
<tr><th></th><th>具体位移意义</th><th colspan="2">抽象状态意义</th><th>祈使语义</th></tr>
<tr><td>“V 回来”</td><td>趋近说话人</td><td colspan="2">转移义</td><td rowspan="3">命令型祈使</td></tr>
<tr><td>数目</td><td>94</td><td colspan="2">18</td></tr>
<tr><td>比例</td><td>83. 9%</td><td colspan="2">16. 1%</td></tr>
<tr><td>“V 回去”</td><td>离开说话人</td><td colspan="2">转移义</td><td rowspan="3">命令型祈使</td></tr>
<tr><td>数目</td><td>97</td><td colspan="2">8</td></tr>
<tr><td>比例</td><td>92. 4%</td><td colspan="2">8. 6%</td></tr>
<tr><td>“V 过来”</td><td>趋近说话人</td><td>转移义</td><td>回复义</td><td rowspan="3">命令型祈使</td></tr>
<tr><td>数目</td><td>121</td><td>13</td><td>5</td></tr>
<tr><td>比例</td><td>87. 1%</td><td>9. 4%</td><td>3. 6%</td></tr>
<tr><td>“V 出去”</td><td>离开说话人</td><td>转移义</td><td>忍受义</td><td rowspan="3">命令型祈使</td></tr>
<tr><td>数目</td><td>95</td><td>19</td><td>10</td></tr>
<tr><td>比例</td><td>76. 6%</td><td>15. 3%</td><td>8. 1%</td></tr>
</table>

可以看出，“V 回来”“V 回去”和“V 过来”“V 过去”表示具体的位移意义的比例要远远大于表示抽象的状态意义，这说明“回”“过”类趋向动词语法化程度还不高，同时“V 回”“V 过”句式都可以表达命令意义的祈使指令。

（4）“开”类

“V 开”“V 开来”祈使句式表示说话人要听话人通过某种动作使人或物离开某处，说话人可以在某处所，也可以不在某处所。《汉语动词用法词典》（孟琮，2012）2117 个动词（按义项归纳）中，有 73 个动词后可以跟上“开”、13 个动词后加上“开来”构成“V 开”“V 开来”句式表达祈使语义，占总数的 3.4%，相关的语料 146 例。下面分析“开”“开来”作趋向补语可以表达怎样的祈使语义。

①“开”

“开”可以表示人或物离开某处所，在具体空间领域的位移。“V 开”常单独出现，表示语力较强的祈使指令。例如：

(232)走开！ 让开！ 滚开！ 闪开！ 绕开！
拿开！ 躲开！ 离开！ 拉开！ 推开！

上例都是动词加“开”表达祈使语义的句子，我们发现这一类“V 开！”表示说话人强烈要求听话人完成的动作行为，语气非常强硬。

“V 开”在位移义基础上，引申为“分裂义”。这一类的动词有“分、张、打、睁”等；还可以引申为“舒展义”，如“展、伸、放、摆、铺、活动、抖”等；“V 开”在“舒展义”的基础上引申为“开化义”，表示说话人让听话人在思想上想清楚、想明白，如“看、想、说”。例如：

(233)a. 分开！ 张开！ 打开！ 睁开！
b. 展开！ 伸开！ 搅开！ 活动开！
c. 看开点儿！ 想开点儿！ 你们把话说开！

上例都是动词加“开”表达祈使语义的句子，a 组表示说话人要听话人把某一物体分裂开；b 组表示说话人要听话人通过自己的行为动作使人或物舒展开；c 组表示说话人要听话人的思想或心理想清楚、想明白。

②“开来”

《汉语动词用法词典》中有 12 个动词可以进入“V 开来”句式表达祈使语义，如“睁、张、隔、拆、打$_9$、翻、捅、分散、散、舒展、摊、抖”。通过对真实语料的考察，可以看出“V 开来”不表示具体实在的位移义。“V 开来”在“V 开”基础上引申为表示人或物的分离或分裂，如

“张开来”“打开来”“睁开来”“隔开来”等；或是表示“舒展义”，如“摊开来”“披散开来”“分散开来”等。

根据我们统计的语料可以看出，“V 开”“V 开来”表示基本义和引申义的比例差别较大，如表 5-30 所示：

表 5-30

<table>
<tr><td></td><td>具体位移意义</td><td colspan="4">抽象状态意义</td><td>祈使语义</td></tr>
<tr><td rowspan="3">“V 开”</td><td>位移义</td><td>分开义</td><td colspan="2">舒展义</td><td>开化义</td><td rowspan="3">命令型祈使</td></tr>
<tr><td>39</td><td>23</td><td colspan="2">5</td><td>6</td></tr>
<tr><td>53.4%</td><td>31.5%</td><td colspan="2">6.8%</td><td>8.3%</td></tr>
<tr><td rowspan="3">“V 开来”</td><td>位移义</td><td colspan="2">分裂义</td><td colspan="2">舒展义</td><td rowspan="3">命令型祈使</td></tr>
<tr><td>0</td><td colspan="2">8</td><td colspan="2">5</td></tr>
<tr><td>0%</td><td colspan="2">61.5%</td><td colspan="2">38.5%</td></tr>
</table>

可以看出，“V 开来”表示抽象意义的比例远远大于表示具体的位移意义，这说明“开来”语法化程度较高，而“V 开”多表示具体的位移意义。“V 开”“V 开来”都可以表达命令意义的祈使指令。

(5)“起”类

由动词加上趋向动词“起”“起来”(没有“起去”)构成“V 起/起来”祈使句式，表示说话人要听话人通过行为动作使人或物离开某处向上移动。《汉语动词用法词典》(孟琮，2012)中 2117(按义项归纳)个动词中，有 78 个动词后可以跟上“起”表达祈使语义；有 134 个动词后可以跟上“起来”表达祈使语义，共 212 个动词，占总数的 10.0%，接下来对“起”“起来”作趋向补语表达祈使语义的情况进行分析。

①“起”

我们对已搜集的 78 例“V 起”句式进行分析，这里“起”可以表示位移义，表示人或物由低处向高处移动，常用“V 起 P!”句式表示，表达语力较强的祈使指令。例如：

(234) 抬起头！　直起腰！　挺起胸！　抬起手！
踮起脚！　仰起头！　鼓起肚子！　举起胳膊！

上例都是动词加“起”表达祈使语义的句子，我们发现这一类“V起！”表示说话人强烈要求听话人完成的动作行为，表达语气非常强硬的命令祈使。

“V起”在表达具体物体位移的基础上，可以引申为“连接义”，表示说话人要听话人通过某种行为使事物与事物相连接以至固定，甚至可以达到某种封闭状态。例如：

(235) a. 卷起袖子！　盘起辫子！　挽起裤腿！　束起头发！
b. 收起钱包！　关起门！　合起书！　眯起眼睛！

上例的“V起”表达“连接义”。a组表示“收缩、聚合”；b组表示在收缩的基础上，事物与事物之间达到封闭状态。

“V起”祈使句式在表达具体物体趋向移动的基础上，也可以以隐喻的方式指向抽象事物，如“提(打)起精神！”“鼓起勇气！”“振作起精神！”“担起重任！”“建立起威信！”“组织起队伍！”等；“V起”在空间领域的位移投射到时间领域，还可以引申为“开始义”，表示行为动作在时间上的起点，如“从今儿说起”“打明儿唱起”“从十六岁算起”“从明天数起”等。

②“起来”

《汉语动词用法词典》中用“V起来”表达祈使语义的例句有134例，下面分析“V起来”表达祈使指令的基本义和引申义。

第一类：基本义。

通过我们对搜集到的99例语料进行考察发现，“V起来”首先表示具体实在的位移义，可以是人的身体移动，也可以是通过人的肢体动作使物体进行位移。例如：

(236) a. 站起来！　跳起来！　蹦起来！　爬起来！　坐起来！
b. 举起来！　拿起来！　搬起来！　提起来！　抬起来！

从上例可以看出，“V 起来”表示空间领域里有起点有终点的位移运动，“站起来”表示听话人的身体由“坐”或“蹲”的状态向上位移，结果是“站立”。

第二类，引申义。

“V 起来”在空间领域的位移，通过隐喻扩展到其他抽象的认知域。“V 起来”可以表示说话人心理认知上的事件完成的结果，具有“完成义”。一些抽象动词后也可以加上“起来”表示事件的完成或结束。例如：

(237) 团结起来！　振作起来！　成长起来！　富起来！
发展起来！

从上例可以看出“V 起来”表示说话人通过隐喻要听话人对抽象事件加以完成。具体地说，这是物理空间运动在人的大脑认知领域的映射。“V 起来”在物理空间运动的“起点”和“终点”具有较高的显著度，投射到抽象事件领域凸显事件完成的结果，具有“完成义 ”，如“团结起来”表示说话人要听话人由分散到集中、由四周到中间聚拢，“起来”表示“团结”行为的完成或实现。

“V 起来”在物理空间的位移，还可以通过隐喻扩展到时间领域，具有“起始义”，表示说话人要听话人的某种行为在时间领域进入起始状态。例如：

(238) 唱起来！　跳起来！　喊起来！　笑起来！
动起来！　叫起来！

从上例可以看出“V 起来”表示说话人要听话人某种行为在时间上开始并加以持续。我们知道，从人类认知客观世界的顺序来看，空间域总是领先时间域。上例中“V 起来”是空间领域的运动路径在时间领域的映射。空间领域路径映射最显著的是运动路径的起点，起点蕴含着事件的开始。因此“V 起来”在时间领域表示动作行为的起始，如“唱起来”表达祈使指令，是指听话人原来没有开始“唱”这一行为，说话人要听话人开始“唱”并持续下去。

总之，“V 起”“V 起来”表达祈使语义都经历了从具体到抽象的过程。“V 起来”引申义较为复杂，经历了从“位移义—完成义—起始义”这样一个由具体到抽象的过程，各个意义之间有一定的关联。根据我们统计的语料可以看出，“V 起”“V 起来”表达祈使指令的基本义和引申义的比例差别较大，如表 5-31 所示：

表 5-31

	具体位移意义	抽象状态意义			祈使语义
“V 起”	向上移动	连接义	抽象位移	起始义	命令型祈使
	35	23	5	15	
	44. 9%	29. 5%	6. 4%	19. 2%	
“V 起来”	向上并连接	结果义	起始义		命令型祈使
	99	23	12		
	73. 9%	17. 2%	8. 9%		

从表 5-31 可以看出，“V 起来”比“V 起”表示具体位移意义的比例要高一些，这说明“起”比“起来”的语法化程度高。“V 起”和“V 起来”句式都可以表达命令类祈使指令。

3. “VC”句式与“VV$_{趋}$”句式表达祈使语义的区别

综上，通过对“VC”句式与“VV$_{趋}$”句式的考察，两者在表达祈使语义时既有共同之处，也存在较大差异。

①“VC”句式中的结果补语是一个相对开放的类，根据对《动词—结果补语搭配的类》词典的考察，据不完全统计，能够充当结果补语的

动词和形容词共有 282 个。与之相比的“$VV_{趋}$”句式中趋向补语是一个相对封闭的类，只有 24 个趋向动词充当补语。

②“VC”句式表达祈使语义，结果补语具有较强的主观性。“C”的语义类型直接决定了是用肯定式还是用否定式表达祈使语义；用肯定式表达祈使语义还需要受到一定条件的限制。而“$VV_{趋}$”句式表达祈使语义，基本义具有较强的客观性，“$VV_{趋}$”的语义类型直接表示指令的位移和方向；引申义具有较强的主观性，“$VV_{趋}$”通过隐喻的方式可以用来表达非空间领域的抽象意义。

③相同之处是，在没有附加任何语气词的情况下，“VC”肯定句式与“$VV_{趋}$”肯定句式主要用来表达语气较为强硬的命令祈使；“VC”否定式可以用来表达劝阻或提示意义的祈使指令。

四、“AV(一)点儿”和“VA(一)点儿”祈使句式

邢福义先生(1998：179)在分析形容词的语义时曾指出：“‘X 点儿！’是祈使句肯定形式之一种。”这里的“X”可以用“AV”或“VA”结构表示，构成“AV(一)点儿”和“VA(一)点儿”句式表达祈使语义。这两类句式在结构形式和概念意义上有相似之处，但二者之间也存在一定的差异。我们对“AV(一)点儿”和“VA(一)点儿”进行对比，分析这两类句式在表达祈使语义时的异同。

1.“AV(一)点儿”句式

现代汉语口语中可以用“AV”结构加上“(一)点儿”表达祈使语义。例如：

(239)a. 多穿(一)点儿！　　b. 少穿(一)点儿！
多吃(一)点儿！　　少吃(一)点儿！
多拿(一)点儿！　　少拿(一)点儿！
多写(一)点儿！　　少写(一)点儿！

从上例可以看出，“AV(一)点儿”中的“A”仅限于表示数量多少的

形容词“多”“少”。“多穿一点儿”不能换成“厚穿一点儿”；“少穿一点儿”不能换成“薄穿一点儿”。可见，“AV”结构等同于“多/少+V”。

为什么“AV(一)点儿”中的“V”只能用“多”“少”加以限定？我们可以结合“(一)点儿”的词义进行分析。《现代汉语八百词》将动词或形容词后的“点儿”解释为“表示程度、数量略微增加或减少，数词限于‘一’，可省略”。“AV(一)点儿”中的“(一)点儿”用作不定量词，表示动作行为的结果在数量上增加或减少，这和“多”“少”的词义保持一致，数词“一”可不省。

那么，“AV(一)点儿”句式可以表达哪些类型的祈使语义呢？由于“AV(一)点儿”句式中的“A”通常只由“多”“少”构成，表示说话人依据之前的某种客观标准或心里的某种标准，认为听话人的某种行为有过多或过少的趋势。说话人站在听话人的立场，提示或建议听话人实施某种动作，完成某种结果，这种行为结果是听话人较容易实现或完成的指令。这里“(一)点儿”不仅仅表示数量的增加或减少，还可以表示提示或建议的祈使语气，数词“一”常省去，如“多穿点儿!”“少吃点儿!”“多拿点儿!”“少写点儿!”等，“点儿”成为表达祈使语气的标记词。

“点儿”的标记性也是相对的。沈家煊(1999：54)指出，传统的标记理论是简单模式，只是对在一个范畴内的两个不同成员标记有无的对比。新的标记理论将两个不同的范畴领域联系起来，在两者之间建立一种关联模式，有标记和无标记是相对的。“多/少+V+点儿”句式在数量范畴内“多”“少”与“点儿”都是表示数的概念，是无标记项；而在祈使范畴内，“点儿”不再专指数量多少，而是表示祈使语气，是有标记项。

因此，我们不能简单把“点儿”看作“(一)点儿”的省略形式。通过对现代汉语料库统计发现，其中有 850 例是动词或形容词带有“点儿”或“一点儿”的句子，其中带“V/A 点儿”的表达祈使语义的例句有 640 例，占总数的 75.3%，带“V/A 一点儿”的表达祈使语义的例句 210 例，占总数的 24.7%。统计结果显示，“点儿”表示“数量”义逐渐虚化，成为表达祈使语气的标记词。

2. “VA(一)点儿”句式

《汉语形容词用法词典》中共收录1062个(按义项)形容词，其中有237个形容词可以进入“VA(一)点儿”句式表达祈使语义，占该词典全部形容词总数的22.3%。这些形容词进入“VA(一)点儿”祈使句式受到一定的语义条件的限制。由于“(一)点儿”表示数量、程度上的增加或减少，能够进入“VA(一)点儿”的“A”主要是由表示人可控的、可度量的形容词充当，“一”可以省去。例如：

(240) 剪大(一)点儿！　写小(一)点儿！　吃多(一)点儿！
穿少(一)点儿！　挂高(一)点儿！　走近(一)点儿！
拉紧(一)点儿！　跑慢(一)点儿！　加热(一)点儿！

上例用“VA(一)点儿！”句式表示说话人对听话人已经发生或将要发生的行为动作做出某种要求，希望听话人根据自己的标准去执行。如“剪大(一)点儿！”的语用预设是：说话人心里认为听话人把某件物品剪小了，要求听话人“再剪大一些”；或是听话人即将剪某件物品，说话人希望听话人按照自己的标准“剪得大一些”，不论怎样理解，都是对听话人的某种行为提出的要求。这一类表示人可控的、可度量的形容词“A”主要是表示具体事物性质的形容词，通过对《现代汉语形容词用法词典》中形容词语义考察，共有55个形容词可以进入“VA(一)点儿！”句式表达祈使语义。分别是：

矮$_1$、矮$_2$、矮$_3$、暗$_1$、暗$_2$、扁、薄、粗、脆$_1$、脆$_2$、大、淡、低、短、多、高、光、干[gān]、红、近、紧、快、宽、亮、凉快、慢、嫩、浓$_1$、浓$_2$、浓$_3$、胖、慢、浅$_1$、浅$_2$、浅$_3$、强、巧、轻、热、深、瘦、松$_1$、松$_2$、甜、晚、稳、细、严、硬$_1$、硬$_2$、圆、远、窄、长、黑(55个)。

“VA(一)点儿”中“A”从表示具体事物性质的形容词，通过隐喻可以映射到抽象概念领域，一些具有褒义的、可控的、在心理上可度量的抽象状态形容词进入“VA(一)点儿”句式中表达祈使语义。例如：

(241)放老实点儿！　　学聪明点儿！
放大方点儿！　　放灵活点儿！
学认真点儿！　　学机灵点儿！
放谦虚点儿！　　搞过细点儿！

上例用“VA点儿！”句式表示说话人强烈的主观意愿，直接命令听话人达到自己要求的状态，要对方做或不做某事的愿望非常强烈。“VA点儿！”中的“V”常用“放”“学”“做”“搞”等词充当，主观性较强。《汉语形容词用法词典》中有182个表示抽象概念的形容词可以加上“点儿”，表示某种抽象状态在程度上的增加或减少，并且这一类形容词主要由具有[+可控][-贬义][+可度量]的语义特征。例如：

安分、安静$_1$、安静$_2$、安生、安稳、饱满、逼真、成熟、诚恳、诚实、充实、纯朴、聪明、从容、单纯、典型、动听、干净、得体、高兴、工整、公道、公平、公正、规范、果断、含蓄、豪爽、好看、光滑、和睦、和气、积极、简短、简练、简陋、精炼、快活、阔气、灵活、灵敏、美观、苗条、明白、明确、耐心、漂亮、朴实$_1$、朴实$_2$、普通、清醒、全面$_1$、全面$_2$、确切、深刻、舒适、贴切、透彻、温顺$_1$、温顺$_2$、文静$_1$、文静$_2$、严厉、仔细、自在……

我们发现，“VA点儿”中常可以省去动词“V”，只用“A点儿”表示祈使指令，如“放老实点儿！”可以直接说“老实点儿！”，“放大方点儿！”可以说成“大方点儿！”，“学聪明点儿！”可以说“聪明点儿！”等。

为什么“A点儿”能直接表达祈使语义？这一句式又能表达哪些类别的祈使指令呢？这就需要借助“概念转喻”加以解释。20世纪60年代，布拉格语言学派的创始人之一Roman Jakobson提出隐喻和转喻是语言运作的两个重要原则，两者之间的区别是：隐喻一般涉及两个范畴概念领域，转喻的两个对象一般同属于一个相关的概念范畴内。在祈使动作行为的“理想化认知模型(ICM)”中，祈使指令包括动作行为的参与者、方式、结果、目标等，这些要素之间彼此关联，同属于动作行为范畴领域。“VA点儿”主要由表示动作的“V”和表示动作行为结果的“A点儿”构成。处于凸显地位的“动作结果”可以代转“动作”，这是在概念领域的高层转喻，即对语法结构产生影响的“语法转喻”。沈家煊(1999：3)也指出“语法转喻”(grammatical metonymy)是人的认知方式在语法层面的转喻，会对语法结构产生一定的影响。所以“VA点儿”可以省去“V”直接用“A点儿”表达祈使语义。例如：

(242)(放)清淡点儿！　(摆)整齐点儿！　(扫)干净点儿！
(长)结实点儿！　(说)详细点儿！　(卖)便宜点儿！
(说)简单点儿！　(讲)具体点儿！　(学)大方点儿！

上例中“A点儿”可以理解为“说话人要求听话人执行某种行为以达到某种状态的结果”。在“A点儿”句式中，“A”表示一种性质或状态，这些静态形容词加上“点儿”时，在心里激活了这种结果的动作，可以直接表达祈使语义。

“A点儿”祈使句式究竟可以表达哪些类别的祈使语义呢？下面我们对比这两组例句：

(243)“你聪明点儿，没有豹子胆也不吃这碗饭！”(《罗曼律师》高绪仑)

(244)“再说句老实话，县官不如现管，聪明点儿，别再找麻烦了，我对你说的全是肺腑之言。”(《一百个人的十年》冯骥才)

对比以上两例，都是说话人要听话人在“聪明”的程度上有所增加。

但例(243)中说话人认为听话人距离自己心里企望的“聪明”程度较远，甚至带有不满的意味，用“聪明点儿”表达对听话人的要求或命令。例(244)中说话人只是对听话人提出自己的建议，好心提醒听话人“聪明”的程度再加深一些，这样有利于听话人自身，说话人用“聪明点儿”表达对听话人的建议和提醒。

通过对上例的分析，可以得出“A 点儿”可以表达两类祈使语义：一是说话人认为听话人没有达到自己心里的最低标准，对听话人目前的状态表示不满，用“A 点儿”表达命令或要求的祈使指令；二是说话人对听话人没有太多的期望要求，只是从听话人的角度对其进行建议和提醒，希望听话人在某种状态的程度上有所增加或减少。

有的贬义形容词如“糊涂、精明、保守”等在程度上是不可控的、在情感色彩义上是消极的，但在特定的句法环境中，这类词感情色彩义发生转变，可进入“A 点儿”表达祈使指令。例如：

(245)“这家庭上的事儿，感情上的事儿，不能太较真儿。厚道一点儿，宽容一点儿，糊涂点儿，比什么都好。”(《中国式离婚》王海鸰)

上例如贬义色彩词“糊涂”也可以进入“A+点儿!”表示祈使语义。这是因为这类形容词进入“A+点儿”格式后失去了贬义色彩表示褒义，“糊涂”反而在特殊语境下变成了优秀品质。

总结：“AV(一)点儿”“VA(一)点儿”和“A 点儿”句式表达祈使语义的情况，如表 5-32 所示：

表 5-32

句 式	“AV(一)点儿”	“VA(一)点儿”	“A 点儿”
祈使语义	提醒或建议	要求或命令	命令/提醒
例 句	多穿一点儿! 少吃一点儿!	走快一点儿! 放聪明点儿!	老实点儿! 孝顺点儿!

五、“来/去+VP”和“VP+来/去”祈使句式

1.“来/去+VP”和“VP+来/去”①表达的祈使语义

现代汉语口语中，“来/去+VP”和“VP+来/去”句式表现活跃，常用来表达祈使语义，如“去洗碗!”“吃饭去!”“你来讲两句!”“到这儿来!”等。关于这两类句式中“来”“去”的词性和语义特点，学者们观点不一。丁声树(1961：113-114)指出，连动式里用“来”字、“去”字，有两种情形：一种是表示实在的“来”和“去”；另一种“来”和“去”的意思比较空，只是用作连接成分。赵元任(1979：172)认为，“VP”前的“去”是动词，而“VP”后的“去”是表示目的意义的助词。《现代汉语八百词》把“VP”前后的“来”“去”都归入动词，“动+来/去”表示目的，“来/去+动”表示“要做某事”。陆俭明(1985：18)认为“去+VP”与“VP+去”都是“连谓结构”，也就是说“VP”前后的“去”都是动词。还有一些学者对不同结构中的“来”“去”进行了专门分析，如王国栓(2005)、左菊红(2007)、唐秀伟(2010)、侯国金(2012)、张言军(2014)等。

综合来看，已有研究对“来”“去”的词性和语义分析相当精细，甚至对其句法分布和语法意义也有很深的研究。但很少有人关注到“来”“去”加上动词性短语与祈使语义之间的关系。我们从说话人的心理角度入手，通过分析“VP”前后“来”“去”的语义特点，可以对“来/去+VP”和“VP+来/去”表达祈使指令作出一个较为准确的解释，同时比较这两类句式分别可以表达怎样的祈使语义。

《现代汉语词典》(第6版)、《现代汉语八百词》、《汉语动词用法词典》等汉语工具书对“来”和“去”的语义解释基本一致，“来”是指“从别的地方到说话人所在的地方”；“去”表示“从说话人所在的地方到别

① 由于“来”“去”的语义比较复杂，这里分析的“来/去+VP”和“VP+来/去”中的“来”“去”不包括作补语的趋向动词，这两类句式中“来”“去”的词性和语义一直是学者们讨论的热点。

的地方”，可以说“来”和“去”是汉语中非常典型的运动动词，其基本语义是“位移义”。“来”“去”加上“VP”表示以说话人为参照，要听话人从源点向目标点做位移运动。例如：

(246) a. 到咱家来吃饭！
　　b. 去请医生！
　　c. (北京离昆明太远)，坐飞机来！
　　d. (学校很近)，我们走路去！

分析以上四例，虽然“来”和“去”分别位于“VP”前后，有一点相同的是“来”“去”都表示真实物理空间的位移。两类句式的区别是，“来/去+VP”中的“VP”是“来”“去”进行位移运动的目的，如 a 例中“到咱家来”的目的是“吃饭”；b 例“去”的目的是“请医生”。而“VP+来/去”中的“VP”是“来”“去”的方式，c 例中“来”的方式是“坐飞机”，目的是到“昆明”；d 例中“去”的方式是“走路”，目的是到“学校”。这里“来”“去”本身包含有“目的义”。

可以说这一类句式中的“来”“去”都具有[+位移]和[+目的]，与“VP”组成连动结构表达祈使语义。其语义表达式如图 5-14 所示：

来：[物理空间]⟶我　(真实位移[物/人，目标[+向我]])
去：[物理空间]⟵我　(真实位移[物/人，目标[-向我]])

图 5-14

“来”“去”在物理空间的[+位移]是其基本语义，张寒冰(2013：56)对这一语义作了更完整的解释。他指出，“位移动词‘来’‘去’的位移，包含四个基本要素：说话人、听话人、移动主体、处所，缺少其中任何一个要素，‘来’‘去’的位移义无法成立”。有时“来”“去”在物理空间位移的“处所”可以隐藏不在句子表层显现，如“你来吃饭吧！”表示说话双方知道在哪里吃饭，可以省去“吃饭”的处所。当“来”“去”由表示物理空间的处所转化到心理空间时，如“你来想想办法”，“想想办法”是在说话人“心里进行位移活动”，这时“来”“去”就从物理空间的位移投射到人的心理空间领域，其位移义就在不为人察觉的心理层面实现，位移主体从可真实位移的“人”或“物”转换成了可抽象移动的“动作”或“事件”。例如：

(247) a. 你们来研究研究。
　　b. 你去说两句。

以上两例中“来/去+VP”中的“VP”表示可抽象位移的动作或事件。a例中“研究研究”是一个思考行为，b例中“说两句”是一个言语行为，这两个行为动作的“位移”都不需要具体可见的物理空间。“来研究研究”和“去说两句”里“来”“去”的位移通过人的认知隐喻方式，已从物理空间投射到人的心理空间。张旺熹(2001：1-5)在研究“把”字句的空间位移时就指出，“除了物理空间的位移，还有心理空间的位移、社会空间的位移和泛方向位移等”。这种心理空间上的位移产生之后，“来”“去”[+位移]这一语义特征减弱，转化为“要做某件抽象的事”。这是从具体空间位移域向抽象空间位移域的投射，而“做某件抽象的事情”必然有一个过程，该过程就是一种抽象的位移。因此，这一类“来”“去”加上“VP”同样具有[+位移]和[+目的]。其语义表达式如图5-15所示：

来：[心理空间]——→我 （抽象位移[动作/事件，目的[+向我]]）
去：[心理空间]←——我 （抽象位移[动作/事件，目的[-向我]]）

图5-15

可以说在虚拟的心理空间位移，“来”“去”表示祈使的“位移义”逐渐弱化，更加凸显祈使的“目的义”。由于说话人要听话人在心理层面进行“位移”，其结果就是让听话人从一种状态转变为另一个状态，就如同在客观现实的物理空间从源点向目标点做位移运动，而心理空间的位移往往不容易察觉，只能显现“来”“去”位移后实现的目的结果。因此“来”“去”的“目的义”更容易得到体现。

我们再来看另一类“VP+来/去”，其中的“VP”可以是具体的动作或事件，也可以是抽象的动作或事件，但是“VP”放在“来”“去”的前面，直接表明目标内容，“来”和“去”表示具体空间的位移义已得到虚化。例如：

(248) a. 我们一起聊天来。
b. 走，找地方喝两杯去！
c. 你快想想办法来！
d. 好好反省自己去！

例(248)中a和b例的“VP”表示具体的动作和事件，c和d中的“VP”表示抽象的动作和事件，其相同之处是“来”“去”前的“VP”都表示说话人的目的，直接将目的事件“一起聊天”“找地方喝两杯”“想想办法”“反省自己”放在“来”“去”的前面，“来”“去”表示动作位移的语义已经虚化，省去后不会影响句子原来的意义。因此也可以说“我们一起聊天！”“走，找地方喝两杯！”“你快想想办法！”“好好反省自己！”这一类“来”“去”加上“VP”只表达[+目的]的祈使语义。其语义表达式如图5-16所示：

来：[物理/心理空间]⟶我 ([动作/事件，目标[+向我]])
去：[物理/心理空间]⟵我 ([动作/事件，目标[-向我]])

图 5-16

从以上分析可以看出，一部分“来”“去”加上“VP”表示祈使的“位移义”已虚化，只保留了祈使的“目的义”。《现代汉语八百词》对这一类“动+来/去”的解释也是“只表目的”。由于说话人将“来”“去”放在目标状态后面，直接表现目的结果，与“来/去+VP”句式相比，这一类“VP+来/去”句式突出了祈使的“目标终点”，而不是“源点”。“来”“去”的[+目的]正是认知语言学中一个概念域向另一个概念域转喻的结果。

从以上分析可以看出，无论“来/去+VP”还是“VP+来/去”，随着语用化进程的发展，“来”“去”加上动词性短语表达祈使语义都具有[+目的]，即说话人让听话人完成某个动作或某件事，以达到自己企望的目的。通过对大量语例的考察，我们发现，从物理空间的真实位移到心理空间的虚拟位移，“来”“去”加上“VP”句式从表示“祈使位移”的无标记成为凸显“祈使目的”的有标记，经历了一个逐渐语用化的过程，“来”“去”也就成了表示“祈使目的”的标记词。

对于祈使言语行为，其交际意图就是：说话人向听话人索取某种行为以达到说话人的要求或目的，可以说祈使交际的目的性很强。说话人用“来/去+VP”和“VP+来/去”句式表示基于某种明确目的或意图的指令，要求听话人接受并执行。具有“目的义”的“来”“去”加上“VP”已经成为表达祈使语义的常用句式。王国栓(2005：166)指出，“VP+来”“VP+去”中的“来”“去”可以省略而意思基本保持不变是因为前边的动词已经含有趋向的意思，“来”“去”本身已经没有空间位移的含义了，仅仅表示一种祈使语气。“来”“去”加上 VP 结构表达语义如表 5-33 所示：

表 5-33

句式		来/去+VP	VP+来/去
语义特征	物理空间	[+位移][+目的]	[+位移][+目的]/[+目的]
	心理空间	[+位移](弱化)[+目的]	[+目的]

2.“来/去+VP”与“VP+来/去”的祈使语力

“来”“去”除了表达祈使行为的目的以外，其表达祈使语义的语力强弱存在差异。首先举例对比分析“来+VP(VP+来)”和“去+VP(VP+

去)”两类句式的祈使语力强度。例如：

(249) a. 你来主持！　你来想办法！　你来检查工作！
b. 你主持来！　你想办法来！　你检查工作来！
c. 你去主持！　你去想办法！　你去检查工作！
d. 你主持去！　你想办法去！　你检查工作去！

这四组例句表示说话人让听话人“做某件事”，“来”“去”互换甚至省去，不会改变句子的意思。但仔细推敲发现，在不同的祈使句式中，“来”“去”蕴含着说话人不同的主观感情色彩。“来+VP”或“VP+来”表达的语气比较委婉、和缓，而“去+VP”或“VP+去”句式表达的语气比较直接、坚定。相对来说，说话人用“来”表示主观判定祈使结果实现程度一般或较低，用“来+VP”或“VP+来”表示比较委婉的提示或建议意义的祈使；用“去”表示说话人主观判定祈使结果实现程度较高，用“去+VP”或“VP+去”表示比较直接的命令祈使。

其次，对比“来/去+VP”与“VP+来/去”句式表达祈使语义的语力强度。例如：

(250) a. 你来(去)洗碗！　你来(去)研究研究！　你来(去)说几句！
b. 你洗碗来(去)！　你研究研究来(去)！　你说几句来(去)！

例(250)中a组例句中“来”“去”都在“VP”之前，按照时间顺序原则，表示说话人心理认知的方式是先让听话人完成位移动作，再来实现祈使目的，祈使指令相对比较委婉，常用来表达建议、提示的祈使指令；b组例句中的“来”“去”在“VP”之后，我们不能说先“洗碗”，再“来/去”，“VP”后的“来”“去”已经虚化了“位移义”，“VP+来/去”句式直接向听话人表达祈使目的，语气比较直接、生硬，常用来表达要求、命令的祈使指令。所以“来/去+VP”句式的祈使语义强度小于“VP+来/去”句式的语义强度。

综上所述，以“来”“去”为标记加上 VP 构成的祈使句式是现代汉语表达复杂动作行为指令的方式之一。由于“来”“去”的语义差异和“来/去”加上“VP”的顺序差别，“来/去+VP”和“VP+来/去”的祈使语力的强度也有区别，按照由弱到强的顺序排列如图 5-17 所示：

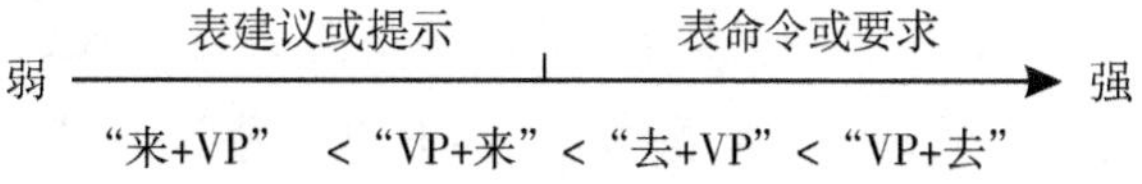

图 5-17

【本节小结】

现代汉语表达祈使范畴的句式非常丰富。本节在已有研究的基础上，梳理、归纳现代汉语口语中比较常用的、典型的祈使句式，通过分组对比的方法，研究相近的祈使句式的语义类别、语义强度和语用条件的差异。为了更科学、准确地寻找各组句法形式之间的细微差别及表达规律，我们对《汉语动词常用词典》、《汉语形容词常用词典》、《汉语动词—结果补语搭配词典》和国家语委现代汉语平衡语料库进行了认真、细致地考察，累计搜集祈使句语料 4800 多例。在对真实语料分析的基础上，从语义入手，努力寻找语义与句法接口和祈使表达规律，并对祈使表达规律作一定解释。具体内容总结如下：

①“V”和“VV”祈使句式：我们将动词原型“V”看作一个恒常的动作概念，在时间轴上没有间断，也没有量大量小的变化，“V”在时间轴上不间断的无限延伸性，蕴含了说话人对指令动作的断然性——任务确定。因此说话人表达祈使指令时，用“V”式表示肯定、强硬、直接的命令祈使；而动词重叠“VV”式类似在时间轴上将恒常动作切分成若干小段，“VV”所指的动作就对应若干个较小的、零散的模糊动作量，说话人用“VV”式表示随意的、委婉的商量或征询意义的祈使指令。

②“V 着”和“V 一下”祈使句式：“V 着”表示动作完成后的状态持续，并且这种持续在时间和空间上是一种不间断的状态，中间不会出现停顿，这种状态也会一直延续下去。而“V 一下”表示动作持续，这种持续是一种“进行时”的持续，是指动作从开始到结束有一个完整的过程，并且这个过程受时量短语“一下”的制约在很短的时间内完成，完成后就会停下来。因此“V 着”可以表示语气坚定、没有商量余地的强命令祈使，而“V 一下”表示语气委婉、舒缓的建议或商量意义类祈使。

③“VC”和“VV$_{\text{趋}}$”祈使句式：“VC”祈使句式是现代汉语口语中常用的祈使表达式，通过对《汉语动词—结果补语搭配词典》和马真、陆俭明(1997：3)“形容词作结果补语情况”的考察和整理，发现这些动补结构表达祈使语义时都蕴含着说话人的某种主观意愿，反映了说话人心里愿意或不愿意接受某种行为所导致的结果状态。“VC”祈使句式的肯否形式、肯定式的标记有无、肯定和否定的不对称都和说话人的主观认识和主观心理有关。

“VV$_{\text{趋}}$”祈使句式相对来说是一个较封闭的类，通过对《汉语动词用法词典》动词后 24 个趋向补语的分析，发掘趋向动词作补语表达祈使指令的规律。我们发现，“VV$_{\text{趋}}$”式祈使句可以表达不同语义的祈使指令，且指令强度有较大区别，这和人们对空间领域力的认知体验相关联。

④“AV(一)点儿”和“VA(一)点儿”祈使句式：“AV(一)点儿”中的“A”通常只由“多”“少”构成，表示说话人依据之前的某种客观标准或心里的某种标准，提示或建议听话人实施某种动作，完成某种祈使结果。

“VA(一)点儿”句式表示说话人对听话人已经发生或将要发生的行为动作做出某种要求，是对听话人的某种行为提出的建议。“VA(一)点儿”中“A”从表示具体事物性质的形容词，通过隐喻映射到抽象概念领域，一些具有褒义的、可控的、在心理上可度量的抽象状态形容词可以进入“VA(一)点儿”句式中表达祈使语义。这一类“VA 点儿!”句式表示说话人强烈的主观愿望，常表示命令语义的祈使指令。处于凸显地位的"动作结果"可以代转"动作"，所以"VA 点儿"可以省去"V"直接用"A 点儿"表达祈使指令。

⑤"来/去+VP"和"VP+来/去"也是汉语口语中常用来表达祈使语义的句式。"来""去"在物理空间的位移通过人的隐喻机制从物理空间投射到人的心理空间领域，以表达语义内容更复杂的祈使指令。"来"表示说话人判定预设的祈使结果实现程度较低，"来+VP"或"VP+来"表示比较委婉的提示或建议；用"去"表示说话人判定预设的祈使结果实现程度较高，用"去+VP"或"VP+去"表示比较直接的命令祈使。"来/去+VP"和"VP+来/去"的祈使语义强度存在一定的区别，按照由弱到强的顺序排列为："来+VP" <"VP+来"< "去+VP"< "VP+去"。

本章内容以认知语言学和语用学理论为基础，对祈使句式的研究不仅从心理角度入手，同时结合语用学的礼貌原则、合作原则等，从语义入手追寻祈使表达规律。认知语言学中隐喻、转喻研究为研究祈使句法表达手段提供了新的理论视角。概念转喻也是人的一种认知机制和思维方式，是从一个概念领域映射到另一个概念领域。概念转喻为祈使句式的转换提供了较为合理的心理认知过程的解释。

第四节 话语标记手段

说话人发出祈使指令的目的是让听话人做某事，指令是否能顺利执行还要受到一系列客观因素和主观因素的制约。为了让听话人顺利执行指令，说话人往往会采取一定的祈使策略，选用最适当的方式对听话人进行干预，希望听话人能顺利完成指令。话语标记可以强化说话人的表达意图，对听话人执行祈使指令产生一定的影响。我们对以下三类口语中常用来表达祈使语义的话语标记进行分析。

一、"你看"类话语标记

现代汉语口语交际中，常会出现一些由第二人称代词"你"加上谓语动词“看”“想”“瞧”等构成主谓结构式的短句，加上“，”出现在句首或句中，表达某种祈使语义。与“你看”“你瞧”具有相似特点的，还有“你看看”“你瞧瞧”等，与“你想”具有相似特点的还有“你想想”“你想啊”等。为了论述方便，我们称之为“你看”类话语标记。这里我们选择口语中常用的“你看”为例，分析其表达祈使指令的语义特点和表达功能。

1. 语义特点

我们先来比较三组例句：

(251) a：“……你看，头发都吹乱了！”(《草青青》何士光)
“你看，这就是咱们的老工人！”(《工人》韩起)
b：“你看，哪儿也有敌人，我往哪儿跑呢？”(《新儿女英雄传》袁静)
“你看，我漂亮吗？”(《槐树冠》谢树)
c：“对，你看，曹英姐讲得多么深刻。”(《山风》周嘉俊)
“咳，你看，你看，你也不管！”(《生日》于敏)

以上三组例句中的“你看”表达的祈使语义有所区别。a组中的“你看”表示说话人让听话人真实地“观看”某人或某物，表达了具体实在的祈使语义。b组中的“你看”处于半虚化，既有一部分“看”的意思，也表示征询听话人意见，相当于“你认为”。c组“你看”中“看”的意义已经完全虚化，这里“你看”只是表示说话人“提请”听话人关注某些事情或某种现象。

前文已经明确指出，祈使语义是指“说话人要听话人做某事”。通过对上面三组例句的分析，可以看出一部分“你看”中的“看”保留了祈使的实义，表示提示听话人要完成“用眼睛看”的动作，如“你看，头发都吹乱了！”的话语重点是说话人提示听话人注意看“头发都吹乱了”。一部分“你看”中“看”的意义虚化，只是强调提请听话人关注某人或某事，或某个问题。如“你看，曹英姐讲得多么深刻”的话语重点是说话人希望听话人能关注“曹英姐的讲话”。

可见，“你看”主要用来表达说话人提请听话人观看或注意某人、某物或某件事。一部分“你看”保留了“看”的动作义，同时还具有提示听话人关注说话内容的作用；另一部分“你看”中“看”的意义处于半虚化或虚化状态，主要表达“提请注意”的祈使语义。除此之外，“你想”“你瞧”也可以表示“提请注意”。例如：

(252)“你想，我是何等的伤心哟！”(《上帝的儿女们》张资平)

(253)“你瞧，天气这么沉闷，快下雨了。”(《下雨之前》杨楠)

上例中“你想”“你瞧”除了保留原来的动作义外，还表示说话人“提请”听话人要注意“你想”“你瞧”后面小句表达的内容。

2. 表达功能

“你看”类话语标记语表达“提请注意”的祈使语义，其提请的内容或是说话人要听话人关注正在发生的事件，或是强调听话人关注某个现象，或是强调听话人关注某个问题等。以“你看”为例：

(254) a. 你看，他在家拖地。

b. 你看，他在家拖地多辛苦啊！

c. 你看，他在家拖地吗？

例(254)a 中“你看”表示说话人提请听话人注意“看”这个“他在家拖地”的客观事实；b 中“你看”表示说话人提请听话人关注“他在家拖地很辛苦”这一现象；c 中“你看”表示说话人提请或征询听话人注意回答“他在家拖地吗”这个问题。

可以看出，“你看”提请听话人注意的都是说话人心里比较关注的事情或现象，说话人用“你看”是希望听话人同样能够关注自己想强调的内容。“你看”的语义中还蕴含着说话人对所关注的内容持肯定或否定的态度，言语间带有某种主观情感因子，或是欣赏、肯定，或是批评、不满等。因此“你看”突出了说话人的某种看法、认识或态度，提请听话人注意的同时表达某种强调的作用。这种强调作用主要表现在两个方面：

首先，是对事件某种状态程度的强调。例如：

(255) 只听妈妈轻轻说：“你看，他多像他爹！”(《默契》鲁彦周)

(256) 我笑着，微微诱惑的说，“你看，这环境多静！”(《散文二篇》甘永柏)

(257) “你看，正值隆冬时节，将军却穿着一件薄薄的对襟毛线衣，在他的身上看不出冬的影子。”(《新民晚报》1986-12-30)

例(255)用“你看”强调父子相像的程度很高，妈妈的言语中带有肯定的语气；例(256)用“你看”强调环境安静的程度，说话人带有赞赏的语气；例(257)用“你看”强调“将军在冬天只穿了一件薄薄的对襟毛线衣”，突出“将军”不怕冷的状态，夸赞将军的身体很棒。

其次，是对某种结果性质的强调。例如：

(258) “你看，老师，这是他的检讨，他不说我们谁也不会知道。”(《有一对年轻夫妇》朱立德)

(259) “你看，现在已经十二点了！”(《香港之滨》陈定兴)

(260) “你看，被子都给你铺好啦。”(《保卫延安》杜鹏程)

例(258)用“你看”强调检讨内容反映某种不好的结果，说话人带有批评的语气；例(259)用“你看”强调十二点已经很晚了；例(260)用“你看”强调“被子已铺好”可以休息了。

“你想”也具有提请、强调听话人注意的话语功能，但与“你看”有一定区别。“你想”主要是提示和强调听话人注意某种原因、理由或是说话的依据等。例如：

(260)"你想，弟弟要在外边安家，娘会乐意吗?"(《母爱》张捷世)

(262)"你想，没有一点凭据，这句话怎么好意思随便往人家头上套?"(《腐蚀》茅盾)

(263)"你想，哥哥的杂志能不赔钱吗?"(《我们的歌》赵淑侠)

我们对现代汉语语料库进行考察，发现"你看""你想""你瞧"这三个话语标记表现祈使语义的比例区别，如表 5-34 所示：

表 5-34

	总 数	动作义	比例	虚义	比例
你看	350	102	29. 1%	248	71. 9%
你想	48	40	83. 3%	8	16. 7%
你瞧	63	51	80. 9%	12	19. 1%

可见，"你看"在现代汉语中表达祈使语义的例句比例最多，"你想"所占比例最少。这是由于"看"的语义很丰富，人们常用"你看"表达各种提示或征询、商量类的祈使语义。

综上，话语标记"你看""你想""你瞧"等表达祈使语义体现了说话人的一种交际策略：通过使用"你看"类话语标记，提请听话人关注某些事或现象，征询听话人对某些问题的看法或认识。说话人通过使用话语标记"你看"，将听话人纳入共同的话语范围，构建相互关联的认知心理，力图形成听说双方共同的认知内容，希望听话人能最大限度地认同说话人的观点。可见，"你看"类话语标记不仅表达了提示或征询意义的祈使指令，还对话语理解起到一定的强调作用。

二、"好不好"类话语标记

以"好不好"为代表的一些正反问固定形式如"行不行""能不能"

“可不可以”等在现代汉语口语中可以用来表达祈使语义。我们以“好不好”为例来看下面三组例句：

(264) a. 你看这幅画画得好不好？
你说他的菜做得好不好？
b. 我们一起去上学，好不好？
你别哭了好不好？
c. 丈夫：我老婆买东西总是买贵的。
妻子：我也是货比三家好不好！

从上例可以看出，a 例中的“好不好$_1$”充当句子的补语成分；b 例中的“好不好$_2$”含有某种征询或商量意义的祈使；c 例中的“好不好$_3$”意义虚化，表示说话人对听话人某种说法的反驳和否定。这里我们只讨论表达商量或征询意义的“好不好$_2$”，其余两类不在我们讨论的范围之内。类似“好不好$_2$”的正反问形式还有“行不行”“能不能”“可不可以”等，它们用在祈使小句中或句末都可以表达征询意义的祈使指令。如表 5-35 所示：

表 5-35

	行不行	能不能	可不可以
总数	61	203	11
表达祈使语义例句	7	39	3
比例	11.5%	19.2%	27.3%

可以看出，这一类“X 不 X”形式的正反问跟在祈使小句后表达商量、征询意义的祈使指令，但在口语中所占比例不高。为了论述方便，我们把这一类表达征询祈使意义的“X 不 X”形式归为“好不好$_2$”类话语标记。下面以“好不好$_2$”为例，分析其在祈使小句后的表达功能和礼貌策略。

1. 表达功能

(1)"心理认同"功能

在交际过程中，说话人表达某种祈使指令，希望听话人能够接受并顺利执行，其前提是说话人希望听话人在心理上能够认同自己的主张和看法。句尾的"好不好$_2$"就担负着"心理认同"的作用。例如：

(265)"我也想遛遛，咱爷儿俩走着说着，好不好?"(《山村一瞥》王昌定)

(266)"劳您驾，我得赶路，咱们一边走一边说，好不好呢?"(《浮云》浩然)

例(265)(266)中说话人趋向于让听话人接收自己的祈使指令，基于交际合作原则，句末加上"好不好"希望获得听话人心理认同。究竟表达哪一种"心理认同"，需要结合具体的语境来进行分析。例如：

(267)"大叔，你多出点钱好不好?"(《一个女人的悲剧》艾芜)

(268)冯涛笑着打断他："刘副所长，咱们出去走走，透透空气好不好?"(《第二个春天》刘川)

例(267)中说话人称听话人为"大叔"，很明显在年龄上小于听话人，句末加上"好不好"带有"请求认同"的祈使指令；例(268)中说话人"冯涛"在地位上高于听话人"刘副所长"，所以可以打断他的讲话，句末加上"好不好"表示"商量认同"的祈使指令。

可见，用"好不好$_2$"表达祈使指令的心理认同方式受到交际双方的身份、地位以及年龄等因素的限制。具体的语境中，可以根据交际双方的权势、社会关系来决定选用不同的"心理认同"方式。Brown & Gilman (1960：24-29)指出，交际中身份地位、权势、年龄、财富、力量等优于对方就是"强势方"，反之就是"弱势方"。这种"权势关系"的强弱时时处处影响着人们的生活，当然也包括人们的言语表现和认知心理。当说话方是强势方，祈使指令中用“好不好$_2$”表达对听话人的尊重和礼貌，缓和祈使强度，更能体现“商量认同”的祈使意味；当说话方是弱势方，祈使指令中用“好不好”表示请求听话人认同自己的建议，表现出对听话人“请求认同”的祈使意味。

(2)弱化祈使强度

当“好不好$_2$”前面的小句表示命令或制止的祈使语义时，“好不好$_2$”具有“弱化祈使强度”的作用。我们来看这一组例句：

(269)开心点儿好不好?
　　别再说了好不好?
　　别吵了好不好?

例(269)中说话人认为自己发出的指令要求理所应当，不会关注听话人是否会作出回答，句末用“好不好”其实表示肯定祈使意义，提请听话人注意要“开心点儿”“别胡说”“别吵了”，这里“好不好”起到弱化命令强度的作用。

可以看出，这一类“好不好$_2$”主要跟在表示命令或制止意义的祈使小句后，说话人通常是言语表达的“强势方”，命令或制止听话人做或不做某事。“好不好$_2$”只是基于交际合作原则，弱化命令强度，提示听话人注意某种不好的行为。甚至有时“好不好$_2$”还带有某种不满、厌恶的情绪。例如：

(270)“少吃点儿好不好!”(《借债遇险》曾贤)

(271)“你这个人，说话客气一点好不好!”(《两根奇特的手杖》刘咏)

(272)“你给我留下一个好不好!”(《法制漫谈》夏雨田)

综上可见，表达祈使的话语标记“好不好$_2$”在不同的语境中表达不同的祈使功能。如表 5-36 所示：

表 5-36

话语标记	存在的语境	表达功能	例　句
好不好$_2$	下级对上级的要求	请求认同	首长，我们一起走，好不好？
	上级对下级的要求	商量认同	小王，现在出发，好不好？
	命令或制止语境	弱化祈使强度	别再哭了好不好？

2. 祈使策略

从以上论述中可以看出，“好不好$_2$”在不同语境下其表达作用存在差异。当“好不好$_2$”用在表达“要求”意义的指令语境中，双方的权势关系对其表达功能产生影响。当下级对上级有要求，说话人在句末附加“好不好$_2$”表达“请求认同”的话语功能；当上级对下级有要求，说话人用“好不好$_2$”表达“商量认同”的话语功能。事实上，这两种“好不好$_2$”虽然表达作用不同，但事实上都表示说话人发出祈使指令时所采取的祈使礼貌策略。“好不好$_2$”用在祈使小句后，用疑问形式表达说话人主观上降低祈使强度，增强话语的礼貌度。因为有礼貌的最大表现就是关注对方的感受，“好不好$_2$”类话语标记可以带有“用请求或商量的方式获取对方心理上的认同感”的功能。

当“好不好$_2$”附加在祈使强度较高的命令或制止意义的祈使小句后，前面的小句若是直接表达就会威胁到对方的面子，“好不好$_2$”的使用大大降低了威胁力度。说话人采取礼貌补救策略，附加上“好不好$_2$”照顾听话人的面子，弱化命令强度，以期达到祈使目的。何兆熊(2000：225-237)也指出：“好不好”本质上是一种疑问形式，在其他语境要素都相同的情况下，对于听话人而言，疑问形式会让其觉得有更大的话语主动权，所以疑问形式的礼貌度相对较高，这也是礼貌的请求语多用疑问式表达的原因所在。所以，“好不好$_2$”这两种表达功能其实都是说话人的一种祈使礼貌策略。

这种在礼貌策略驱动下的话语标记语“好不好”具有“交互主动性”，

也就是说，在祈使言语交际中说话人采用“好不好”表达祈使语义是“交互主动性”的典型表现。说话人在心理上意识到听话人也是拥有主观见解的个体，言语交际中说话人主动关注了听话人的心理感受和心理接受度。吴福祥(2004：19-24)曾指出，“交互主观性指的是说话人/作者用明确的语言形式表达对听话人/读者‘自我’的关注，不论是用于意见探询或请求认同，还是用来弱化制止或否定语气。”所以“好不好”正是在祈使礼貌策略驱动下说话人用特定的语言形式体现对听话人情感、心理、面子等方面的关注。

三、“请”类话语标记

现代汉语口语中常用在句首表示客气、恭敬的礼貌语有“请”“拜托”“麻烦”“劳驾”等，我们称之为“请”类话语标记。我们对《现代汉语词典》(第6版)中明确标注表“敬辞”的“请”“拜托”进行考察，分析其语义特点和表达功能。

1.“请”

《现代汉语词典》(第6版)对“请”的解释有四个义项——动词：①请求；②邀请；聘请；③敬辞：用于希望对方做某事；④动词：旧时指买香烛、纸马、佛龛等。其中①②④的解释表示动作实义，③的解释是虚义，表示非常客气地要听话人做某事，如“请坐”“请准时参加”“请问”等。我们对现代汉语语料库进行考察，统计出用作敬辞的“请”的例句有228例，其中用在肯定句的有182例，占79.8%；用在否定句的有46例，占20.2%。因为敬辞“请”在语义上表示礼貌、客气地要别人做某事，所以“请”字肯定句的比例远远大于否定句。

对比动词“请”和表敬辞的“请”，我们发现，动词“请”的语义具体实在，如[请求]的语义预设是：对方有实力完成被“请求”的任务；[邀请/聘请]的语义预设是：对方有某种本领或某项特长值得邀请或聘请。表敬辞的“请”的语义抽象，只是对话语境中蕴含“礼貌涵义”的标记语。所以表示虚义的“请”是句子的附加成分，删去后不会影响句子原来的意思。例如：

(273)“(请)原谅我昨天的话。”(《初夏的重逢》梁沪生)

(274)“(请)领导放心，克服一切困难，坚决完成任务!”(《沙胶记》王安)

(275)“(请)不要争论，不要争论!”(《为了和平》柯灵)

从上例可以看出，表敬辞的“请”删去后不会改变句子意思，但会减弱说话人的礼貌程度。带有“请”的话语，主要表示恭敬、礼貌或客气地要求别人做某事，并希望得到满足或得以实现。我们对228例表敬辞的“请”的例句进行考察，其中145例句子中“请”后面不带主语，占总数的63.6%，这些句子都以“请+VP”形式表示祈使要求。其中“请坐”“请问”“请进”“请讲”“请喝茶”等已经成为表示礼貌的招待语的固定形式，有时甚至也可以单用“请”表示礼貌的招待语。可见敬辞“请”已经成为口语对话中常用的祈使礼貌话语标记。“请”后不带主语成为常见的表达形式，带上不同的主语如“你”“您”以及其他人称代词等成为标识“请”礼貌等级的标记。例如：

(276)“请你注意礼貌。”(《安娜小姐和杨同志》苏叔阳)

(277)“请您帮助约定个时间，我好准时来，以免再来了又遇上开会或别的什么事……”(《春风得意》刘彦林)

(278)她神态喜悦，轻声而有礼貌地说：“请老院长和客人到餐厅用饭。”(《神奇工程》阎启群)

如果把“请”后面不带主语的句式看作“请”的礼貌原级，那么加上不同的主语标记就构成了“请”的礼貌等级。主语“你”标识“请”的礼貌比较级，表示“请”的对象是平级“你”而不是别人，表敬的程度一般，凸显主语“你”和其他对象的比较，如例(276)；“您”或“敬称的称呼语(老院长和客人)”标识“请”的礼貌最高级，表敬的程度最高，表示下级对上级、年轻人对长辈的恭敬、客气，如例(278)。有时交际双方不太熟悉或有距离时也可以用“您”，如“请您稍等”“请您慢用”等。

“请”已经成为广泛使用的礼貌祈使的话语标记。在言语交际活动中，根据不同的交际对象，说话人常常用“请”这种表敬方式，向对方表示尊敬以使祈使指令能够顺利进行。所以表示虚义的“请”含有丰富的语境义，可以用在面对面的对话中，也可以广泛使用在公共语境中。例如：

(279)请勿随地吐痰！　请勿吸烟！　请勿打扰！　请勿拍照！
请勿乱倒垃圾！　请勿泊车！　请勿攀爬！　请勿触摸！
请勿高声喧哗！　请勿入内！　请勿模仿！　请勿戏水！……

上例是在公共场所收集到的有关“请”不要做某事的标语，表示“礼貌地要求(提示/提醒/命令)受众不做某事”，具有“礼貌蕴含”义。这种意义使用非常普遍，“请”作为礼貌的祈使话语标记已很稳定。

“请”为什么成为使用频率较高的礼貌祈使话语标记呢？丁松(2010：60-66)从历时层面上探究，他认为表示敬辞的“请”与表示动作的“请”在深层次上有一定的关联，“动词‘请’含有‘请求、邀请’的涵义，说话人为了表达敬意，常用动词‘请’表达对对方的尊敬而示弱自贬、表达谦敬”。这就是认知语言上的从“行为域”到“言语域”的“隐喻投射”。随着“请”位置前移、使用频率增加，“请”最终成为了我们今天常用来表示礼貌祈使的话语标记。

2.“拜托”

“拜托”是仅次于“请”的表示礼貌、客气的敬辞，“拜”表示“恭敬”，“托”表示“托付”的动作义。《现代汉语词典》(第6版)对“拜托”的解释是——动词：敬辞，委托(多用于托人办事)。

由于“拜托”最初的语义是指“恭敬地托付”，说话人拜托对方做的事肯定是对自己有益的事。“拜托”表示“托付”义时后面常跟肯定式，例如：

(280)拜托您多照应!

(281)拜托你帮我送一下!

(282)拜托给我照张相!

(283)拜托打听一件事!

从上例可以看出，“拜托”用在肯定句中，表示说话人拜托的事情一定会使自己[+受惠]，说话人是利益的获得者。因此“拜托”表示说话人委托听话人做某事，为了让听话人顺利完成被委托的事，说话人用“拜托”表示礼貌和尊敬。

还有一部分“拜托”后面用在否定式前面，如“拜托你不要再说了”“拜托别再哭了”“拜托千万不要说出去”等。“拜托”用在否定句中，说话人一定是事件的[-受惠方]，也就是说不是事情利益的获得者，说话人“拜托”听话人不要做有损自己或他人利益的事情。说话人作为[+受惠]方时，“拜托”的动作义肯定比[-受惠方]要强，因此在否定句中，“拜托”动作性减弱，主观性增强，表示说话人“请求”听话人不要做某事，这里“拜托”意义虚化，而表示“请求”或“建议”的祈使语义。当事件不仅没有给说话人带来利益，反而会损害说话人利益时，“拜托”甚至还带有厌恶、不满甚至反感的主观情绪。例如：

(284)拜托，别哭了，我都要烦死了!

(285)拜托，别再开玩笑了，小王都哭了!

(286)拜托，不说了好吗？我都听第五遍了!

从上例可以看出，说话人表示反感听话人做某事时可以用“拜托”表示，中间用“，”隔开，后面补充说明拜托的原因，听话人也能根据语境提供的信息理解说话人的否定语义。

可见“拜托”所包含的语境义非常丰富，甚至单用都可以非常明确地表达祈使语义，说话人非常慎重地委托听话人做某事时可以连用“拜托拜托”来加强请求祈使的语气。“拜托”成为表示礼貌和恭敬的祈使话语标记语，表示说话者非常尊重听话者的反应和感受，用请求的语气希望听话人做或不做某事。

【本节小结】

韩礼德(1970：140-165)认为语言有三大功能：概念功能、人际功能和语篇功能。对于表达祈使功能的这些话语标记语来说，凸显的是语言的人际功能。在祈使言语行为中，最主要的是交际双方之间的人际关系，包括交际双方的身份地位、权势关系以及社会距离等。具体总结如下：

①“你看”类话语标记表达提请听话人注意的祈使语义，具有一定的强调作用。说话人用“你看”有效地拉近了说话人和听话人之间的距离，将听话人纳入共同的话语范围，希望听话人能最大限度地关注说话人的讲话内容。

②“好不好$_2$”类话语标记表达“心理认同”和“降低祈使强度”的话语功能。“好不好$_2$”是说话人在祈使礼貌策略驱动下的“交互主动性”在发挥作用，说话方在交际中须设身处地地考虑听话人的感受度和接受度，这样才能使祈使交际得以顺利完成。

③“请”类话语标记建立在动词“请”“拜托”等词语的实义基础上，在使用过程中，随着频率增加，“请”类话语标记逐渐成为表示尊敬、客气和恭敬的礼貌常用语。

总之，祈使言语行为是说话人让听话人做某事，言语交际双方要遵守合作原则和礼貌原则才能使交际顺利进行。说话人为了让听话人顺利执行祈使指令，借用这些话语标记手段满足祈使交际的需要，强化自己的交际意图。

第六章　现代汉语祈使范畴的语境因素

王德春早在20世纪60年代初就提出“语境就是使用语言的环境”。综观国内外学者有关语境问题的研究，可以将其分为传统语境和认知语境(参看黄华新，2011：113)。传统的语境因素是指外在的社会环境、交际双方的社会角色、身份地位，以及人的性格、情感等，这些语境因素对祈使范畴表达形式的选择具有一定的制约作用。认知语境是指交际双方的认知心理层面的意图、心态、心智、认知能力等，这些因素对隐性的祈使语义理解起到一定的促进作用。不论是传统语境还是认知语境，都是“人们赖以使用语言的环境，也是人们使用语言才形成的环境，语境最主要的功能就体现在对言语表达与理解具有制约和解释作用”(刘焕辉，2007：16-17)。本章内容主要结合这两种语境观分析不同的语境因素对祈使语义表达和理解的制约和影响作用。

第一节　传统语境因素

传统的语境研究认为“语境(context)”是指语言使用的具体环境。国外学者在波兰籍人类语言学家马林诺夫斯基(B. Malinowski)提出的语境概念基础上，对其进行深入阐释。如“伦敦学派”奠基人 Frith(1957)指出，“语境”由两部分组成，一是由语言因素构成的上下文，二是由非语言因素构成的情景语境。功能学派创始人 Halliday(1964)提出“语域”概念，它包括情景语境组合的三个变量：话语范围、话语基调和话语方式，并认为这三个变量决定了语言的变体。美国社会语言学家

Hymes(1972)认为语境构成主要有四个方面：情景、参与者、文本和语用规则。英国语言学家 Lyons(1977)对语境的解释更为具体，他确认了六类交际者应该了解的知识为语境的变量：参与者要知道自己在语言活动中的角色和所处地位，参与者要知道语言活动的时间和空间，参与者要知道什么是活动场景的正式程度，参与者要知道合适的交际媒介，参与者要知道话语方式以及如何使自己的话语与活动主题相匹配，参与者要知道话语和语言活动场景和范围相适应等。(参看朱永生，2005：14)

国内学者最早明确提出语境概念的是陈望道先生，他在 1932 年《修辞学发凡》一书中提出了“题旨情境”这一术语，相当于我们今天所说的“语境”。20 世纪 60 年代以后，国内语言学家对语境的研究逐渐重视起来。如张弓(1963)在《现代汉语修辞学》一书中提出了“结合现实语境，注意实际效果”的修辞原则。刘焕辉(1982)指出与交际密切相关的各种因素(如目标、对象、双方的身份、职业、经历、思想、性格、处境、心情等)共同构建了交际语境。20 世纪 80 年代，现代汉语领域对语境的研究有了较大的进步，许多学者从语法、语义、修辞、逻辑、交际等角度研究语境。传统的语境研究大多存在一个共同点，“他们把语境因素看作一组静止不变的、可以对交际和话语理解加以制约的集合”。(徐世红，2007：41)

尽管近些年来人们对传统语境研究提出一些质疑，认为这些语境因素范围无限、内容庞大。但事实上传统语境因素对言语交际的影响是不容忽视的。祈使是人们社会生活中重要的交际方式之一，因此祈使言语行为也离不开交际双方的社会环境、身份地位以及交际者的性格、情感的制约。我们知道，说话人表达祈使指令首先是要听话人做某事，而非陈述事实或描述事态。祈使语义不存在是否与事实相符合的问题，而是反映说话人表达方式和表达内容“是否适当”的问题。祈使表达方式的“是否适当”是要求说话人不能脱离情境孤立地发布祈使指令，而是处于一定的情境之中“言行适当”。如果指令内容和表达方式与情境不适当，那么祈使指令要听话人执行的行为就无法顺利实现，或者会在某种程度上引起听话人的误解。

可见祈使言语行为和其他社会行为一样，受到交际时间、空间、场合、参与者之间的社会关系等因素的制约。刘焕辉(1986：101)曾经指出："言语交际的主客观因素，都对言语形式的选择和表达效果产生影响。"为了进一步考察哪些主客观因素对祈使表达方式有制约作用，我们从客观外部情境、主观人际关系和临时心理因素三个方面探讨传统的语境因素对祈使表达方式的制约作用。

一、客观外部情境

客观外部情境是指"与交际主观感觉无关而客观存在的，作为交际背景的各种复杂的社会文化状况等等"(于黎明、孙淑芳，2000：17)。客观外部情境包括交际的时间、地点、场合、情境等。这些都是语言表达的客观环境，任何语言的使用都离不开这些因素。

1. 正式场合和非正式场合

场合的正式与否决定了祈使表达方式的差异。一般来说，交际场合分为正式和非正式两种类型，其中正式场合分为工作场合和公共场合，非正式场合又可以分为一般场合和亲密场合。通常情况下，在正式场合中，祈使指令的发出者会采取严肃的语气、正式的口吻、公式化的方式表达祈使指令。同时也隐含了另一个客观条件，即说话人拥有较高的社会地位，听话人有义务执行并完成祈使指令。非正式场合下，即使说话人拥有较高的社会地位，也可以采用温和的语气、非正式的口吻、委婉的方式表达祈使指令。话剧《陈毅市长》有十场戏，每场戏都是一个场合，在十场戏中陈毅表达指令的方式各不相同，与场合保持一致。例如：

(287)陈毅动员战士们进军上海时的讲话：

"到了上海，从军长到战士，任何人都不允许进老百姓的房子，借老百姓的东西，连一口水也不许喝！睡觉的问题好办，天当房，地当床，不入民宅，露宿街头，统统睡在马路上！"

(288)陈毅市长在百货公司检查工作时对售货员小裴说话：

“小同志，有点困难可不要哭鼻子哟！”

以上两例都是陈毅市长发布指令，可是讲话的场合不一样，表达方式就不一样。例(287)是战士们进入上海市之前的动员讲话，讲话场合严肃、庄重，因此陈毅使用的是直接命令的祈使表达方式；例(288)是陈毅工作慰问检查，面对售货员小裴，句末加上语气词“哟”显得语言温和，表达委婉的祈使指令。

2. 紧急情境与非紧急情境

情境的紧急与否是指说话人在实施祈使言语行为过程中，事件是否处于紧急状态或事件是否可能导致严重后果。在非紧急情境中，说话人的社会身份、年龄、地位、情感状态等会对指令表达方式产生影响；而在紧急状态下，说话人往往会忽略这些因素，以处理紧急发生的事件为主，直接发布强制、命令的祈使指令。例如：

(289)眼看那猛虎窜来了，她慌得六神无主，禁不住脱口喊道：“救命啊！”(《努尔哈赤》李文澄)

(290)这时有人在河里喊，“救命啊！”(《战洪图》鲁速)

(291)“来人啊！抓贼啦！”(《报刊精选》1994-04)

(292)数学老师扯着嗓子喊：“安静，安静！找谁的谁就快出来！”(《孔雀》李樯)

(293)“为连长报仇，冲啊！”(《奇特的英雄》朱树喜)

一个人要用某种方式发出祈使指令，肯定存在着相应的理由。上例(289)(290)说话人大声喊“救命啊！”是在面对猛兽、看到有人落水的紧急情况下发布的求救命令。例(291)是在遇到窃贼的紧急情形下，发出“抓贼啊！”的祈使命令。例(292)中数学老师连声叫喊“安静，安静！”是在场面比较混乱的情景下发出的祈使命令。例(293)即使是一名普通战士，在战争中，也会为了鼓舞士气发出“冲啊！”的祈使指命令。可见事件的紧急程度对祈使指令表达方式的选择起着非常重要作用。紧急情境下，说话人往往会使用语力较强的方式发出命令意义的祈使指令。

二、主观人际关系

主观人际关系包括交际对象的权势、地位、社会角色和人际关系等。这些因素的差异决定了祈使表达方式的不同。

1. 说话双方的权势、地位关系

人是社会的人，每个人都处于复杂的社会关系之中。交际双方或处于上下级关系，或处于平级关系。拥有较高社会地位的一方就拥有较强的话语权和主动权。话语权是指“人们通过语言表达自我，实现话语意图、维系自身利益的能力”（陈开举，2009：157），可以说拥有更多的话语权就拥有更多的说话主动权，即拥有较多的“指令权”。在现实社会中，交际双方的年龄、身份、社会地位等都可以直接决定说话人能否拥有较多的“指令权”。一般来说，年长的人比年轻人有较多的“指令权”，身份高的人比身份低的人有较多的“指令权”。当说话人拥有绝对的话语权时，一般会采用直接、命令的方式表达祈使指令。例如：

(294) 李四爷抬起头，带着厌烦与近乎愤怒的神气说：“孙七，回家睡觉去！”（《四世同堂》老舍）

(295) 繁漪（对周萍）：（激烈地）你给我出去！（《雷雨》曹禺）

(296) 曾思懿（对曾霆）：不许走！不许去！（《北京人》曹禺）

上例(294)中“李四爷”年长于剃头匠“孙七”，例(295)中繁漪是周萍的继母，例(296)中曾思懿是曾霆的母亲，前者或在身份、地位上高于后者，或在年龄上长于后者，可直接用命令式表达祈使意义。

拥有较多指令权的人选择指令表达方式的范围也更大一些，有时为了更好地让听话人顺利执行祈使指令，说话人除了用命令式祈使表达指令外，还可以选择其他的委婉方式表达祈使指令。例如：

(297) 李团长拿起电话：“小杨，请你拿两件青铜展品，陪哈

瑞先生去鉴定一下。”(《青铜箭头》高鲁冀)

(298)“小李，麻烦你把眼镜递给我……谢谢……”(《风乍起》王剑)

以上两例对指令执行者以“小杨”“小李”来称呼，可以推断出说话人在年龄或身份地位上高于听话人。为了让听话人更愉悦地接收并执行祈使指令，说话人用“请”“麻烦”等礼貌用语表达较为委婉的祈使指令。

2. 交际双方的社会距离

交际双方的社会距离是指说话双方的熟悉程度。人与人之间的熟悉程度可以分为亲密、熟悉、不太熟悉、陌生四个等级，不同的等级可以决定祈使指令的表达方式。熟悉程度越低，说话人越注意祈使表达方式，多采用礼貌、委婉、温和的表达方式。例如：

(299)“请出示您的文凭；您要评定职称吗？”(《我是半个大学生》曹正文)

(300)当人们称赞这张彩照传神时，厂长包炎辉笑着说：“请再看看，这不是照片，是我厂的艺术作品绒绣……”(《文汇报》1991-3-7)

而熟悉程度越高，说话人越少考虑表达方式，多采用直接、随意的表达方式；例如：

(301)“阿哥们，快走吧！”(《啊柚》邓永隆)

(302)“喂，起来，天晴了……走吧？”(《同行者》萧军)

由上例可以看出，熟悉程度较高的交际双方，说话人较少考虑采用礼貌、委婉的表达方式发布祈使指令，一般比较随意，尤其是关系亲密的双方可以直接表达祈使指令。

三、临时心理因素

临时心理因素是指说话人的主观情绪或情感状态，这些因素可以随时发生改变。交际中，说话人主观情绪的变化对表达方式的影响非常显著。首先，人在情绪激动、愤怒、生气时和心情平和时表达的言语内容和方式截然不同。说话人主观情绪处于敌对状态时会采用极端命令的方式表达祈使指令。例如：

(303)陈白露：(爆炸似地)出去！走！我让你走！(《日出》曹禺)

(304)“我看不惯你这种女人，你给我滚！”(《寒夜》巴金)

例(303)“陈白露”对王福升进来告诉她，所有欠下的账单金八爷还清了时，陈白露心情是复杂的，她的言语受到愤怒、厌恶的情绪影响，她对方达生突然转变态度，用命令、呵斥的祈使句“出去！”“走！”表示自己强烈的情感。例(304)汪母看不惯受过新式教育的儿媳妇曾树生，她和树生之间的谈话也充满了敌意。当树生挖苦她是“缠过脚的女人”时，汪母下意识产生一种敌视情绪，用“你给我滚！”表达心中的不满。

其次，说话人的情感状态也会对祈使表达方式的选择有非常大的决定作用。当说话人情感变化较大，处于失控状态时，往往会采用极端方式表达自己的需求，以期达到心中的期待值。例如：

(305)黄省三：(嘶声喊叫)淑芬，你回来，你不能走，不能哇……(《日出》曹禺)

例(305)中黄省三看到风雨中妻子忍受不了生活的困苦，提着包离家出走，情感上难以接受，他声嘶力竭喊出“你回来，你不能走，不能哇”，表达出黄省三的痛苦和绝望，“你回来，你不能走，不能哇”表达苦苦哀求的祈使语义。可以看出，由于说话人受到情感变化的影响，祈使表达方式也显示出差异。

由此可见，传统的语境因素是静态不动的，它对祈使语义的表达方式加以制约，说话人只能适应语境变化选择合适恰当的表达方式，影响祈使指令表达方式选择的因素如表 6-1 所示：

表 6-1

传统语境因素	类　型		祈使表达方式
客观外部情境	场合	正式场合	正式、严肃
		非正式场合	随意、温和
	情境	紧急情境	强制、命令
		非紧急情境	委婉、温和
主观人际关系	权势、地位关系	身份高、地位高	强制、命令
		身份低、地位低	委婉、商量
	人际距离	距离远	客气、礼貌
		距离近	随意、直接
临时心理因素	主观情绪状态	情绪激动	强制、极端
		情绪平和	温和、正常
	情感变化状态	情感变化大	强制、极端
		情感变化小	正常、客观

祈使言语行为总是同祈使双方的各种言语交际环境密切相关，这些语境因素制约着祈使者言语行为的表达方式。通过以上分析可以得知，客观外部环境、主观人际关系和临时心理因素相互关联、相互影响，共同对祈使者表达祈使内容的方式产生影响。这些语境因素的联系，“既表现为主客观因素之间的统一，也表现为各种客观因素在一定言语活动中相互作用和各种主观因素在言语表达者自身的协调统一”（刘焕辉，1982：104）。

我们可以明显感受到，说话人的祈使行为最容易受制于人的主观情感因素，如果情感变化很大，则会直接影响祈使表达方式；其次是紧急情境，人们对紧急情况的发生没有预见性，当一些突发事件发生时，说话人的言语方式最明显受到环境影响；最后，场合的正式与否、社会地位高低、社会距离的远近等因素可以决定说话人的言语表达方式，但这些因素都有可预见性，人们在交际之前已经有了相对应的心理预设，因此说话人祈使表达方式的变化也是程式化变化。

传统的语境因素也有一定的局限性，它使话语双方在交际过程中失去了主动性。这些因素只能静态地反映语境的客观本质，突出语境在交际过程中对语言表达方式的制约与规范作用，不能从说话双方的心理角度更好地解释祈使语义的“会话含义”。而言语交际过程是一个动态变化的过程，人的认知推理能力可以帮助我们更好地理解言语交际内容。正如熊学亮(1999：4)所说，“所谓语境，其实多半是认知性质的语境”，可以说认知语境的研究可以帮助我们更好地理解隐性的祈使语义。

第二节 认知语境

20 世纪 80 年代，语境研究得到不断深化。已有的研究成果表明，传统的静态语境因素研究，或在语言使用过程中对语境的功能研究，都不足以说明、揭示语境的本质特征。80 年代后，认知科学与语言学相互交叉和渗透，逐渐形成认知视阈下的语境研究，为语境研究开辟出新的空间。

Sperber 和 Wilson(1986：15)在《关联：交际与认知》一书中从认知的角度研究语境，并提出了“认知环境”这一概念。他们指出“语境是一个心理建构体(psychological construct)，是听者关于世界的假设集，就是这些假设而不是世界的真实状态影响一个话语的理解”。Sperber 和 Wilson 虽然没有直接明确地提出“认知语境”的概念，但从对语境的定义中可以看出，他们为语境研究打上了认知的烙印，从而开拓了语境研究的认知方向。他们提出的“关联理论”成为认知语境研究的理论基础，其核心也是从认知的角度重新定义语境。

Sperber 和 Wilson 的这一语境观得到了众多国内外学者的认可和关注。如 Verschueren（1999：87）认为“语言互动是心智与心智之间的交流，言语使用者的动机、意图等因素是构成认知语境的重要因素”。Van Dijk（2008：56）在《语境与认知》一文中指出，“语境不是一些客观的社会情境，而是基于参与者社会经验主观建构起来的关于这些情境中与他们相关的一些属性，即心智模式”。近年来国内学者也逐渐开始从认知的角度研究语境。如熊学亮（1999：111）对认知语境进行了界定，他指出，“认知语境是人对语言使用的有关知识，是与语言使用有关的、已经概念化或图式化了的知识结构状态”。王建华（2002：329）对认知语境进行定义，指出“认知语境是言外语境中最为灵活的一种语境，也是内隐性最强的语境，因为它与交际者的知识背景，认知水平、心理能力、评判能力、审美能力等有着密切的关系”。黄新华和胡霞（2004：249）强调“认知语境作为一个心理建构体与心理学上的建构一样，都是主体基于原有的知识和经验对新信息的意义的建构”。可见，认知语境是从认知心理的角度来研究语境，认知心理的特性会构建出不同的心理共同体，从而引发认知主体之间的交流与理解。祈使言语交际是一个复杂的过程，为了能更好地解释听话人对祈使语义的理解，下面我们从认知语境的特性和作用两个方面分析认知语境对祈使语义的解释作用。

一、认知语境的特性

认知语境具有一些不同于传统语境的显著特性，这些特性可以帮助言语交际双方建立共同的心理认知环境。我们通过对认知语境的特性分析，重点考察交际过程中听话人是如何通过建构说话双方的心理认知语境来理解祈使语义的。

1. 选择性

祈使交际过程其实就是一个明示—推理的过程，这一过程中说话人表达某个祈使内容就是一个明示意义的过程，而听话人接收祈使内容就是一个推断祈使交际意图的过程。在明示过程中，说话人表达的祈使内容可以同时存在几个假设选项；而推理过程就是听话人对这几个假设选项进行推导和选择的过程。

当然，任何一次言语交际，交际双方都会以最小的心理投入来获取最大的认知效果。听话人在推导和理解话语时，潜在的语境信息庞大，不能自动地应用于解释交际中出现的每一个概念。听话人只能从众多的语义中选择那些与认知语境假设有足够关联性的话语意义加以理解。尤其是当说话人话语表达不明确时，听话人会潜意识地依靠认知语境进行推导，最终补充和完善说话人的话语信息。所以说，真正决定隐性祈使语义得以实现的是听话人。听话人根据认知语境假设不断对话语意义加以选择和推导，从而更加明确说话人蕴含的隐性的祈使语义；也只有听话人通过不断地选择和推导才能理解说话人意在“要听话人做某事”的祈使语义。因此，认知语境的选择性有助于听话人对隐性祈使语义的辨别与理解。例如下面这对夫妻在电话里的对话可以较好地解释这一特性。例如：

(306) 妻子：我今天下班要晚点回家。

丈夫：我回家做饭。

上例中如果预先给定的前提是家庭规定“谁先回家谁就做饭”，那么妻子说“下班要晚点回家”就蕴含着“丈夫先回家做饭”这个祈使语义。如果家庭没有这个规定，那么妻子说“下班晚点回家”可能是“我们出去吃饭吧”，或是“你来接我下班”，还可能是“你自己一个人先吃晚饭”等更多的语境信息。面对这么多的语境信息，丈夫根据已经存在的“家庭规定”这一语境背景进行恰当选择，建构心理共同体，依靠认知语境提供的信息很快就明白妻子的话语隐含义是“要自己下班回家做饭”，于是才会作出“我回家做饭”的回应。

可以说，听话人对话语理解的过程也是对认知语境假设不断选择的过程。这种选择不是在交际之前就预先确定的，而是在交际中不断推导、处理或判断的过程中完成的。祈使交际过程中，认知语境的选择性可以更好地帮助听话人对间接祈使言语行为加以理解。

2. 完型性

认知语境的完型性是基于传统的语境因素提出来的。传统的语境观常把语境看成一系列因素的组合，而认知语境趋向于把语境视为一个完整的整体，相互关联，共同对语义的建构和理解发挥作用，因此我们认为完型性是认知语境的又一大特性。这一特性主要表现在结构化的形式上，如草案、图式、框架等，这些结构化的形式都是交际双方将情景经验、百科知识或语言知识概念化、结构化于头脑中，他们都是以知识整体或信息整体的完形形象参与到认知行为中的。周淑萍(2011：133-139)指出，“图式、框架、草案等都是认知语境的呈现形式及获得机制，但草案是基础的认知单元，更接近世界的真实状态，是具体事件或行为典型结构概念化或经验化的结果”。说话人在祈使交际过程中，在语言经济原则的驱动下，常会用最省力的方式表达同一经验域内的核心语义，构成一个个祈使认知草案。祈使交际双方基于认知经验在草案中寻找相关祈使事件或祈使行为的典型细节。这些典型细节就是隐性祈使语义中存在的缺损环节，这些缺损环节就要依赖草案填补。例如：

(307)火车检票员：票！(火车进站口)

(308)餐厅客人：菜单！(餐馆里)

例(307)在“票”这一概念激活的是“买票，拿票，通过检验”等一系列有序行为，在火车站检票口，检票员只提到“票”，实际上中间缺损了“买票、拿票、验票”等环节，但听话人理解并不费力。虽然说话人只表达“票”，但“票”激活了这一概念下的整体知识草案，听话人就会根据已有的经验知识寻找并补足与其相匹配的草案单元内容，因此很容易对火车验票员表达“票”的祈使内容加以理解并接收完成。例(308)中“菜单”这一概念激活的是“点菜”的草案，它包括“拿菜单、点菜、上菜”等一系列有序行为。在餐馆里，客人只要表达“菜单”，服务员就可以补充草案中一系列与之相关的概念，很快就会明白客人表达的指令内容并加以执行。

可以说，祈使认知草案就是储存在大脑中的具有认知意义的单元，这一单元中的各个成分间存在彼此关联，这些关联关系一经激活就能协助听话人推导出说话人“要听话人做某事”的祈使交际意图。因此，认知语境的完型性使彼此熟悉草案单元内容的说话双方在交际中格外简便。有时一对感情很好的恋人甚至一个眼神、一个手势、一个表情都会向对方传达一定的涵义，对方也会很快领会。可见认知语境的完型性对人们的行为及言语行为意义赋予不同的诠释，是意义建构和解释的保证和前提。

3. 动态性

动态性是认知语境最为突出的特征，认知语境就是在认知情景自然发展过程中动态构建的。祈使言语行为实施的过程其实也是听话人在关联性基础上，对认知语境提供的选项进行动态选择和调整的过程。关联是恒量，而语境是变量。在交际过程中，不同话语的理解所需要的相关知识和经验是不同的，不同情境下所构建的认知语境知识也是不同的，这些认知语境组成一个个新的即时语境，传达不同的新信息。在交际双方共同的情景经验、百科知识和人类共有的认知经验下会形成一个个动态的认知语境。例如：

(309)切了吧！（医院里病人要医生做手术把肿瘤切了）

(310)切了吧！（家里父亲对女儿说把菜切了）①

例(309)表示在医院这个特殊的场景中，病人对医生说“切了吧”，是指把“带有病灶的组织”切了，病人说“切了吧”会触发祈使双方共同知道的语境信息，即使省略“切”的“受事对象”，医生在其掌握的医学知识背景下，也会明白病人所表达的“会话含义”。而例(310)表示在家里厨房这个特定的场景中，父亲对女儿说“切了吧”，是指把“菜”给切

① 这里引用刘焕辉先生(2002)在《言与意之谜》中的例句。

了，父亲说“切了吧”会触发祈使双方共同知道的背景信息，女儿很快就会明白父亲是表达“把菜切了”。可见，以上两例都表示同样的“字面意义”，但是在不同的交际背景下，认知语境表现的知识背景不一样，话语理解也就不一样。

所以说，认知语境的动态性表现在交际双方的话语互动中。说话人要听话人做某事，在特定的交际状态下，储存在说话双方大脑中的各种抽象的知识不断被激活，转化为和现实情境相关联的具体概念。由于交际双方理解每一个话语所需要的相关知识与经验是不同的，因此，交际主体之间需要在话语理解中为每一个话语建构新的语境。每一个话轮都蕴含了不同的语境假设，通过不同的语境假设可以推理而得到不同的话语理解，每一次的话语理解就是语境动态性的真实体现。

二、认知语境的作用

祈使言语交际中，认知语境对听话人理解祈使语义具有重要的解释作用。根据关联理论，我们知道，听话人对话语的理解就是一个推理的过程，这一过程是听话人根据说话人所提供的信息或假设，在认知语境中去寻找最佳关联性，进而推导出说话人所表达的祈使交际意图。认知语境的最佳关联性具有选择性、完型性和动态性的特点，它为听话人获取新信息或新假设提供一系列的语境效果，从而帮助听话人推导出说话人表达的祈使语义中蕴含的各种“会话含义”，更加明确说话人的祈使交际意图。所以认知语境对听话人的话语理解具有重要的解释功能。

如果说祈使语义的表达方式受制于说话人，那么祈使语义的理解则由听话人来决定。认知语境对话语理解的解释作用尤其表现在隐性祈使语义的理解上。当说话人表达比较隐晦的祈使语义时，听话人会潜意识地自觉或不自觉地运用大脑中所存储的各种知识进行推导，这种推导就是依靠认知语境假设才能得以完成。听话人对话语意义的推导体现了对话语意义“理解”的主动性，也就是说话语意义的理解是在言语交际过程中通过认知加工主动完成的。所以说，听话人对话语的理解过程也就是认知语境的参与过程。

祈使交际过程中，当说话人根据双方共知的认知背景，表达间接、隐含的祈使语义时，听话人基于生活经验，或当前的外部环境，通过大脑加以感知、推理，建构认知语境，推导出说话人表达祈使的“会话含义”。认知语境可以促进听话人对隐性祈使语义的理解，对间接祈使行为的判断具有重要的解释作用。例如：

(311)甲：真热啊！
乙：a. 那我来开空调吧！
b. 不热啊，你可能穿多了吧。
(312)孩子：我们同学的溜冰鞋真好看，就我一个人没有。
父亲：a. 我也给你买一双。
b. 好好学习，溜冰浪费时间。

例(311)中甲的言语内容从表面上看只是表达他感到天气很热，并没有直接表示希望乙打开空调的指令意图，乙如果能够感知到甲隐含的言语意图，就会和甲拥有共同的心理建构体，乙也会很快理解到甲的言语隐含义是“请开空调！”a 的回答表示乙通过关联性建立认知语境，就领会到甲的祈使会话含义并会加以执行；如果乙不觉得很热，很难体会到甲蕴含的言语意图，没有共同的心理建构体，就不会执行甲隐含的祈使指令，如 b 的回答表示乙没有领悟到甲的言语内涵。例(312)中孩子言语内容从表面看是表达对同学溜冰鞋的赞美和羡慕，实际上心里希望父亲能给他买一双溜冰鞋。如果父亲能够和孩子有共同的认知语境，就会接收并执行孩子的请求，a 的回答表示父亲理解了孩子的祈使意图；如果父亲不能认同溜冰的好处，不能和孩子拥有一个共同的心理建构体，就不会理解孩子的请求，如 b 的回答表示父亲并没有理解孩子的隐含的祈使语义。

以上例句都证明了一点，即在客观环境中，说话人言语中隐含的祈使语义须借助交际主体的认知推理才能最终被理解并加以执行。比如甲对乙说“你到食堂打些饭来”，乙若是南方人，会理解“饭”只是米饭，乙若是北方人，“饭”主要是面食。可见交际双方在认知基础上可以推导出相关联的认知语境。因此，认知语境更凸显了认知主体通过感知和推理得出的语境事实，这种能被感知和推断的事实具有“互为显明”性。这种“互为显明”性是交际的前提和基础，交际双方所拥有的互为显明的心理建构体就是在“关联”基础上推理得出的。

【本章小结】

传统语境主要作用于祈使表达方式，认知语境主要侧重于祈使语义的解释。两种语境相互联系，相互补充。具体总结如下：

①视角不同。传统语境主要对说话人表达祈使的方式加以制约。传统语境因素包括说话双方的各种社会因素，如时间、地点、场合、对象等，也包括交际双方的性格、情感等主观因素，这些因素对说话人表达祈使的方式产生影响。

认知语境从说话人和听话人的心理认知背景出发，通过建立交际双方的认知心理建构体来解释隐性祈使语义的生成机制。现实交际中，一部分话语意义是隐性的和非规约性的，说话人表达祈使语义的“会话含义”需要根据认知语境假设推理得出。

②作用不同。由于传统语境包括了交际中可能存在的一切语言使用环境，这些因素只能从说话人外在的言语形式上加以限定和影响，难以深入到交际者的心智、意图、心态等内在心理因素，因此传统语境主要是对祈使表达方式产生影响。认知语境从认知视角出发，结合交际双方的认知能力和各种心理因素，对祈使语义内涵进行有效诠释，使语义理解更合理，更接近意义本质。因此认知语境尤其对隐性祈使语义的解释具有重要作用。

③特征不同。传统语境包含的因素较多，都是言语交际的外在条件，这些因素具有静态特征，与言语交际的动态过程无关。因此传统语境因素也只能对外在表现形式起制约作用。认知语境从交际的认知视角出发，对交际者的心理、心智的抽象因素结构化，运用图式、草案、框架加以描写，再结合认知、关联、激活机制加以解释。因此认知语境具

有选择性、完型性、动态性特征。

总之，我们结合两种语境观，对制约和影响祈使语义表达和理解的各种语境因素进行深入剖析，就会更加全面、准确地认识祈使言语行为。

第七章　现代汉语祈使范畴特殊问题研究

第一节　句末祈使语气词

现代汉语表达语气的手段非常丰富，语调、语气词、语气副词、叹词等都可以用来表示。其中语气词是汉语表达语气最重要的方式，其专用性和多样性是其他语气手段无法比拟的。根据《现代汉语语气成分用法词典》对语气词词义和语气功能的解释，我们主要考察了 5 个可以用在祈使句末的语气词："啊""吧""呗""了""嘛"。这些语气词只影响交际中说话人对听话人的情感态度，不影响句子命题内容的表达。

一、句末祈使语气词的语义特点和表达功能

这里"语义"是指语气词的"语法意义"或"情态意义"，因为语气词没有具体实在的意义，语气词的使用只会影响到话语的表达效果，不会改变句子内容。

1. 语气词"吧"

有关"吧"的语法意义，学术界的观点很不相同。一部分学者主张将"吧"分类加以研究。如朱德熙(1982：211)根据"吧"出现的不同句式语境，将"吧"分为表疑问的"$吧_1$"和表祈使的"$吧_2$"。邵敬敏(1996：66-67)根据"吧"所在的上下文语境，将其语法意义归纳为"要求对方证实""征求对方意见""建议对方做某事或采取某种行动""建议为对方做某事或采取某种行动"四类。吕叔湘(1999：56-57)对"吧"的分类更加细

致，分析了“吧”在五种情况中的语法意义，即“用在祈使句末”“用在疑问句末”“用于举例和交替假设”“用在‘好’‘行’后面”“用在‘动+就+动’句末”。以上这些研究是将“吧”细分为不同类别进行分析，掺杂了各种语境因素，很难准确概括出“吧”的核心意义。

另一部分学者主张用“合”的观点来分析“吧”，他们认为“吧”的语义只能概括为一种。如胡明扬(1981：5)指出，“吧”只是“赋予说话内容以不肯定的口气”。贺阳(1992：62)认为，“吧”表示“非确认”的语气。胡裕树(1995：376)认为，语气词“吧”表示“半信半疑”的语法意义。刘月华(2002：424)表示，“吧”的作用是“缓和语气”。徐晶凝(2003：144)将“吧”的语义表述为“对命题内容作出推量，并要求确认”。这种排除语境干扰的“孤立法”可以很好地厘清“吧”的“句终功能意义”，但“吧”究竟表示哪一种意义却观点不一。

卢英顺(2007：80-83)在对真实语料考察的基础上，反复论证了语气词“吧”的语法意义应该是“表达‘降低’或‘削弱’语气”。他认为不同句类的句末加上语气词“吧”，都可以在某种程度上削弱或降低说话人的语气。这一结论可以很好地解释“吧”在不同句类中的语义功能。陈述句后加上“吧”，可以“降低”说话人对事实的陈述力度，使陈述的语气不那么肯定，如“她是老师吧。”；疑问句后加上“吧”，削弱了疑问语气，表示说话人主观上对命题内容有所保留，如“你明天去武汉吧？”；对于一些语力较强的祈使句，如命令句、要求句等，句末加上“吧”可以使祈使语气得以缓和，降低祈使力度。例如：

(313) 出去！　　吃饭！　　走！　　我们一起！

(314) 出去吧！　　吃饭吧！　　走吧！　　我们一起吧！

例(313)中不带“吧”，祈使语气非常生硬，表示命令或要求的祈使指令。例(314)加上“吧”，语气较为委婉，降低了祈使强度，表示商量或建议的祈使指令。

可以说“吧”常用在表示商量、建议意义的祈使句末，随着使用频率的增加，逐渐扩展、固化为表达委婉祈使语气的标志。我们对现代汉语语料库进行考察，搜集到句末带有“吧”的例句993例，其中“吧”附加在祈使句末的有811例，占总数的81.7%，可见“吧”在语力较强的祈使句末使用的比例很高。这是由于祈使句的交际功能非常强，在交际过程中，说话双方要遵循礼貌原则和合作原则，即使发出命令指令，除去特殊情况，也需要尊重、征求听话人的主观意愿。句末加上“吧”，表示说话人有主观让步的意愿，可以降低祈使的强制度，削弱命令口气，因此这一类对话口语中表达命令或要求意义的祈使句末常附带语气词“吧”。例如：

(315) 有个家长又惊又怕地说：“先生，做做好事，留下我家的孩子吧！”(《中国教育方针的研究》王铁)

(316) “文雄，咱们今天来评评理吧！”(《柳暗花明》欧阳山)

(317) 我俩在月光下站了很久，我说：“这事怨我粗鲁，你把菜头和那只耗子收拾起来，洗一下，重新再煮煮吧！”(《雪落黄河静无声》从维熙)

从上例可以看出，命令或要求意义的祈使句末用“吧”可以缓和说话人语气，给听话人留有充裕的商量空间，说话人用这种委婉的方式以期获得听话人的认同，希望祈使指令能够顺利完成。

2. 语气词“啊”

《现代汉语语气成分用法词典》(齐沪扬，2011：1-2)对“啊”的解释是“用于祈使句尾，表示请求、劝告、命令、催促等”。这一解释只能说明“啊”可以加在祈使句末表达不同的语气，并未说明“啊”的核心语义。储诚志(1994：39-51)以“啊”为例，运用“最小差异对比法”和“最大共性归纳法”分析得出了“啊”具有“缓和”语气的作用。徐晶凝(1998)、刘月华(2001)、齐沪扬(2002)等学者也从不同角度论证了“啊”具有舒缓语气的功能。对于语气较为生硬的命令、制止祈使句，句末加上“啊”的确可以调整祈使强度，缓和说话人的语气。例如：

(318)“万不能火上浇油啊!”说到这里，宋子文、宋美龄兄妹俩都笑了。(《宋氏家族全传》程广，叶思)

(319)“辞职可不是小事，你可要想明白了啊!”(《中国北漂艺人生存实录》卞庆奎)

(320)高印成拉住胡耀邦的手说：“你到我们山沟沟里来，难得呀，以后要再来啊!”(《总书记来到俺山村》邹爱国)

从上例可以看出，不带“啊”的祈使句语气坚决，加“啊”的确起到舒缓语气的作用。而对于另一部分命令祈使，加上“啊”改变了原来的祈使语气，例如：

(321)a. 走!　吃!　唱!　说话!　快跑!
b. 走啊!　吃啊!　唱啊!　说话啊!　快跑啊!

上例a中不带“啊”表示语气非常生硬的命令祈使，b中带上“啊”表示催促、请求语气的祈使指令。储诚志(1994：48)对这一语言现象的解释是“‘啊’的语气意义与句中原有的某个语气义素结合共生出一种新的语气意义”。至于这一“新的语气意义”怎样产生储文并没有做出进一步的解释。屈承熹(2006)对“啊”的语气意义进一步分析时指出，“啊”的“新语气意义”是由于说话人的“个人介入”而产生的。例如：

(322)“同志们，打啊!”郑大凡的喊声像霹雳一般炸响。(《当代》1994-4)

(323)努尔哈赤向希沙招了招手，表示感谢，然后大喊一声：“冲啊!”潮水似的士兵涌进城来。(《努尔哈赤》李文澄)

从上例可以看出，例(322)中的“打啊!”融入了“郑大凡”个人战斗精神，例(323)中的“冲啊!”融入了“努尔哈赤”领袖的号召情感。这两例都较强地显示了这种“个人介入”，准确地说应该是“个人情感的介入”。说话人用“啊”加重个人情感的显现，更加强调自己的立场、态度和感情，打下“自我”的烙印。所以说“啊”在深层语义上具有情感张扬性，这种情感张扬的融入才缓和了强硬的语气，调整命令祈使的强度。所以带有“啊”的祈使句多用来表达劝告、催促、请求语气的祈使指令。例如：

(324)“你也学会捉迷藏啦，讲(啊)!”(《彭大将军》黎静)

(325)“你可要为老赵作主(啊)!”(《绝症》霍达)

(326)麻脸婆子送他两个出了院子，感谢地招呼说：“晚上没事来喝酒(啊)!”(《摩天岭野闻》季康)

例(324)“讲”后面加上“啊”融入说话人非常着急的情感，表示催促的语气；例(325)“你可要为老赵做主”加上“啊”融入说话人急切的情感，表示请求的语气；例(326)“晚上没事来喝酒”加上“啊”融入了说话人热情好客的情感，表示热情邀请的语气。可见，祈使句末的“啊”本身蕴含着说话人的个人情感，融入到语力较强的祈使句中，舒缓祈使语气，彰显说话人的情感和态度。

可以说“啊”的情感张扬性决定了“啊”的语气功能，即“舒缓语气”的作用。现代汉语语料库中句末带“啊”的例句1909例，其中686条附加在祈使句末表示祈使语气，占总数的35.9%，其表达祈使语气的情况如表7-1所示：

表7-1

句末语气词“啊”	表催促语气	表劝说语气	表请求语气	表命令语气
数目	234	98	301	53
比例	34.1%	14.3%	43.9%	7.7%

可以看出，祈使句末附加上“啊”带有说话人比较委婉的主观情感，主要表示催促、请求的祈使语气，这也正是说话人主观情感张扬、缓和祈使语气的表现。所谓“主观情感张扬”，是指说话人在言语交际中充分彰显自己的情感、态度和立场，表现说话人的情感融入。在祈使交际语境中，为了顺利完成祈使交际意图，说话人的这种情感体现了对听话人的关注，充分考虑听话人的感受，所持的态度多是友好、善意的劝说、催促、请求、提示等，如“慢走!”和“慢走啊!”、“别忘了!”和“别忘了啊!”、“坐!”和“坐啊!”等，加上“啊”语气舒缓，拉近与听话人的距离。

另外，“啊”还有两个语音变体：“哪”和“啦”。“哪”是“啊”的语音变体，当前一音节的韵尾是n时，写作“哪”。和“啊”的功能相当，用于祈使句中，也可以表示提醒、提示的语气。例如：

(327)“必须妥善处置，当机立断哪!”(《渤海渔歌》单学鹏)

(328)“老赵，要清醒一些哪!”(《山风》周嘉俊)

(329)“咱们得赶快想法子，救人要紧哪!”(《空谷兰》房文斋)

“啦”是“了”和“啊”的合音，是“啊”在语流音变中产生的语气词，多用于口语。一些学者认为“啦”的语气功能和“啊”没有区别，但是通过对语料的考察，“啦”在口语使用过程中逐渐语用化，从“啊”的音变成员中独立出来，和“啊”的功能有一定的区别。“啦”用在语力适中的祈使句末更加重口气，表示增加说话人命令或是要求听话人执行祈使指令的强制度，“啦”多用在口语中的无主句之后，语气较“啊”更强烈一些。例如：

(330)林坚站起身说：“不小了，该用用脑子啦!”(《年青的一代》陈耘)

(331)“嫂子，别哭啦!”(《枫橡树(下册)》王英先)

(332)那个家伙说：“别做梦啦!”(《清风店》杜烽)

3. 语气词“嘛”

《现代汉语八百词》《现代汉语虚词释例》《现代汉语语气词词典》对“嘛”的解释一般都是，“表示事情本应如此或理由显而易见”“表示期望、劝阻”“用在祈使句末尾，起到缓和语气的作用”等。通过对这些常用的现代汉语工具书查阅、分析，“嘛”的语法意义可归纳为：表示说话人认为理由、事件“理所应当”或“显而易见”，用“嘛”表达对这种“显然性”进一步“确认”的语气。当然，“嘛”和其他语气词一样，意义也比较复杂，这种理所应当的“确认语气”怎样得以体现，还要根据其出现的不同语境进行分析。

首先，当说话人在地位、权势上高于听话人，或是年长于听话人，在句末加上语气词“嘛”，表示说话人认为“显而易见”的指令没有顺利执行，句末加上“嘛”表示催促、要求听话人尽快执行，暗含不满、厌烦的口气。例如：

(333)他说：“你莫火嘛!”(《彭大将军》黎静)

(334)“你这个村长，应该向我们主动反映情况嘛!”(《我爱松花江》安危)

(335)“别打岔嘛。”(《渤海渔歌》单学鹏)

上例句末带“嘛”的祈使句，主观性较强，表示催促、要求的语气，要听话人尽快执行祈使指令。从心理层面讲，说话人认为本该做到的事件，听话人没有做到或实现，说话人心理蕴含着不满和厌烦的情感，带上“嘛”表示进一步“确认”指令的理所应当性。

其次，“嘛”还可以表示本应有利于听话人的事件，但听话人自己可能不知道，说话人用“嘛”表达进一步“确认”的语气，加上“嘛”可以使说话人的语气不那么直接、生硬。例如：

(336)他拍拍我的肩，笑道：“别紧张嘛。”(《破碎的梦》郑平)

(337)“好呀，试试看嘛。”(《树仔队长》杜埃)

(338)“你也向难点进攻嘛!”(《女伶》邢院生)

上例中句末分别带有“嘛”，例(336)表示提示，带有安慰的意味；例(337)(338)都表示善意的建议语气。

最后，“嘛”还用在非常亲密的夫妻、恋人或家人之间的对话中。当女方向男方撒娇，或小孩向大人央求时，在这种非正式场合，说话人用“嘛”表示听话人不得不接受的祈使指令，“嘛”表示任性、撒娇的语气。例如：

(339)“有啥子事情，吃了饭再说嘛!”(《他是我的老乡》王兴浦)
(340)“你倒是快说嘛!”(《蛙女》胡万春)
(341)“女儿对继爹好，你不要吃醋嘛!”(《蛙女》胡万春)

总之，“嘛”暗含说话人的某种心理，即说话人自认为发出的某种祈使指令理由充分，加上“嘛”可以进一步明确理由或道理的“显然性”，表达这种“确认”语气。“嘛”用在祈使语境中的使用比例如表7-2所示：

表7-2

“嘛”	表示催促或要求的语气	表示提示或建议的语气	表示带有撒娇的请求语气
数目	20	54	11
比例	23.5%	63.6%	12.9%

可以看出，语气词“嘛”最常用在表示提示或建议的祈使句末，表示进一步的“确认语气”，其比例达到63.6%，这一数据也进一步说明了“嘛”的基本语气是说话人认为事情本应如此或理由显而易见，用“嘛”表达也带有说话人友好、善意的意味。

4. 语气词“呗”

“呗”是口语中不常用的语气词。胡明扬(1981：6)认为“呗”是

“吧”和“诶”的合音。关于“呗”的用法，已有不少学者对其进行研究。张筱平(1993：43)认为，“呗”表示“任其存在，任其发展、变化”。徐晶凝(2007：73)指出，“呗”的情态意义为“述唯弃责”，“述唯”是指说话人认为自己的道理是唯一的，听话人应该知道；“弃责”是指说话人对自己讲出的道理或发出的指令态度很随意。李咸菊(2010：133)也比较赞同“呗”表示“轻松、简单”的意义。郭红(2012：86)指出，“呗”表示“情形唯一”“不一定要求对方行事”等意义。

综合以上观点，“呗”的语法意义可归纳为：表示“唯一不可选”和“爱做不做”的语气。“呗”用在命令或要求意义的祈使句末，表示说话人发出的祈使指令是双方都知道且唯一不可选的，语气轻松、随意。说话人的随意性旨在将做与不做的主动权交予听话人，对命令指令有“轻描淡写”之意。听话人能否顺利执行，说话人不太在意。例如：

(342)妻子(很惊异)：电梯停电了！三十楼啊，我们不回家了！

丈夫(很坦然)：爬楼梯呗！

上例丈夫和妻子的对话非常形象地说明了“呗”的语义和表达作用。妻子面对“电梯停电回不了家”很惊异，而丈夫用“呗”表示“爬楼梯”是回家的唯一选择，带有一种轻松、无所谓的语气，至于妻子“爬不爬楼梯”，全由她自己决定，“呗”表达的语气强制性较小。

为了进一步说明“呗”语气强制性较小，我们可以将“呗”与委婉语气词“吧”相比，分析其语气强弱。例如：

(343)a. 呗：“哎，你也买一个试试呗。”(《卖驴》李颖)

b. 吧：你也买一个试试吧！

以上a、b两例，表达相同的祈使内容，但带“吧”的祈使句和带有“呗”的祈使句表示的语气意义并不一样。a例表示说话人建议听话人

“买一个试试”，“呗”表达“买也可以，不买也可以”的语气；b 例表示说话人建议听话人“买一个试试”，“吧”表达“最好还是买”的语气，语气词“吧”的强制性大于“呗”。

可见带“呗”的祈使句比较强调说话人的主观情感，不在意听话人是否会正常执行祈使指令，表现出一种“无可奈何”或“无所谓”的态度，所以“呗”常用在“X 就 X”的句式中。例如：

(344)“离婚就离婚呗。”(《大出殡》韩静霆)

(345)“不为什么，不想唱就不唱呗。”(《青春回旋曲》郑芸)

(346)“你住就住呗！”(《幼年》骆宾基)

可以看出，说话人表达祈使语义时，其态度显得较为随意，对于听话人的回应也不给予关注，这种情态一般多用在关系比较亲密的人之间，用于不太熟悉的交际双方，会给人比较冷淡的感觉。

5. 语气词“$了_2$”

“了”有两类，一是动态助词“$了_1$”，表示已完成的行为动作，如“我吃了两碗饭”。二是语气助词“$了_2$”，表示某种语气，如“快走了！”。对句尾语气词“$了_2$”的语义有两种分析方法，一是采取“分”的观点，将“$了_2$”分为多种不同的意义。赵元任(1979：354-356)将“$了_2$”分为多种意义，如“新出现的情况”“情节的一个进展”“表示显而易见”“适应新情况的命令”等。萧国政(1999：78)将“$了_2$”分为 8 种意义，包括“表已然”“表开始”“表消失”“表继续”“表变化”“表偏离”“表强调”“表委婉”。还有一种是采取“合”的观点，如《现代汉语八百词》对语气词“$了_2$”的解释为“主要肯定事态出现了变化或即将出现变化，有成句作用”。金立鑫(1998：113)认为“$了_2$”表达句子的“一种主观情态意义”。

我们认为把“$了_2$”放在不同情境中细分为不同类别，不能准确归纳出语气词的语法意义。胡明扬(1988：4)曾指出：“要想准确分析语气词的意义，就要尽可能排除干扰因素，通过有效的方法把语气词的语义‘孤立’出来分析。”马真(2004：213)在研究虚词的语法意义时指出，不能把“虚词所在格式的语法意义归到那虚词的身上。”刘勋宁(2002：71-73)也赞同将“了$_2$”的语法意义统一起来做更详尽的研究，他认为“了$_2$”的语义只有一个，就是“表示说话人所说的是听话人前所未知的‘新事态(a new state of affairs)’”。肖治野、沈家煊(2009：518)在刘文的基础上，用“行、知、言”三域概括“了$_2$”的语法意义是“新行态”“新知态”“新言态”的出现。

通过对以上观点的分析，祈使句末语气词“了$_2$”的语法意义可以归纳为：表示说话人向听话人呈现一个新动态要求听话人执行。例如：

(347)我正睡得香甜呢，忽然耳朵边有个急煞煞的声音唤我："王华，快起来，紧急集合了！"(《塞夜一路暖》李喜善)

(348)要是遇上我不脱衣服上床，他就把我从床上拉起来，严肃地说："快把衣服脱了！"(《塞夜一路暖》李喜善)

例(347)中“我”原来睡得香甜，有人叫我起床，发出要“紧急集合”的指令，句尾“了”表示说话人要听话人从“睡得正香”的旧状态转换到“马上起床”的新动态，执行“紧急集合”的命令。例(348)中“我”原来处于“不脱衣服上床”的旧状态，说话人要求听话人执行“脱衣服上床”的新动态。

“了$_2$”表示“说话人让听话人从旧状态转换到新动态”这一语义在否定祈使句中表现得更为明显，常用“别(不要)……了”句式表达，表示制止或劝阻。例如：

(349)“你……你不要管为父了！”(《周信芳舞台艺术》周信芳)

(350)“别犹疑了！”(《烙痕》宋之的)

(351)何三姑又撇撇嘴唇子："你别提党员了！"(《红色的果实》马加)

我们对现代汉语语料库进行统计，带有语气词“了$_2$”的肯定句有62

例，用“别（不要）……了”表示否定祈使的例句有 167 例，占总数的 72.9%，可见语气词“了$_2$”在否定祈使句中的比例远远高于肯定句。由于否定祈使指令的发布须有一个前提，即听话人原来就处于一个与此相反的状态。如例（349）中听话人原来就“照顾或照管父亲”，说话人才要听话人“不要管”了，如果听话人原来就没有照顾父亲，父亲也不会发出要听话人“不要管为父”的指令。例（350）中听话人原来一直处于“犹豫”的状态，说话人对听话人发出指令，要听话人进入“别犹豫”的新动态。例（351）听话人可能原来一直在“提党员”，说话人“何三姑”制止听话人，要他“别再提党员”了。

从上述分析可以看出，语气词“了$_2$”用在祈使句末，表示听话人原本处于一个旧的状态，而说话人通过发布指令要听话人进入某种新的动态。“传情”和“达意”往往相互依存，语气词“了$_2$”用在祈使句末还常带有说话人的情感色彩，表示一种“强调”或“肯定”的语气，比命令祈使要缓和一些，相当于方言语气词“喽”。《现代汉语语气成分词典》对“喽”的解释是：“语气词，相当于语气词‘了’，用于口语，有方言色彩。”“喽”用在祈使句末，表示说话人语气比较肯定、相对温和，多表示建议或提示。例如：

（352）“今天，轮到你请客喽。”（《崩溃的楼阁》墨桅）

（353）“嗳，吃饭喽——”（《远离北京的地方》孟庆华）

“喽”也常常与否定词“别”连用，表示提醒或劝阻。例如：

（354）“喂——牛大水，别打喽！”（《新儿女英雄传》袁静、孔厥）

（355）“针眼里看人，别把我看小喽！”（《杜鹃山》王树元）

（356）正打得热闹，忽然听见另一边有人高声喊着：“别打喽！”（《新儿女英雄传》袁静、孔厥）

综上所述，列表归纳祈使句末的语气词的语义和表达功能，如表

7-3 所示：

表 7-3

语气词	啊(啦、哪)	吧	嘛	呗	了$_2$(喽)
语法意义	舒缓语气，融入说话人的个人主观情感	降低或削弱说话人语气	表示理由、事件具有“当然性”的语气	表示“唯一不可选”和“爱做不做”的语气	对比旧状态，呈现一个新动态
祈使表达功能	调整祈使力度	减弱祈使力度	增强祈使确认性	增强祈使的随意性	增强祈使的肯定性

二、句末祈使语气词的表情强度差异

人的情感非常丰富，可以分成不同类型，或浓烈，或冷淡，或直接，或委婉。汉语语气词蕴含着说话人的种种情感，是听话人了解说话人交际意图的重要途径。实现这种途径很重要的一个方式是采用不同的祈使策略表达交际意图。其中说话人为了尽可能做到“言有所为”，选用恰当的语气词来传情达意，这是祈使策略的表现方式之一。听话人根据语气词的语义差别来判断说话人的情感和态度。可以说，不同的语气词承载着说话人不同的表情强度，语气词选择恰当与否会直接影响祈使语义表达的得体性。接下来我们对句末祈使语气词的表情强度进行分类对比分析：一类是祈使句末常用的语气词“吧”“啊”和“了$_2$”；一类是祈使句末不常用的语气词“呗”和“嘛”。

1.“吧”“啊”“了$_2$”

不同的语气词语义和表达功能不同，其表情强度也不一样。我们以祈使句末最常用的三个语气词“吧”“啊”“了$_2$”为例，分析其表情强度差异。“啊”常用在感叹句末，蕴含说话人的某种感情。“啊”用在祈使句末也会使这种情感得到张扬，因此其表情强度较高。“吧”也可用在疑问句末，表示对某个明确信息的判断与推测，要求听话人对传达的信息给予委婉认可。“吧”用在祈使句末可以降低或削弱祈使语气，因此“吧”的表情强度较低。而“了$_2$”常用在陈述句末，表示对某个命题真假的陈述。“了$_2$”用在祈使句末，一般表示比较肯定的语气，表情强度适中。试比较：

(357)把枪放下！　　把枪放下啊！
把枪放下吧！　　把枪放下了！

上例都表示“把枪放下”的祈使指令，不带语气词的例句祈使强度最高，带“啊”表示催促的语气，祈使强度较高；带“吧”表示商量的语气，祈使强度最低，而带语气词“了$_2$”表示肯定的语气，祈使强度适中。

由此可见，“吧”和“啊”的表情强度对比非常明显。句中有表示强调作用的情态助动词“得”“要”“必须”或情态副词“千万”“可”“务必”“一定”等时，一般不能用“吧”，只能用“啊”。例如：

(358)啊：“你可要为老赵作主啊！”(《绝症》霍达)
＊吧：你可要为老赵作主吧！
(359)啊：“一定要治好他啊！”(《解放军报》1987-8-6)
＊吧：一定要治好他吧！
(360)啊：“你得加点儿小心才是啊！”(《离异》吴若增)
＊吧：你得加点儿小心才是吧！

表示禁止、命令的否定语气时，一般也不用“吧”，可以用“啊”和“了$_2$”。例如：

(361)别哭！　　＊别哭吧！　　别哭啊！　　别哭了！
别动！　　＊别动吧！　　别动啊！　　别动了！
别伤心！　　＊别伤心吧！　　别伤心啊！　　别伤心了！

因为祈使句中的情态副词、情态助动词比较强调说话人主观情感和主观态度，而表示委婉语气的“吧”表示说话人心里比较关注听话人的感受，具有“交互主动性”。因此“吧”和祈使强调标记词在语义上不相匹配，只能用“啊”表达说话人的主观意愿。带有否定副词“别”“甭”的祈使句同样也非常强调说话人的主观情感，祈使句末一般不加上语气词“吧”，但可以加上“啊”和“了$_2$”表达说话人确定的语气。这三个常用语气词的祈使表情强度由弱到强依次是：

“吧” < “了$_2$” < “啊”

2. “嘛”“呗”

“嘛”和“呗”是祈使句末不常用的语气词，二者都具有“显而易见”性。“嘛”表示说话人认为道理或理由具有“显然性”，用“嘛”表达说话人“强调”的语气。而“呗”表示道理或理由“唯一不可选”，用“呗”表达说话人随意、不在乎的语气。“嘛”和“呗”有时可以替换，但替换后表情强度不同。例如：

(362) 嘛：王德民却感到陆平这句话的分量了，于是，他耐心地追问：“陆平，把话说完嘛！”(《飞吧，山鹰》赵和琪)
呗：陆平，把话说完呗！

(363) 嘛：“有啥子事情，吃了饭再说嘛！”(《他是我的老乡》王兴浦)
呗：有啥子事情，吃了饭再说呗！

(364) 嘛：“不要紧，叫你加码，你就加嘛！”(《较量》李良杰)
呗：叫你加码，你就加呗！

从上例可以看出，“嘛”和“呗”语法意义有一定的相似性，但“嘛”融入了说话人较多的主观情感，表示说话人心里更希望听话人能完成祈使指令，句末加上“嘛”表达对这种“显然性”的进一步加强和确认；“呗”也蕴含了说话人的主观情感，但这种主观情感是轻松、随意的，说话人主观上将行为的主动权交给听话人，没有强制性。如例(362)

中，王德民“耐心地追问”，要“陆平把话说完”，“嘛”显示了说话人的强制性；换成“呗”便弱化了这种强制性。例(363)中用“嘛”表示说话人认为“吃了饭再说”这个指令最好尽快执行；用“呗”则表示说话人比较随意地发出“吃了饭再说”的指令，执不执行由听话人自己决定。

综上可见，“啊”“吧”“了$_2$”“嘛”“呗”这五个句末祈使语气词的表情强度可以构成一个层级体系，对指令接收者共同形成了一个语义表情强弱的选择网络，这一网络可以随时满足说话人表达祈使的情感需要。例如：

(365)走！(原型祈使句)

走啊！(说话人心里认为听话人一定要尽快执行，敦促语气)

走嘛！(说话人心里认为听话人显然需要执行，劝求语气)

走了！(说话人心里认为听话人的确应该执行，要求语气)

走吧！(说话人心里认为听话人可以商量执行，商量语气)

走呗！(说话人心里认为听话人可执行也可不执行，随意语气)

因此，我们从说话人心理上对听话人执行祈使指令的企望度进行比较，可以得到图7-1：

祈使句末语气词：	呗	吧	了$_2$	嘛	啊
祈使表情强度：	弱	次弱	中	次强	强

图7-1

三、句末祈使语气词的人际关系准则

丹麦著名语言学家奥托·叶斯柏森(Otto Jesperson)认为，语气“表达了说话人对句子内容的某种态度”。利奇和斯瓦威特在《交际英语语法》一书中也认为，“语气是言者的感情和态度”而且言者要以此“去影响闻者的态度和行为”。(参看齐沪扬，2002：2-3)祈使交际中说话人选用不同的语气词，不仅体现了说话人的情感和态度，也体现了说话人对听话人交际关系的人际准则。我们在前文分析的基础上，根据对句末祈使语气词使用状况的数据分析，概括出三大人际关系准则：利他准则、委婉准则和求同准则。

1. 利他准则

人类的一切活动都具有“趋利避害”的特征，这里的“利”有三个含义，要么对说话人有利，要么对听话人有利，要么符合社会公认的利益。说话人发布祈使指令的意图是要听话人做或不做某事，祈使交际的最终目的也是要交际顺利进行。语气词的选用反映了说话人对听话人使用的祈使交际策略。

祈使指令有利于听话人的语句记作[+受惠句]，不利于听话人的语句记作[-受惠句]，对听话人无所谓利益好坏的语句记作[+中性句]。我们对现代汉语语料库口语对话中带有“啊”“嘛”“了$_2$”“吧”“呗”的祈使句进行考察，这些语气词在[+受惠句]、[-受惠句]和[+中性句]中的分布如表 7-4 所示：

表 7-4

类别	总　数		-受惠句		+受惠句		+中性句	
	数目	比例	数目	比例	数目	比例	数目	比例
啊	103	13.0%	24	23.3%	19	18.4%	60	58.3%
了$_2$	106	13.4%	17	16.0%	12	11.2%	77	72.8%
呗	14	1.8%	5	35.7%	2	14.2%	7	50.1%
吧	487	61.5%	51	10.5%	105	21.6%	331	67.9%
嘛	82	10.3%	17	20.7%	23	28.0%	42	51.3%
总数	792	100%	114	14.4%	161	20.3%	517	65.3%

可以看出，不管是[+受惠句]、[-受惠句]和[+中性句]，使用频率最高的是语气词“吧”，占总数的 61.5%，超过一半以上。由于“吧”是给予听话人礼貌度最高的语气词，说话人为了顺利完成祈使指令，用

“吧”表现对听话人的充分尊敬，使言语交际显得更有礼貌。

中性句中语气词“吧”的比例达到67.9%，超过受惠句中“吧”的使用。除了语气词“吧”外，“啊”“啦”“嘛”“$了_2$”在中性句的比例也比受惠句要高，其总数达到65.3%。为什么中性祈使句中使用语气词的比例会高于受惠句呢？我们认为这是语气词人际关系中“利他原则”的体现。根据H. P. Grice(1975)提出的合作原则，话语越有利于听话人，越容易达成交际目的。中性句在某种程度上对听话人的惠及度不高，加上语气词，能够增加句子的情感信息，表示说话人心里尽可能地考虑听话人的感受，以期祈使交际顺利进行。

2. 委婉准则

说话人向听话人发布祈使指令，“委婉准则”则会使指令更加易于实现。表示命令、要求或制止的直接指令，都具有一定的消极影响，可能会有损听话人的面子，进而导致祈使指令难以顺利执行。为此，说话人在表达指令时会选用特定的话语形式，如语气词的使用，以减少直接、生硬的指令对人际关系产生的负面效应。此外，交际双方在权势、社会地位或年龄上也会存在差异，说话人更需要采取一定的祈使策略，以实现说话人的交际意图。对比不加语气词的命令句或制止句，每一类语气词都表现出不同程度的委婉语气，可以说，语气词的使用可以很好地体现人际关系的“委婉准则”。如表7-5所示：

表7-5

句末祈使语气词	语气功能	命令句例句	带语气词的例句
“啊”	舒缓语气	快去救人！	快去救人啊！
“吧”	降低或削弱语气	咱们去卖大碗茶！	咱们去卖大碗茶吧！
“了”	肯定语气	别动！	别动了！
“嘛”	确认语气	你自己说！	你自己说嘛！
“呗”	随意或轻松语气	请个假！	请个假呗！

可以看出，尽管这些句末祈使语气词核心语义和表达功能不同，但

相对于不加语气词的命令句或制止句，都蕴含一定的“委婉语气”。“吧”用在祈使句末，降低或削减祈使语气强度；“啊”融入个人情感，可以舒缓语气；“了”是用一种陈述的方式表示肯定语气；至于“嘛”和“呗”，前者是确认语气，后者是很随意、轻松的语气。这些语气词的使用体现了人际关系的“委婉准则”。

3. 求同准则

交际中，说话人要遵守“求同准则”才能使祈使指令得以顺利实现，选用适当的语气词可以顺应听话人的情感需要，拉近双方的心理距离，建立易于沟通的关系。可以说语气词的使用是在人际关系制约下采取的一种积极的祈使策略。

交际双方在社会地位、权势关系中的高低尊卑、上下级关系势必会影响说话人对祈使表达方式的选择。当身份地位高的说话人向身份地位低的听话人表达直接命令时，如果能够遵守“求同准则”，注意关照听话人的情感和接受度，选择适当的语气词，便能产生积极的交际效果；相反，地位低或权势小的说话人更会注意选择适当的语气词表达祈使指令，以求获得对方心理认同，拉近交际双方的心理距离，使祈使交际顺利进行。

方霁(1999：14)指出，“要想得体地使用现代汉语祈使句，我们必须根据不同的交际场合(s 与 h 关系)，选用不同的语气表现手段和祈使对象人称指示词”。语气词与人称指示词的选用在某种程度上反映了交际双方的人际关系准则。通过对现代汉语语料库进行考察，统计出各类语气词在有主祈使句中的分布情况，如表 7-6 所示：

表 7-6

类别	总　数	“您”		“咱们”“我们”		“你”“你们”	
		数量	比例	数量	比例	数量	比例
了$_2$	67	12	17.9%	4	6.0%	51	76.1%
啊	58	6	10.3%	16	27.6%	36	62.1%

续表

类别	总　数	“您”		“咱们”“我们”		“你”“你们”	
		数量	比例	数量	比例	数量	比例
嘛	63	3	4.8%	14	22.2%	46	73.0%
吧	670	81	2.1%	216	32.2%	373	55.7%
呗	23	3	3.0%	8	34.8%	12	52.2%
总数	881	105	1.9%	258	29.3%	518	58.8%

祈使句主语主要由人称代词“您”“我们(咱/咱们)”“你(们)”构成。从上表可以看出，除了语气词“了”，主语是敬称“您”的祈使句末语气词比例都是最低，占总数的11.9%；其次是主语为包含式的“我们”“咱们”，占总数的29.3%；出现频率最高的是主语为第二人称的“你”“你们”，占总数的58.8%。由于称呼语“您”表示对听话人的尊敬，可以缩短双方的心理距离，以实现心理趋同，所以主语是“您”的祈使句，说话人不需要刻意使用语气词缓和语气。包含式主语“我们”“咱们”将听话人包括进来，体现交际双方的亲密程度，可以增加听话人的认同感，因此语气词的使用比例不是最高。而第二人称“你”“你们”只包括听话人，不包括说话人自己，礼貌度程度较低，所以句末须选用适当的语气词以获得与听话人的情感趋同。统计数据说明，不同的人称指示词选用祈使语气词的规律体现了祈使交际中人际关系的“求同原则”。

由此可见，汉语语气词蕴含着说话人的情感和心理变化，体现了人际交往的“利他准则”、“委婉准则”和“求同准则”，现代汉语语气词的使用也体现了汉民族特有的交际方式和祈使策略。

【本节小结】

语气在人类语言交际过程中具有特别重要的地位，语气词的研究具有重要意义。近些年来，有关语气词的研究越来越受到学者们的关注。对于现代汉语祈使范畴而言，语气词是祈使言语行为的表现手段之一，是说话人“传情达意”的一种方式。本节对语气词的研究主要涉及三个问题：一是用在祈使句末的语气词究竟表示哪些语法意义；二是这些语气词的表情强弱有何区别；三是语气词反映了说话人的哪些人际交往准则。具体内容总结如下：

①我们根据《现代汉语语气成分用法词典》对语气词词义和语气功能的解释，考察了5个常用在祈使句末的语气词："啊""吧""呗""了""嘛"。在已有研究的基础上，分析祈使句末语气词的语义和表达功能。"啊"融入了说话人的个人主观情感，表达缓和、舒缓的语气，可用来"调整祈使力度"；"吧"降低或削弱说话人语气，减弱祈使力度；"嘛"表示理由、事件具有"当然性"，增强祈使确认性；"呗"表示"唯一不可选"和"爱做不做"，增强祈使的随意性；"$了_2$"要求听话人对比旧状态，呈现一个新动态，增强祈使的肯定性。

我们在对祈使句末语气词分析的过程中，避免掺杂句子中的其他因素，以便更准确地分析语气词的语义和表达功能。尽可能排除一些语境干扰因素，运用"孤立法"和"最大共性归纳法"分析语气词的语法意义。

②祈使句末语气词除了语义和表达功能上的区别外，还有表达说话人的语力强弱的差异。说话人根据交际意图的需要，采用不同的祈使策略，恰当选用语气词来传情达意；听话人则可以根据语气词的语气强弱来判断说话人的情感和态度。常用语气词"吧""啊"和"$了_2$"和不常用的语气词"呗"和"嘛"的表情强度可以构成一个层级体系，对指令接收者形成了一个语义表情强弱的选择网络，这一网络可以随时满足祈使表达的情感需要。其表情强度由弱到强依次为："呗" <"吧"<"$了_2$" <"嘛"<"啊"。

③祈使交际中说话人选用不同的语气词，不仅体现了说话人的主观情感和态度，也体现了说话人的人际关系准则。通过对语气词的量化分析，概括出三大人际关系准则：利他准则、委婉准则和求同准则。这三个准则都体现了人际交往的合作原则，即保证会话等言语交际的顺利进行，交际双方的话语能互相理解、互相配合。语气词的使用体现了说话人采用祈使交际策略的原则和方式。

总之，本节对几个重要的、常用的祈使句末语气词的语义、表达功能、表情强度和人际关系准则等问题进行了较全面的考察，对语气词的一些问题作出了较合理的解释。这些分析和解释，可以对其他语气词和语气成分分析有所帮助，也可以对汉语信息处理和国际汉语教学提供一定的参考借鉴。

第二节　现代汉语祈使主语的隐现

关于祈使句的主语问题，早在 1898 年，《马氏文通》(马建忠，2010：368-406)就提到“命戒之句”的“起词”可省略，即指表命令和禁止的句子，主语可以省去。陈望道(1978：100)提到：“期使句若出现主语，常用对面人的姓名或代词‘你、汝、尔’等词开头。”朱德熙(1982：205)指出：“祈使句的主语只能是‘你、你们、您、咱们、我们(包括式)，不能是第一人称代词‘我’和第三人称代词‘他’‘他们’。”袁毓林(1993：7)认为：“从句法形式上看，祈使句的谓语主要由表示动作、行为的谓词性词语充当，主语往往是第二人称代词‘你’‘您’‘你们’或第一人称代词复数式‘咱们’‘我们’。”针对祈使主语的构成情况，我们对现代汉语语料库进行筛选，以口语对话的例句为分析对象，搜索到带有“！”的祈使句语料 3435 条，祈使主语的分布情况如表 7-7 所示：

表 7-7

主语	您	你/你们	我们/咱/咱们	零主语	其他	总数
数目	75	974	159	2143	84	3435
比例	2.2%	28.5%	4.6%	62.3%	2.4%	100%

由上表可以看出，对话口语中，62.3%的祈使主语以零形式出现，30.7%的祈使主语由第二人称代词“你(们)”“您”构成，4.6%的祈使主语由第一人称复数构成，其余 2.4%由称呼语和其他成分构成。关于祈

使主句的分布情况，马清华(1995：44)认为“祈使句的主语常常可以略去不说”。沈阳(1994：21)提到“一般的语法著作都认为动词性祈使句的主语均需要省略”，他从省略的角度将祈使句分为两类：强制省略主语和非强制省略主语。

另一些学者认为祈使主语的“有”与“无”并不是语用层面的简单省略，还要受到句法形式、语义条件和语用环境的制约，称之为“主语隐现”。如朱敏(2005：17)认为，祈使句“你/你们”是祈使主语的标记项，它的出现受到语用方面、篇章方面和句子构成情况因素的制约。张则顺(2011：53)认为，现代汉语祈使句主语隐现受到分句形式、动词语义特征和语境因素的影响，他分析了祈使主语以显形式出现的两大类型：强制性出现和选择性出现。根据已有研究得知，祈使主语的表现形式比较复杂，不仅包括丰富的显主语形式，还包括复杂的隐主语形式，其隐去和显现的制约因素也有待进一步分析。下面我们对祈使主语的每一类隐现情况和隐现的深层动因进行分析。

一、祈使主语隐现的各类条件

通过对已有研究的归纳分析，我们将祈使主语分为四类：一是第二人称代词“你”“你们”“您(敬称词)”；二是第一人称复数“我们”“咱”“咱们”；三是称呼语和其他成分；四是零主语。为了方便阐述，我们将祈使主语记作 NP，按照其隐现的强度等级差异，分为四类：

第一，NP 在祈使句中强制性显现，不能被隐去，记作 NP_1；

第二，NP 在祈使句中常规性显现，必要条件下可以隐去，记作 NP_2；

第三，NP 在祈使句中常规性隐去，必要条件下可以补足主语，记作 NP_3；

第四，NP 在祈使句中强制性隐去，不必补足主语，记作 NP_4。

下面从句法、语义、语用层面分别对每一类祈使主语隐现条件进行分析。

1. NP_1强制性显现的条件

祈使主语零形式比较常见，但在特定条件制约下祈使主语必须以显形式出现，我们称之为“强制性显现主语”，记作 NP_1。

(1)句法制约条件

祈使句中带有副词“也”“先”作状语，祈使主语必须强制性显现。例如：

(366)“好吧，你先走吧，我随后就到！”(《香港之滨》陈定兴)

*“好吧，( )先走吧，我随后就到！”

(367)“事情我全弄清楚了，你也不必介意。”(《生活的轨迹》朱荣山)

*“事情我全弄清楚了，( )也不必介意。”

上例(366)(367)句中带有副词“先”“也”，表示前后分句的主语指称发生转移，不能隐去。

副词“再”和“也”都表示重复做某一件事，但是“再”表示同一个人重复做同一件事，“也”表示不同的人做别人做过的事，前后行为动作的执行者不一样，因此带有“也”的祈使句不能省去主语，但是“再”可以。例如：

(368)“(你)再说一遍，你给谁赔礼道歉去了？”(《皇城根》陈建功、赵大年)

(369)“(你)再想想看，锁舌子跟茶缸是什么关系？”(《在征途上》金戈)

当祈使指令用复句表示并列、顺承等关系时，前后分句的主语异指，副词“再”前面的主语也不能省去。例如：

(370)贵堂正动身要走，孙全忠又按住他说：“别忙，我先走，

我出去以后，你再走！”(《水归大海》李满天)

(2)语义制约条件

第一，祈使谓语动词具有[+分派重要任务]的语义特征时，祈使主语必须强制性显现。例如：

(371)你打听一下这件事。　✓打听一下这件事。
你摸清他的底细！　✓摸清他的底细！
你安排一下吧！　✓安排一下吧！
你关照一下女士吧！　✓关照一下女士吧！
(372)你组织这项工程吧！　*组织这项工程吧！
你负责这项工程！　*负责这项工程！
你承担这个任务吧！　*承担这个任务！
你主持这次会议！　*主持这次会议！

张则顺(2011：54)指出，“祈使句施为动词如果具有[+任务分配]的语义特征”则祈使句的主语可以强制性显现。通过对施为动词的分析，上例(371)(372)中的动词“打听”“摸清”“安排”“关照”和“组织”“负责”“承担”“主持”一样，都可以进入“(由)S(来)VP”构式中。通过对比进一步发现，[+任务分配]不是后一类词完整的语义特征，这类动词“分配的任务”不是普通人能完成的一般任务，而是由专业的、特殊的、重要的人完成。[+重要任务分配]是这类词前面必须加主语的语义限制条件，说话人心里认为这些“重要任务的分配”必须指定任务接收对象，确保任务顺利完成，因此主语“你(们)”不能被省去。类似的动词还有“牵头”“定夺”“做主”“主刀”“裁决”等，这些动词一般都具有较强的书面语色彩，分派的任务也是非常重要的，任务完成的施事者不能省去。

第二，祈使主语语义范围有特定的限制，表示禁止、命令全部或某一类人做某事，祈使主语必须显现。例如：

(373)男士止步！　孕妇禁用！　闲人免进！

(374)全体起立！　全民总动员！

上例中的祈使主语是指某一类人，有具体的限制对象。祈使者认为这些行为是针对某一群人，这一群人必须被明确指定才能顺利实现祈使意图，所以主语不能被省去。

(3)语用制约条件

上下文语境中，祈使主语前后对比，NP_1必须强制性显现。例如：

(375)“你啥也甭管，我全包了。”(《逆境遇知己》周臻)

(376)“二班的同志跑过浮桥，分两伙儿扯住西岸的两条缆绳；三班的同志在东岸扯住后面的两条缆绳。”(《桐柏英雄》前涉)

上例中复句的前后分句主语对比异指，这两个主语都必须强制性出现。言语交际中，交际双方要遵循经济原则和合作原则，在满足经济原则的前提下，话语表现还必须提供明确、充足的信息满足交际的需要。当复句的前后分句主语异指时，分句主语不能被隐去，必须显现。

2. NP_2常规性显现的条件

(1)句法制约条件

第一，带有某些表示强调的祈使标记时，NP_2常规性显现。

当祈使句带有表示强调意义的“给我”、助动词“得”“要”“应该”“该”“应当”，或语气副词“一定”“务必”“千万”等出现在祈使句中，祈使主语常规性显现。我们对现代汉语语料库已收集到的语料进行统计，带有第二人称主语“你(们)”和强调标记的祈使句共709条，其主语隐去和显现情况区别很大，具体数据如表7-8所示：

表 7-8

祈使标记	总数	主语“你”显现		主语隐去	
		数目	比例	数目	比例
给我	65	54	82.7%	11	17.3%
得	75	72	95.4%	3	4.6%
一定	90	73	80.9%	17	19.1%
应该	90	86	95.6%	4	4.4%
要	347	323	93.2%	23	6.8%
千万	19	15	78.6%	4	21.4%
务必	23	18	78.8%	5	21.2%
总计	709	641	90.2%	68	9.8%

我们可以发现，带有强调标记的祈使句，主语显现是常规句式。这是因为强调标记词强调的是说话人对听话人实施祈使指令的责任和义务。这种责任和义务必须在说话人心里明确实施对象，表现在句法层面就是主语必须显现。当上下文语境给足交际信息，明确祈使对象，这时可以省去主语。例如：

(377)“你真老糊涂了……该抱孙子啦!”(《楼基下沉》柏原)

(378)“你回去，一定要治好她；没有我叫，一步也不准走开。”(《在昂美纳部落里》郭国甫)

(379)“你你你，别在这儿丢老子的脸，给我滚!”(《大地》秦兆阳)

(380)只有劝女儿不要难过，“事到如今，你什么都得想开，千万要顾自己的身子!”(《女儿悲》刘振华)

第二，祈使句带有附加问“好不好”“行不行”等，主语 NP_2 常规性显现。

祈使句一般可以带正反问形式的“好不好”“行不行”“可不可以”等

后加成分，表示商量、征询的祈使意义，祈使主语通常会显现。例如：

(381)过了一会儿，爸爸说："今天夜里，我还有两篇文章要看，你们别打扰我好不好?"(《误会》程东)

(382)"你来帮我一把行不行?"(《男婚女嫁》刘亚舟)

上例都是用"X不X"附加问的形式表示商量、征询义的祈使指令。说话人向听话人发出商量、征询之前，心里已经指定了商量的对象，为了表示对祈使对象的强调，在表达时一般不省去主语。

第三，祈使话语标记"你说(看、想、瞧、听……)出现时，祈使主语常规性显现。

"你说(说)""你看(看)""你想(想)""你瞧(瞧)"已经固化为表祈使意义的话语标记，它们出现时第二人称主语"你"一般常规性显现。例如：

(383)"你说，每次回娘家，偷了多少东西?"(《婆婆——童年记事之一》韶华)

(384)"你想想，他还有脸活下去吗?"(《大地》秦兆阳)

(2)语用制约条件

第一，说话人表达对听话人的尊敬情感时，第二人称代词"您"常规性显现。

在一定的语境条件下，说话人心里特别强调对听话人的态度，如表示非常尊敬，主语"您"一般情况下显现，不会省去。"您"常用于晚辈对长辈、下级对上级的请求、商量的指令，若省去就没有尊敬的意味了。例如：

(385)"唉，老宋，这事儿您得替我拿主意啊!"(《分界线》张抗抗)

(386)“徐老师，今天您不要讲课了，回去休息吧，我们自习。”(《怪黑板》树森)

主语“您”常用于上下级关系或长辈对晚辈的关系中，有时甚至为了凸显对听话人的重视，还可以将主语“您”倒置在谓语后面。例如：

(387)“嫂子，别脸红啊，您！”(《北京人在纽约》曹桂林)

第二，说话人强调祈使指令的完成者包含说话人自己时，由第一人称复数“我们”“咱”“咱们”构成的祈使主语常规性显现。

沈家煊(2001：269)认为“咱、咱们、我们”用在祈使句中是一种“言者主语”(speaker subject)，称为“语言的主观化现象”，是“说话人把自我也放在了祈使的位置”。特别强调祈使行为的施事者包含说话人自己时，主语“咱、咱们、我们”等会常规性显现，通常情况下不能省去。例如：

(388)“天黑了，咱快走吧！”(《大地》秦兆阳)

(389)“咱们进去谈吧。”(《女人的魅力》柯岩)

第三，说话人对祈使指令的完成者表达特定的“指别目的”时，第二人称代词常规性显现。

“指别目的”是指说话人发布祈使指令时，听话对象是一群人，祈使指令的执行者不很明确，需要说话人特意指出是某个人或某一类人执行，以示区别。一般来说，祈使对象很明确时，第二人称代词“你”、“你们”常被省去。但当祈使句主语有特定的“指别目的”时，第二人称代词要常规性显现。例如：

(390)我也对身边的同志说：“王师傅说的是真的，你们别提他了。”(《工人》韩起)

(391) 石华说："大哥、三哥，你们听听，这不是怪事？"(《海盗》胡正言)

3. NP_3常规性隐去的条件

(1) 句法制约条件

第一，通常带有否定标记的祈使句，NP_3常常隐去不说。

这一类祈使句一般出现在说话人和听话人都在场的情境中，说话人对听话人当面发出禁止或劝阻的祈使指令，由于祈使指令的意义强度高，句式短，且听话人明确，这一类否定祈使句常常隐去主语。例如：

(392) 白洁如在他对面坐下说："(你) 不要太累了。"(《解放日报》1982-6-23)

(393) 吕坎冷笑一声："哼，(你) 别装相，我明天把你以前跟我一块干的事，都说出来，我死了你也别想活。"(《智擒逃敌》南志中)

(394) 爷爷怒冲冲地说："(你) 不许开枪！"(《红高粱家族》莫言)

上例中祈使句在口语表达中主语通常会省去，但都可以补足出第二人称代词作主语。

第二，带有"点儿""着""一下"标记的祈使句，NP_3一般常规性省去。

这一类祈使句常带有短时、持续或尝试意义的标记，祈使指令表示命令、催促或要求意义，祈使对象明确，祈使表达形式短小，这一类祈使主语常隐去不说。例如：

(395)"让一下，让一下。"(《风乍起》王剑)

(396)"放老实点儿！"(《神葬》马佳)

第三，实词独用型祈使句，祈使主语常规性隐去。

祈使项表现的复杂程度会决定祈使主语的隐现，祈使项越简单，主语出现的可能性就越小。没有祈使标记的实词独用型祈使句，其构成成分都非常简单，趋向于省去主语。尤其是对一些由动词重复使用表达的祈使意义，祈使主语常常隐而不现。丁崇明(2001：66)指出，词语叠连的基本功能是通过量的增加起到强调某种语义的作用，叠连式句子最常见的就是表示命令、禁止和敦促的祈使句。因此，被叠连的词语表示的祈使意义强度增加，被叠连的词语一般由三个组成，句式短小，祈使主语常规性省去。例如：

(397)林家桦又掏出一瓶酒："来，喝！"(《在那遥远的地方》邓炬云)

(398)王老兵仍然乐呵呵地："吃、吃、吃！"(《七个战士和一个零》严歌苓、李春威)

(399)"去去去，我们内部的事不用你们管。"(《集邮迷的故事》贾启春、虞哲杰)

第四，句首带有表示处置意义的介词"把""叫""让"，祈使主语一般常规性隐去。

句首带有处置义介词"把""叫""让"的祈使句，句子主语一般隐去不说。这是因带有"把""叫""让"处置义的介词后标明处置对象，说话人在发布祈使指令时已明确了听话人，祈使主语可以隐去不说。例如：

(400)扩音机传出场长的嘶叫："把流氓强奸犯林涛押上来！"(《羊城晚报》1981-1-6)

(401)蒋带着发怒的口气说："我是国家的一个领袖，我不去，叫你们副司令来。"(《西安事变史实》李云峰)

(402)"叫你男人出来！"(《青春梦》卜恒亮)

上例中“把”“叫”“让”后的宾语表示被处置的对象，祈使对象都是和这些处置对象有直接关系的人，祈使主语不出现也不会影响听话人对指令内容的理解。如例(400)说话人通过“把”字祈使句表达指令，已明确了处置对象是“流氓犯林涛”，完成“把林涛押上来”的祈使对象一定是对林涛有处置权的人，因此祈使主语即使省去也不影响对祈使指令的理解；例(401)中“叫你们副司令来!”暗含祈使对象是和“副司令”有关系的下级“你们”，听话人虽没有指明但不影响祈使指令的执行。

第五，句首用“请”表达祈使意义，祈使主语通常隐去。例如：

(403)“请原谅我昨天的话。”(《初夏的重逢》梁沪生)

(404)“请先坐一会儿，这个马上就完。”(《粉红色的梦》于久惠)

句首带有敬辞“请”蕴含祈使对象就是听话人，祈使主语不用显现。有时“请”后面也会带有第二人称代词作宾语，表达特别尊敬的祈使意义。

(2)语义制约条件

祈使句表示催促指令时，谓语带有[+催促义]，说话人为了采用最经济的表达方式，在不影响句子意义表达的前提下，往往会省略主语。例如：

(405)大姚笑着说，“快讲讲，咋弄得这样惨?”(《凡尘》鞠显友)

(406)“快，去走廊里叫陈工程师!”(《春风得意》刘彦林)

(3)语用制约条件

第一，在交际场景中，说话人和听话人彼此都在场，并且说话人发出的祈使指令的执行对象也明确而唯一时，NP_3一般常规性省去。例如：

(407)她把水放在炕沿上，搡了父亲一把，说：“出去!”(《红

高粱家族》莫言)

(408)莲子进屋，见贾先生还在地下踱步沉思，赶忙小声说："快跑，警察署今儿晚上来抓你，说你是八路!"(《金牛奇传》许俊选)

第二，上下文语境中，复句前后分句的主语同指，祈使主语隐去不说。例如：

(409)"你的弹片太大，这里取不了，(　)得回去做大手术。"(《他是我的老乡》王兴浦)

(410)"先征求一下你的意见，有什么想法，困难或要求，(　)可以提出来，供领导考虑。"(《春风得意》刘彦林)

上例中祈使句上文中都出现了"你的"，已经明确了听话对象，祈使主语省去不说也不会影响句子意思的表达。根据上下文语境，隐去的主语可以补足。

4. NP_4强制性省略的条件

(1)句法制约条件

带有"小心""注意""严禁"等表示提示或制止意义的祈使句，祈使主语一般强制性省略。例如：

(411)小心+VP：小心路滑！　小心台阶！　小心碰头！

(412)注意+VP：注意安全！　注意危险！　注意小偷！

(413)严禁+VP：严禁烟火！　严禁踩踏！　严禁靠近！

(2)语用制约条件

第一，特殊场景下，祈使主语要强制性隐去。

最典型的无主语祈使句出现在强度最高的战时命令场景，说话人具有绝对的权威发布祈使指令，祈使指令的执行者也必须完成指令，这时祈使句的主语必须强制性省略。一旦加上主语，祈使强制度就会降低，不符合祈使场景需要。例如：

(414)上！ 追！ 走！ 去！ 搜！ 停！
(415)走开！ 出去！ 开始！ 出发！
(416)冲啊！ 杀啊！ 卧倒！ 开炮！

第二，突发场景祈使主语强制隐去。

在交际场景中，说话人发出的祈使指令的执行对象不明确或是不在现场时，NP_3一般常规性省去。袁毓林(1993：11)指出，这种情况属于"说话人没有和听话人建立交际联系，一般是突发事件背景下发出的祈使指令"。突发事件中，尽管说话人和听话人没有建立交际联系，但说话人发出祈使行为时，已在大脑中想象了某个祈使对象。例如：

(417)李木同高喊："来人抓贼呀！"(《河北日报》1988-10-9)
(418)"来人，快来人！"(《无中生有》王晓达)

上例中的祈使指令都是在突出事件中发出来的，尽管从句子表面意义上看，没有确定的祈使对象，甚至可以说祈使对象不存在，但是这个祈使对象是存在于说话人大脑中的。说话人遇到突发事件，形成祈使行为的同时，在大脑中已经确定了祈使行为的对象，这个对象就是例(417)(418)中的"人"。

第三，说话人在极端情绪管控下，祈使主语隐去。

主语强制性省略的另一种情况就是说话人受到即时情景的刺激，语言表达受到个人极端情绪的影响，祈使句的主语强制性隐去。例如：

(419)两名罪犯，气急败坏，歇斯底里嚎叫："砍死他！"(《河北日报》1988-10-9)
(420)急匆匆赶来的战士们望着奄奄一息的孩子，纷纷捋起袖

子向医生请求："抽我的血！"(《河北日报》1990-2-16)

综上可知，汉语祈使主语隐现条件比较复杂，这是由于汉语本身缺少形态变化，句子主语隐去与显现的规律不很明显。吕叔湘先生(1985：445)指出："国语的句法分析比印欧语言系困难，原因之一就是隐藏和省略的部分太多。"对于汉语祈使句而言，无主句出现的频率远远大于有主句。根据祈使主语的强制性显现和隐去的句法、语义、语用条件，我们把祈使句分为"显主句""有主句""省主句""隐主句"四类。主语"我们、咱、咱们、您、你、你们"和称呼语在四类祈使句式中隐现的情况如表 7-9 所示：

表 7-9

主语类别	NP1 强制性显现	NP2 常规性显现	NP3 常规性省略	NP4 强制性省略
我们/咱(们)	-	+	-	-
您	-	+	-	-
你/你们	-	+	+	+
称呼语	-	+	-	-
句　式	显主句	有主句	省主句	隐主句

通过上表我们可以发现，祈使句主语"你、你们"是常规性隐去，其他主语如"您"、"我们"、"咱"、"咱们"和称呼语在一定句法、语义和语用条件下受限显现。主语的隐现与人称之间出现系统的对应关系，说明现代汉语祈使主语隐现存在一定的原因。

二、祈使主语隐现的深层动因

前一部分对祈使主语的隐现情况进行了详细分析，通过对语料的统计得出祈使主语的零形式在现代汉语中出现的比例最高，达到 62. 3%；由第二人称代词"你(们)""您"充当祈使主语的例句约占 30. 7%，由第一人称复数"我们""咱(们)"充当主语的例句约占 4.6%，其余的 2.4%由称呼语和其他成分构成。这些数据说明说话人表达祈使指令时隐去主语的情况比较常见，这和说话人实施祈使行为时的认知心理过程、指称形式的心理可及性以及语境因素有着密切关系。

1. 祈使言语交际的认知心理过程

Clark(1992)认为语言的使用绝不仅是人们生成和理解一系列有着特定含义的句子，它是一种集体活动，其中说话人的意义起到重要作用。根据 Clark 的观点，我们认为祈使言语交际过程，既是说话人表达祈使语义的过程，也是听话人接收并理解祈使语义的过程。在这一过程中，说话人根据表达的需要，选择恰当的手段和表现形式向听话人传达祈使语义，并促使听话人去理解其意义，力图达到自己的祈使目的。说话人在实施祈使行为时，会受到各种因素的影响，不仅包括说话双方各种社会因素的影响，还包括各种心理因素的影响。影响的结果是说话人表达祈使语义的手段和形式存在差异，其中包括选用不同的指称形式来充当祈使主语。同时，听话人根据自己的感知体验对祈使语义作出不同的理解，其中包括对祈使主语的判定等。

叶斯柏森提出的交际过程模式可以非常形象地说明说话人表达意义和听话人理解意义的过程(参看冯志伟，1999：83)，如图 7-2：

	C		B		A		B		C
说话人	概念	⟶	功能	⟶	形式				
听话人					形式	⟶	功能	⟶	概念

图 7-2

说话人根据自己的交际意图，将头脑中的概念意义通过最恰当的方式表达出来，而听话人则通过这种言语形式来理解祈使语义，从而说话双方才能进行有效地交流。

Sperber & Wilson(2001)认为这种言语交流过程实际上就是一个认

知推理的过程，是涉及信息意图和交际意图的明示-推理(ostensive-inferential)过程。根据明示-推理模式可以得知，祈使言语交际中，说话人发出祈使指令，就是一种明示过程，即说话人借助一定的形式将祈使意图明白地展现出来，期望听话人接收并加以执行；听话人接收祈使指令，实际上就是一种推理过程，即听话人根据说话人实施祈使行为的表现形式，结合各种语境因素进行心理推论，最终获知说话人的祈使交际意图。

明示-推理模式为祈使主语的隐现提供了心理层面的理论解释。这一理论依据可以很好地揭示说话人发出祈使指令时选用祈使主语的心理动因。说话人发出祈使行为，向听话人明示自己的祈使内容时，心里要考虑到对方的理解；听话人理解时也要考虑到对方的表达特点。表达和理解过程其实就是言语交际参与者的心理活动，这种心理活动贯穿了整个言语交际过程的始终。祈使主语的隐现正是这种言语交际活动中说话人心里对祈使指称对象在听话人意识中明确与否的表现。这种心理明确程度的差异表现在说话人选用不同的指称形式来表示祈使主语，如零形式、代词、称呼语等。例如：

(421)站一下！　让开！　滚！

(422)"今天有封顾客来信，我们研究研究。"(《喜报传来之后》陈松溪)

(423)"你先回去睡觉，我还有好多事情要办！"(《文汇报》1981-2-5)

(424)小张，站在操场上！

(425)哥们儿，车借我用用！

有的祈使句主语采用零形式表示，如例(421)；有的采用不同的人称代词充当，如例(422)(423)；还有的采用名词称呼语表达，如例(424)(425)。这些表现形式在词汇特征上的区别，实际上是它们识别度的区别。最详细明确的指称形式是名词称呼语，如"小张""哥们儿"。

一旦指称的祈使对象容易识别，就用代词或零形式表达。这种识别度的差别与祈使对象在说话双方主观心理的可及性程度有关联。

2. 祈使主语的隐现与祈使对象的可及性程度

Sperber & Wilson(1986)提出可及性概念，这一概念是用来解释说话者如何选择使用的指称。Ariel(1988，1991，1996，2001)提出了解释指称形式选择的可及性理论(Accessibility Theory)。Ariel(1990：16)指出："'可及性'是指从大脑记忆系统中提取某个记忆单位或语言单位的便捷程度，实体在听话者意识中的可及性程度(由说话人主观判定)是选择指称使用形式的重要标准。每一个指称表达都具有一定的和不同的心理可及度。指称表达事实上是可及度标记，指引听话人追溯适当的心理表征。"(参看陈伟英，2009：54)

根据"可及性"理论的解释，我们认为，说话人发出祈使指令的过程，同时也包含了选择表达祈使主语的子过程，这个子过程实际上是一个主观判断的过程。说话人发出祈使指令时，基于某种主观心理判断祈使对象在听话人意识中的可及性程度，并根据这一判断来选择相应的祈使指称形式；反之，听话人根据指称形式表示的可及性程度对说话人作出回应。由于说话人心里对祈使对象可及性程度的判断并不是一成不变的，而是每发出一次祈使行为都要对其进行重新评估。一旦说话人确定了祈使对象的当前可及性程度，就会在语言中选择一个合适的指称形式进行表达。一般来说，零形式和代词用于可及度相对较高的祈使对象，而全称名词词组则用于低可及度的祈使对象。说话人可以根据祈使对象的可及性程度的高低，选取不同指称形式来有效地表达祈使对象，以便听话人能准确理解其祈使意图。例如：

(426)"收下吧！就送这一次了！"陆续到来的群众纷纷请求。"不，不能(收)啊！"小王感动地哭起来。(顾寄南《黄桥烧饼》)

(427)周朴园：繁漪！你怎么还不去？
繁漪：(故意地)上哪儿？

周朴园：克大夫在等你，你不知道吗？（曹禺《雷雨》）

例(426)“收下吧！”主语隐去是因为说话双方彼此清楚祈使对象是谁，说话人心里判定发出祈使指令时不需要显现主语，听话人也会知道祈使对象是自己，交际双方彼此心领神会。例(427)中周朴园知道繁漪心里不愿意看医生，为了让繁漪明白必须去时用了可及性程度较高的称呼语“繁漪”和第二人称代词“你”来显示对她的命令和强调，目的是为了让繁漪更明白地接收祈使指令。

可见，Ariel 的可及性理论为祈使主语指称形式的选择提供了心理层面的解释，这一解释可以很好地说明祈使主语隐现情况背后的深层原因。这个深层原因来自于说话人主观上对祈使对象在听话人心里可及性程度高低的判断，这个判断成为选择祈使主语表现形式的依据。

不同的祈使对象可及性程度不同，这种可及性程度储存在人们的潜意识之中，比如高可及度的指称对象可用较少的语言材料构成，低可及度的祈使对象则由较多的语言材料构成。可以说祈使对象的可及性程度和语言的经济性原则关系密切。只要祈使对象可及度高、可恢复性强，总是倾向于用最省略的零形式来表达；相反，祈使对象可及度低、可恢复性弱，总是倾向于使用详细的全称名词词组来指称。祈使言语交际过程中，说话人常常会对在场的、面对面的听话人发出祈使指令。对于汉语这种比较含蓄、比较复杂的语言，说话人发出祈使指令，选用零形式主语是与听话人、现实情境、当前话题最直接关联的，也是最容易被激活、理解和接受的；听话人对零形式祈使主语的接收与理解也是最快的。因此说话人表达祈使指令时多是趋向于使用最经济的形式表达最明确的祈使意义。我们对真实语料的统计结果显示祈使主语的零形式在现代汉语中出现的比例最高，达到 62.3%。可以说祈使项越简单，越容易隐去主语。例如：

(428)走！　快走！　你快走！　你们一起走吧！　你们明天再走，好吗？

上例从强到弱表达“走”这一祈使指令，随着祈使项的结构变化，祈使主语的可及度也会随着发生改变。

3. 祈使对象的可及度与语境因素

祈使对象的可及度对语境有着较强的依赖性，这种依赖性体现在语境因素对祈使主语的隐去和显现有着过滤和添补的作用。这种过滤和添补作用表现在语境可以为说话人提供判断祈使对象可及性程度的条件。如果语境已经提供了祈使指称对象，说话人主观上判断听话人意识中明确这一对象，即祈使对象的可及性程度较高，那么说话人趋向于使用零形式表示祈使主语。反过来，如果语境没有提供祈使指称对象，说话人主观上判断听话人意识中不明确这一对象，即祈使对象的可及性程度较低，那么说话人就不能省去祈使主语，而是趋向于使用名词称呼语或代词来表示祈使主语。

可以说，语境将说话人的言语表达和听话人的言语理解紧密地联系在一起。Sperber & Wilson(2001)的关联理论也进一步扩展了语境的作用，他们指出，说话双方的交际过程是和语境相互关联的。在交际中，说话人根据自己的交际目的和意图不断地选择认知语境进行充分表达，而听话人则根据表达的语义进行充分理解。这一理解过程伴随着听话人主观意识上对语境的不断恢复。由此可见，交际双方互知、互明的部分成为表达和理解的语境因素。说话人在实施祈使行为时，已在大脑中潜意识地确定了行为的接收对象，这个接收者可能会在现实生活中出现，也可能不出现。说话人根据语境提供的条件判断听话人主观意识中祈使对象的可及性程度，这种判断成为说话人选择指称形式的依据。

说话人根据语境提供的条件，判断听话人主观意识中祈使对象的可及度来选择不同的指称形式充当祈使主语，遵守言语交际的合作原则，目的是希望能顺利实现自己的祈使意图。日常语言学家 H · P · Grice(1975)提出言语交际的总原则——合作原则(Cooperative Principle)，即“言语表达不会是杂乱无章的语句堆砌，而是伴随一定的目的，或者具有一定的意图”。在 Grice 看来，说话双方都会遵守合作原则，并“根据双方会话的目的或交流的方向，在一定的语境下提供会话所需要的话语或信息。”因此，说话人表达祈使指令时，主观心理上首先会对听话人意识中能否接收和理解祈使语义作出判断。当语境不能提供明确的指令接收对象时，根据合作原则的“量准则”，说话人表达祈使指令时祈使主语不能隐去。(参看冉永平，2012：55-57)

由于说话人实施的祈使行为是“要某人做某事”，当祈使指令的完成者是以下几种类型时，语境不能给予听话人充分的指称信息，祈使主语不能隐去：

Ⅰ. 祈使指令的接收者包含说话人自己；

Ⅱ. 祈使指令的接收者为总指、遍指或特指对象；

Ⅲ. 说话人表示对指令接收者的尊敬；

Ⅳ. 说话人极为强调、极为重视祈使指令的接收对象；

Ⅴ. 说话人主观判断听话人不明确祈使指令的接收者。

祈使主语由“我们(咱、咱们)”“您”“大家”“全体”“全员”“每个”“人人”“男士”“女士”“闲人”以及称呼语充当主语时不能隐去；同时，带有强调标记的祈使主语不能省去。我们对现代汉语语料库考察发现，祈使句子带有强调标记“给我”“得”“要”“应该”“该”“必须”“务必”等时，祈使主语一般不能隐去。比如带有“给我”的祈使句共 65 条，其中 54 条带有主语，占 82. 7%；带有助动词“得[děi]”的祈使句共 75 条，其中 72 条带有主语，占 95. 4%；带有助动词“要”的祈使句共 135 条，其中 123 条带有主语，占 91. 1%。带有助动词“应该”“该”的句子共 229 条，其中 198 条带有主语，占 86. 5%。这些数据说明说话人认为祈使指令接收者被强调，而语境不能提供被强调者的信息时，必须通过显现主语才能准确表达强调对象。

可见，说话人向听话人传达指令信息，必须确保指令内容能够被听话人准确理解，在追求语言表达经济的原则下，还需要根据语境提供的条件，遵守会话合作原则，从听话人的角度进行编码。当语境不能给予听话人充分的信息时，说话人必须满足言语交际的“量准则”，不能隐去祈使主语，否则会影响听话人对祈使意义的理解。当语境能够提供足量信息时，说话人就可以将冗余成分隐去不说。听话人可以根据语境提供的信息对祈使内容加以理解。

语境能够给予祈使主语充分信息的情况，有以下几类：

Ⅰ. 说话双方对祈使指令的接收者都很明确；

Ⅱ. 祈使指令的接收者泛化；

Ⅲ. 祈使指令的接收者任指。

比如在某些情境下，祈使双方都明确了祈使指令的接收者；或在特殊的公共场所或是特定的职业、专业规定的祈使场景中，祈使指令的接收者泛化或任指，祈使主语可以隐去。例如：

(429) 李子荣看见马威的笑容，又想往外套他的话："告诉我吧！不然，这一夜不用打算睡着觉！又跟老头闹了气，是不是？"

"不用提了！"马威打了个哈哧："我本不想找你来，不凑巧今天晚上没走了，只好来打扰你！"(老舍《二马》)

(430) 来人啊！　　救命啊！　抓小偷啊！

(431) 美国法律规定：严禁在公务员录用考试中泄题等舞弊行为。(《中国政治体制改革论》谭健)

(432) "严禁以任何手段虐待妇女"。(《文汇报》1991-3-7)

例(429)李子荣和马威的对话中，说话双方都知道祈使指令的完成者，因此可以直接隐去主语用零形式表示；例(430)说话人发出祈使指令的接收者已经泛化，没有明确的接收对象；例(431)(432)表示禁止指令是针对任何有此行为的人，凡是参加"公务员录用考试"的人和有"虐待妇女"行为的人都要被制止。这些隐去的主语都可以通过语境"补充"完整，不会造成听话人的误解。

可以说，语境把说话人的言语表达和听话人的言语理解这两个过程关联在一起。Sperber & Wilson 指出这种关联性不仅仅是关联，而是说话双方之间追求的最佳关联性。祈使言语交际中，说话人根据语境对听话人提供的祈使对象的可及性程度，选择不同的指称形式充当祈使主语。听话人使用尽可能少的努力获得尽可能多的祈使信息。语境因素为说话双方的交流达成最佳的关联，从而达到最高程度的祈使交际效果。

【本节小结】

现代汉语祈使主语省略是口语对话中一个普遍存在的现象。这种现象是由汉语句法灵活性和语言表达的简洁性决定的。祈使主语隐现情况复杂，我们从句法、语义和语用层面分析祈使主语隐现的各种制约因素，并从心理认知层面寻求祈使主语隐现的深层动因。

①祈使主语大致分为四类：一是第二人称代词“你”“你们”“您(敬称词)”；二是第一人称复数“我们、咱、咱们”；三是称呼语和其他成分；四是零主语。我们将祈使主语记作 NP，按照其隐现的强度等级差异，分为四类：第一，NP 在祈使句中强制性显现，不能被隐去，记作 NP_1；第二，NP 在祈使句中常规性显现，必要条件下可以隐去，记作 NP_2；第三，NP 在祈使句中常规性隐去，必要条件下可以补足主语，记作 NP_3；第四，NP 在祈使句中强制性隐去，不必补足主语，记作 NP_4。祈使主语的隐现分别受到句法、语义、语用条件的制约。

②祈使主语的隐现除了受到句法、语义、语用条件的限制外，还受到深层心理动因的影响。祈使言语交际的认知心理过程就是说话双方对祈使语义的明示—推理过程。这一过程中，说话人主观上判断祈使指称对象在听话人心里可及性程度高低来选择祈使主语表现形式；而祈使对象在祈使双方大脑中的可及度对语境有着较强的依赖性，这种依赖性表现为语境因素对祈使主语的隐去和显现有着过滤和添补的作用。

总之，现代汉语祈使主语的表现形式复杂，其隐现的各种情况受到句法、语义和语用等条件的制约。进一步来看，祈使主语的隐去与显现受到祈使言语交际过程的认知心理的影响，这一影响表现在祈使对象在说话双方心理的可及度以及语境对可及度的制约。

第三节 现代汉语祈使主观量级及相关句式

第一章我们分析了祈使范畴具有主观性的特点。现代汉语祈使范畴的主观性通过不同的语言形式表现出来，使得祈使语力存在强弱不同的等级差异。我们按照语力强弱对这些等级差异进行分类，并寻找每一类相关的句法表现形式。

一、祈使主观量级的界定

说话人借助一定的语言手段发布祈使指令，目的是"希望听话人按照自己的意愿做某事"，比如说话人要听话人把门打开，可以用命令的方式说"开门!"也可以用商量的方式说"请你把门打开，好吗?"，还可以更委婉地对听话人说"好热啊，要是把门打开就好了!"等。从这些祈使语义的表达式上可以感知到说话人对听话人施加祈使指令的力度存在一定的差异，表现在语言层面就使得"祈使语力"存在强弱不同的等级差异。这些差异的原因是由于说话人发出祈使指令时倾注了不同的主观情感和主观态度，这种情感和态度蕴含了说话人对"自我"的强调程度，体现了说话人表达祈使语义的主观性。这种"主观性"就是指"说话人在话语中多多少少总是含有说话人'自我'的表现成分"。(参看沈家煊，2001：268)

Benveniste(1971：224)指出，"自我"指的就是说出"自我"的这个人，这就是我们所说的"主观性"的基础所在，而这个基础由"人"的语言身份来决定(参看刘瑾 2009：11)。我们认为，说话人表达祈使语义时，蕴含的"自我"成分，就是说话人主观情感或态度上对"自我"立场的强调。当说话人主观上极为强调"自我"的存在时，就表现出一个"强大的我"，这个"强大的我"就会对听话人施加足够大的控制力，要听话人必须完成预设的祈使结果；当说话人主观上不太强调"自我"时，就会表现出一个"适中的我"，这个"适中的我"会对听话人施加一般的控制力，要听话人完成预设的祈使结果的意愿程度适中；当说话人主观上极不强调“自我”时，就会表现出一个“弱小的我”，这个“弱小的我”只能对听话人施加微弱的控制力，能否顺利完成预设的祈使结果，主动权通常掌握在听话人那里。

因此，祈使范畴的主观性体现在说话人心里对“自我”的强调程度。这种强调程度的差异性通过不同的语言形式表现出来，使得祈使语义存在语力强弱的等级差别。我们依据祈使语力的强弱来划分祈使范畴主观量的等级，可以进一步深化对祈使范畴的认识。

我们知道，祈使范畴内的这种等级之间界限模糊，彼此之间的区别并不完全清晰。因此，我们对祈使范畴的主观量级也只能做一个大致的趋向性划分。

以往研究中已有不少学者根据祈使语气或功能的强弱对祈使句进行再次分类。黎锦熙(1924：274)在《新著国语文法》中，根据语气强弱把祈使句分为“决定”和“商榷”两类。吕叔湘(1942：305)在《中国文法要略》中认为：“祈使语气有刚柔缓急之异，因而可有命令、请求、敦促、劝告等分别。”袁毓林(1993：14)在《现代汉语祈使句研究》中，根据意义和表达功能的不同将祈使句分为三类六种：命令句和禁止句、建议句和劝阻句、乞求句和乞免句。我们认为，仅仅依据祈使语气和表达功能划分祈使类别，不能真实地反映祈使言语行为的本质，而应从主观心理入手，根据说话人表达祈使语义的主观性程度来对祈使范畴的主观量级进行划分，这样也更符合祈使语言事实。

综上可见，祈使范畴的主观量级就是说话人主观上选择“祈使指令权”大小的等级差异。这个“祈使指令权”大小的选用和说话人心里对祈使结果的判断有关。我们知道，说话人在实施祈使行为时，会在心里预设一个祈使结果。说话人对这个结果实现程度的判断决定了选用何种程度的“祈使指令权”来发布祈使指令。“指令权”越大，越能凸显说话人的“自我”，也越能给听话人施加更强的控制力，主观性就越强，表现在语言层面就使得祈使语义语力越强；反之，“指令权”越小，越弱化说话人的“自我”，也就越减弱对听话人施加的控制力，主观性就越弱，表现在语言层面就使得祈使语义语力较弱。这种祈使语力的强弱差异成为划分“祈使主观量级”的主要依据。“祈使主观量级”的实现过程如图 7-3 所示：

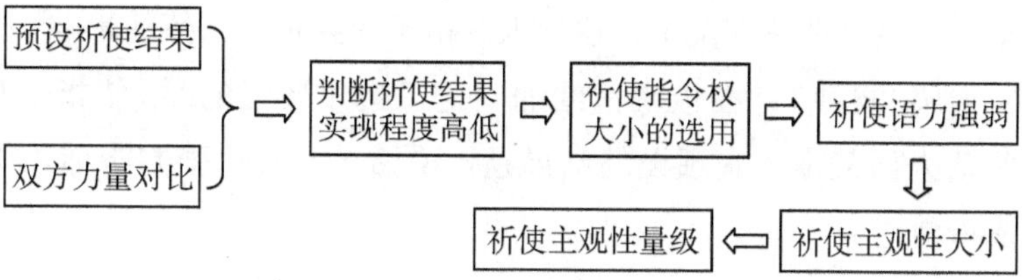

图 7-3

为了进一步加强对说话人主观量的认识，我们需要进一步思考：祈使主观量级的强度可以细化为哪几种等级？每一种等级主要通过哪些句式得以表现？

二、祈使主观量级的分类

根据对祈使范畴内涵特点的分析，可以得知，祈使范畴的主观量级来自于说话人主观上对“祈使指令权”大小选择的等级差异。通过选择不同的“指令权”，说话人对听话人施加不同程度的控制力，企望听话人在不同程度上按照说话人的意图完成祈使指令。“指令权”有大有小，对听话人施加的控制力也就有强有弱。这种强弱差别就使得祈使语义存在语力强弱的等级差异。我们用 S 表示说话人，H 表示听话人，X 表示主观性程度。X 是变量因素，由说话人决定，祈使范畴的主观量级可以大致分成三级：$X_{强}$、$X_{中}$、$X_{弱}$。

1. $X_{强}$成立的条件(以下条件其中之一)

第一，一般情况下，说话人 S 主观上比较强调“自我”，选用较强的“祈使指令权”要听话人做某事，对听话人施加较强的控制力。其预设的祈使结果是：说话人 S 心里认为听话人 H 必须或一定要完成祈使指令；

第二，突发情况下，说话人S由于受到紧急情况的刺激，主观上比较强调“自我”，使用较强的“祈使指令权”要听话人做某事。其预设的祈使结果是：说话人S心里希望听话人H必须或一定要完成祈使指令；

第三，极端情绪支配下，说话人S由于受到负面情感的影响，主观上非常强调“自我”，在极端情绪的支配下选用较强的“祈使指令权”，威胁听话人做某事。其预设的结果是：说话人S心里强制听话人H必须完成祈使指令。

以上三种情况中说话人S发布祈使指令的主观性程度最高，表现在语言层面就是祈使语力最强，这些情境中使用的祈使句式都是命令型祈使。

第一种我们可以称之为“一般命令式”祈使句。如：

(433)“我命令你，必须撤离，马上撤离!”(《山帅》吴振录)

(434)“你必须马上离开这儿!”(《红岩》赵菜静、于成鲲)

(435)“为连长报仇，冲啊!”(《奇特的英雄》朱树喜)

上例都是“一般命令式”祈使句。说话人S之所以选择语力最强的命令句，是因为S心里希望听话人H最大限度地实现心里预设的祈使结果。说话人在对预设的祈使结果进行判断之前，首先对双方各种社会心理力量进行主观对比，通过对比可以得知说话人S的社会心理力远大于听话人H，因此S判断自己可以选用较强的“祈使指令权”对H发布祈使指令，这就使得说话人可以使用“一般命令式”祈使句表达祈使指令。

通常情况下，“一般命令式”祈使句成立的条件是：

Ⅰ.S首先在心里预设一个祈使的结果；

Ⅱ.S心里对双方力量进行主观对比，得出自己的社会心理力量极强于H；

Ⅲ.S通过对比判断预设的祈使结果实现程度较高；

Ⅳ. S 倾向于选用较强的“指令权”向 H 发布命令或要求意义的祈使指令。

Ⅴ. S 选用较强的“指令权”发布祈使指令，表现在语言层面就是向 H 施加了主观性较强的“语力”。

第二类我们称之为“突发命令式”祈使句，例如：

(436) 李木同高喊：“来人抓贼呀!”(《河北日报》1988-10-9)

(437)“救命啊!”(《春风秋雨》阿英)

上例都是“突发命令式”祈使句。说话人 S 由于受到紧急情况的刺激，心里急切希望听话人 H 最大限度地实现预设的祈使结果。这种情境下，说话人 S 通常会模糊双方的社会力，主观上更强调“自我”意识，其心理力远大于听话人 H 的心理力。因此说话人 S 倾向于选用较强的“指令权”发布祈使指令。这种紧急情况下听话人 H 可能不在场或不明确，但说话人 S 通过想像在大脑中确定了祈使对象，倾向于使用“突发命令式”祈使句表达祈使指令。

在突发情境中，“突发命令式”祈使句成立的条件是：

Ⅰ. S 首先会在心里预设一个祈使结果；

Ⅱ. S 心里对双方各种社会心理力进行主观对比，由于 S 受到紧急事件的刺激，模糊双方的社会力，更强调自己的主观情感，因此 S 的社会心理力极强于 H；

Ⅲ. S 通过对双方社会心理力量的对比，判断预设的祈使结果实现程度较高；

Ⅳ. S 倾向于选用较强的“指令权”向 H 发布命令或要求意义的祈使指令。

Ⅴ. S 选用较强的“指令权”发布祈使指令，表现在语言层面就是向 H 施加了主观性较强的“语力”。

第三类我们称之为“威胁式命令”祈使句。例如：

（438）“你再不老实，我就不客气了！”（《会伤心的画》刘咏）

（439）“你再跟越剧团跑，家里就不要你了！”（《太阳，你什么时候欠起脚跟》相朴）

上例都是“威胁式命令”祈使句。说话人S通过“正话反说”的方式向听话人发布命令指令，常用“你再V一个，否则就XX”句式表示“不准再V了，否则将会受到很严重的惩罚”来对听话人H发布命令指令。说话人发布威胁命令祈使句时受到极端负面情绪的支配，带有恐吓、威胁意味，主观上强制听话人H最大限度地实现心理预设的祈使结果。由于说话人S是在极端情绪支配下发出的指令，通常会模糊双方的社会因素，主观上更强调“自我”意识，其心理力远大于听话人H的心理力。因此说话人S倾向于选用较强的“指令权”发布祈使指令。

在负面情绪的支配下，“威胁命令式”祈使句成立的条件是：

Ⅰ.S首先会在心里预设一个祈使结果；

Ⅱ.S心里对双方各种社会心理力进行主观对比，由于S在极端情绪的管控下，模糊双方的社会力，更强调自己的主观情感，因此S的社会心理力极强于H；

Ⅲ.S通过对双方社会心理力量的对比，判断预设的祈使结果实现程度较高；

Ⅳ.S倾向于选用较强的“指令权”向H发布命令或要求意义的祈使指令。

Ⅴ.S选用较强的“指令权”发布祈使指令，表现在语言层面就是向H施加了主观性较强的“语力”。

2. $X_{中}$成立的条件

$X_{中}$是主观量级中度的祈使句，使用范围和对象很广。根据我们对祈使范畴次类的划分，我们对$X_{中}$的使用情况从强到弱分为两个层次：提示（建议、提醒）—征询（商量）。

第一，“提示式祈使句”，记作$X_{中1}$。说话人S提示或建议听话人H执行某种祈使指令，S和H的各种综合力量基本相当。说话人S主观上表现出适中的“自我”，选用一般的“祈使指令权”提示或建议听话人应该或需要做某事，对听话人施加适中的控制力。其预设的祈使结果是：说话人 S 认为听话人 H 有义务完成祈使指令。例如：

(440)“你应该把那些胡言乱语忘掉。”(《初夏的重逢》梁沪生)

(441)“天快黑了，你该走了吧。”(《秋鸿》边震遐)

(442)小心火烛！　小心台阶！　小心台阶！

(443)注意保暖！　注意安全！　注意车辆！

上例都是“提示式”祈使句。说话人 S 之所以选择语力适中的提示型祈使句表达祈使指令，是因为说话人 S 心里认为听话人 H 有义务或需要做某事，应该会实现心里预设的祈使结果。这种对祈使结果实现程度的判断基于说话人对双方各种社会心理力量的主观对比，通过对比得到说话人 S 的力量略高于听话人 H 的力量，即说话人 S 认为听话人 H 有义务或需要完成祈使结果，常会在句中用助动词“小心”“注意”“应(该)”“应当”等表示提示或建议，有时还会在句末加上语气词“吧”或“啊”表示比较委婉、友好的祈使语气。因此 S 倾向于使用适中的“祈使指令权”对 H 发布祈使指令，这就使得说话人表达祈使语义的主观性程度适中，常用“提示式”祈使句表达指令。

在一定的语境中，“提示式祈使句”成立的条件是：

Ⅰ. S 首先会在心里预设一个祈使结果；

Ⅱ. S 心里对双方各种社会心理力进行主观对比，判断 H 有义务或有必要完成祈使指令；

Ⅲ. S 通过对双方社会心理力量的对比，判断预设的祈使结果实现程度略高；

Ⅳ. S 倾向于选用一般偏强的“指令权”向 H 发布提示或建议意义的祈使指令。

Ⅴ. S 选用一般偏强的“指令权”发布祈使指令，表现在语言层面就是向 H 施加了主观性略强的“语力”。

第二，“商量式祈使句”，记作 $X_{中2}$。说话人 S 发布的祈使指令比较委婉、间接，通过与听话人 H 商量的方式企望 H 执行指令内容。S 也判断 H 有能力执行祈使指令，但是能否顺利执行的主动权在 H 这里；S 强调“自我”的主动性较弱，不太确定 H 是否会执行祈使指令，选用一般的“祈使指令权”向听话人发出商量或征询意义的指令，常在句末加上正反问表示征询意见。其预设的祈使结果是：说话人 S 认为听话人 H 有可能实现祈使指令。例如：

(444)“晚上七点钟在德胜馆见，好不好？”(《春华秋实》老舍)

(445)“你仍旧办妇女会的事，行不行？”(《虹》茅盾)

上例都是“征询式”祈使句。说话人之所以选择语力适中的征询式祈使句表达祈使指令，是因为说话人 S 心里不太确定 H 是否能顺利完成祈使指令。这种对祈使结果实现程度的判断基于说话人对双方各种社会心理力量的主观对比，通过对比得到说话人的力量略低于听话人的力量，即说话人 S 认为只有通过委婉征询的方式才能顺利完成祈使指令。因此，在“商量式祈使句”句中或是句末，往往会加上表示商量的疑问式“可不可以”“好不好”“能不能”等，它们的实际交际功能是：询问某事。如例(444)，说话人 S 用“好不好”询问听话人 H，实现的交际意图是“晚上七点钟在德胜馆见”。例(445)用“行不行”询问听话人 H，实现的交际意图是“你仍旧办妇女会的事”。一般情况下，S 建议 H 完成的祈使指令都是在 H 力所能及的范围内的事情，只有这样，S 才能够完成交际任务。“询问”代表着 H 具有一定的完成祈使指令的主动性，S 的主观强度一般偏弱。

在一定的语境中，“商量式祈使句”成立的条件是：

Ⅰ. S 首先会在心里预设一个祈使结果；

Ⅱ. S 心里对双方各种社会心理力进行主观对比，判断 H 有可能完成祈使指令；

Ⅲ. S 通过对双方社会心理力量的对比，判断预设的祈使结果实现程度略低；

Ⅳ. S 倾向于选用一般偏弱的“指令权”向 H 发布征询意义的祈使指令。

Ⅴ. S 选用一般偏弱的“指令权”发布祈使指令，表现在语言层面就是 H 施加了主观性略弱的“语力”。

3. $X_{弱}$成立的条件

$X_{弱}$是主观量级最弱的祈使句，我们称之为“乞求式”祈使句，这里的“乞求”包含两个含义：一是肯定的乞求，二是否定的乞求。“否定的乞求”称作乞免。说话人 S 向听话人 H 发出乞求意义的祈使指令，是基于对双方各种力量的综合对比。听话人 H 相对于说话人 S 来说，具有一定的权威性，或是说话人 S 有求于听话人 H。因此，说话人 S 选用最弱的“祈使指令权”通过乞求的方式要听话人 H 做某事，对听话人施加最弱的控制力。其预设的祈使结果是：说话人 S 认为能否顺利完成祈使指令的主动权完全掌握在听话人 H 手里。因此，乞求意义的祈使指令的主观量级 X 最弱，在具体的表达中，往往带有“求”“麻烦”“拜托”等。例如：

(446)“求求你，走吧。”(《河东寨》赵玫)

(447)茂林点着头说：“所以得麻烦你多多帮忙啊!”(《第一个春天》李新民)

上例都是“乞求式”祈使句。说话人 S 之所以选择语力最弱的乞求式祈使句表达祈使指令，是因为说话人心里非常不确定听话人 H 能否顺利完成指令内容。说话人选用语力最弱的“乞求”的方式表达祈使指令，强调一个“弱小的我”，希望听话人能够执行祈使指令。“乞求式祈使句”句首往往会加上表示祈求的标记词“求你”“劳驾”“拜托”等。它们实际交际功能是：乞求听话人执行祈使指令。如例(446)(447)，说话人 S 的语气都非常委婉客气，甚至是哀求。通过实际交际经验可以得知，一般情况下，S 祈求 H 完成的祈使指令时，S 极不确定 H 能否执行，X 的主观强度最弱。

在一定的语境中，“乞求式祈使句”成立的条件是：

Ⅰ. S 首先会在心里预设一个祈使结果；

Ⅱ. S 心里对双方各种社会心理力进行主观对比，判断 H 较难完成祈使指令；

Ⅲ. S 通过对双方社会心理力量的对比，判断预设的祈使结果实现程度极低；

Ⅳ. S 倾向于选用极弱的“指令权”向 H 发布乞求意义的祈使指令。

Ⅴ. S 选用极弱的“指令权”发布祈使指令，表现在语言层面就是向 H 施加了主观性极弱的“语力”。

总之，根据对祈使句的主观量级的分析，我们可以归纳出图 7-4：

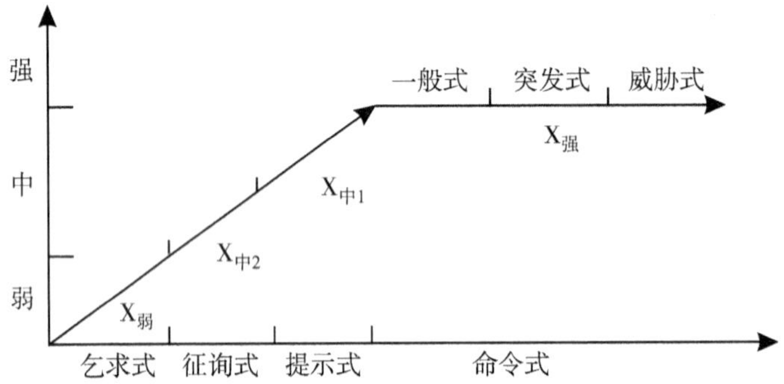

图 7-4

三、祈使主观量级的相关句式

主观性程度不同的祈使指令都需要借助相关句式进行表达，这里我们只讨论相对独立并已形成固定格式的祈使表达句式。

1. $X_{强}$的祈使句式

(1)“一般命令式”祈使句式

在前面我们已经分析了一般命令式祈使句的主观量级强度，其中“S 对祈使结果的主观预测是 H 执行祈使指令的程度极高”决定了“一般命令式”的表达方式。常用句式有：

句式一：(我)+命令+你+VP

主语“我”在一定的语境中有时可以省略，VP 可以是单独的动词，也可以是动词性短语。例如：

(448)范英明大声说：“我命令你今晚八点以前到一团报到，协助焦代团长指挥作战。”(《突出重围》柳建伟)

(449)“我命令你快点缴枪！”(《林海雪原》曲波)

(450)刘中正又道：“我命令你马上出去扫荡，限你明天把电线修好。”(《平原枪声》李晓明)

句式二：你+必须(一定/务必)+VP

主语“你”大多数情况下不用省略，VP 可以是单独动词，也可以是动词性短语，VP 结构越简单，表达的主观量级强度就越高。例如：

(451)“你必须去借一辆自行车，”他说，“我还不会骑自行车，正好借这个机会学会。”(《红树林》莫言)

(452)他又搂了搂她，把嘴伸到她的胖腮邦子上：“你一定得跟我一块儿死，咱俩一块儿死。”(《四世同堂》老舍)

(453)春儿说：“你务必和俺姐夫说说，也给这个哥找个事儿！”(《风云初记》孙犁)

句式三：你+得(要)+VP

句式中的助动词“要”“得”等标记了“要求式”祈使句的主观量级强度，听话人 H 有相应的责任和义务完成祈使指令。例如：

(454)“小林，你要尽量多发动你的朋友们也参加。”(《青春之歌》杨沫)

(455)“就像下围棋的人常说的那个词，你得争取先手，如果

老是后手，那这盘棋可就输定了。”(《十面埋伏》张平)

(2)“突发命令式”祈使句式

突发命令式祈使句的使用是和说话人 S 当时所处的环境密不可分的，因此，突发命令式祈使句出现的前提条件是“S 受到周围环境的刺激”。“突然爆发出强制命令的祈使指令”是突发命令式祈使句的显现条件。“S 大脑中指定了祈使对象”和“S 主观情感上认为 H 必须要执行祈使指令”导致“S 心里预设祈使结果实现的程度极高”，这些都是突发命令式祈使句隐性条件。其句式表现为：

肯定式：V+N+(啊)　　　否定式：别让+他+V

其中“V”一般由表示[+救助义]或是[+离开义]的动词构成。例如：

(456)来人啊！　救命啊！　抓小偷啊！　抓住他！

(457)别让他跑了！　别让他溜了！

(3)“威胁命令式”祈使句式

“威胁命令式”祈使句的使用和说话人 S 的主观情感密不可分，因此威胁命令式祈使句出现的前提条件是“S 受到个性情绪的支配”，显性条件是“突然爆发出强制命令的祈使指令”。因为“S 心里预设祈使结果实现的程度极高”，S 认为 H 迫于威胁必须要执行祈使指令。其常用句式表现为：

“你+再 V+一+量词，我+就+VP”

这是一个假设条件的复句，整个句子表现的意义是“禁止”，真正的意思是“我命令你不能再 VP！”。例如：

(458)你再说一句，我就把你牙齿打掉！

(459)你再往前走一步，我就打断你的腿！

2. $X_{中}$的祈使句式

(1)“提示式”祈使句

“提示式”祈使句的句式义是“S 以提示或建议的方式发出祈使指令”，其中“S 通过对比得出 H 比较容易实现祈使结果”是“提示式”祈使句最核心的隐含条件，因此 S 通过提示的方式表达祈使指令。其常用句式为：

句式一：(你)+该(应该/应当)+VP

句式二：小心(注意)+VP

因为说话人不完全确定听话人是否会执行指令，在句式上表现为句末加上语气词“吧”，或是加上表示建议的助动词“该、应该、应当”等，建议的语气有轻有重。例如：

(460)陈文雄走上前，和周榕亲切地拥抱着，说：“二舅，你应当给我说几句话！”(《三家巷》欧阳山)

(461)等妈妈和小顺儿走出去，瑞宣也立起来。“爷爷，你该休息了吧？”(《四世同堂》老舍)

(462)小心台阶！ 小心地滑！ 注意安全！ 注意防火！

(2)“商量式”祈使句

“商量式”祈使句句式义为“S 以询问的方式发出祈使指令”。“S 通过对比得出 H 不太容易实现祈使结果”是“商量式”祈使句的核心隐含条件，祈使指令完成的主动权在听话人 H 这里。因此“商量式”祈使句在句中加上“能不能”，句末常会加上“好不好、可不可以、行不行”等问句来征询听话人意见，主观量级强度一般偏弱。其句式为：

你+VP，好不好(行不行/可不可以/好吗/行吗)？

例如：

(463)小银燕显然有些害怕了，黑眼珠子左右乱转、怯生生地说：“妈妈，你把爸爸接回去好不好？”(《突出重围》柳

建伟）

（464）“你每天回来给泰然检查一下家庭作业行不行？”（《透支时代》莫怀戚）

（465）“小赵，你替我接一下可不可以？”（《还你前生缘》岑凯伦）

3. $X_{弱}$的祈使句

弱势量级祈使句是表示“乞求”的祈使指令，我们称之为“乞求式”祈使句。其句式义是“S 以乞求的方式发出祈使指令”，“S 通过对比得出 H 很不容易实现祈使结果”是“乞求式”祈使句的核心隐含条件，因为“S 判定祈使结果实现程度低”说明“祈使指令能否完成的主动权完全在 H”。其常用句式为：

句式一：求（求）你+VP　　句式二：拜托（麻烦）+你+VP

句式一带“求”表示近乎“乞求、哀求”的意味。例如：

（466）黄省三：潘太太，求求你，让我死吧，我没疯。没疯呀！（《日出》曹禺）

（467）瑞宣还没搭茬，金三爷就开了口：“祁先生，帮帮我吧。胜利了，还不赶快去找找钱先生和我那外孙子？求求你，帮着找找，看看他们到底给弄到哪儿去了。”（《四世同堂》老舍）

（468）“房东姑娘！我求求你，再让我跟她说一句话。”（《野火春风斗古城》李英儒）

句式二的主观量级又略高于句式一，“拜托、麻烦”表示客气的请求语气，

（469）“以后这一年零一个月，就——拜托您照顾她了——”（《山楂树之恋》艾米）

（470）“行啊！那就拜托你了，你可要把我放在心上啊！我可

是认真的！”宋秘书一语双关。(《蜗居》六六)

(471)“麻烦你下去推推车。”(《春光乍泄》王家卫)

【本节小结】

“祈使主观量级”的等级差别就是说话人主观上选择“祈使指令权”大小的差别，反映到语言层面就是祈使语义的语力存在强弱不同的等级差异。这种等级差异和说话人主观上对祈使双方力量的对比、预设结果的实现程度有关。我们把“祈使的主观量”记作X，将其分成三级：$X_{强}$、$X_{中}$、$X_{弱}$。

①$X_{强}$祈使有三类：一是“一般命令式”，说话人S相对于听话人H来说，具有绝对的权威，H必须执行祈使指令；二是“突发命令式”，说话人S在突发情境下发出祈使指令，H在客观现实中可能不在场，但S在完成祈使行为时，在大脑中通过想像已经指定了祈使对象；三是“威胁命令式”，说话人S对听话人H发出威胁的祈使指令，S的心理力远大于H，S预设祈使结果实现的程度高，采用强制度高的威胁意义的祈使指令。

②$X_{中}$祈使有两类：一是“提示式祈使”，记作$X_{中1}$，说话人S心里认为听话人H比较容易执行祈使指令；二是“商量式祈使”，记作$X_{中2}$，说话人S心里认为H不太容易执行祈使指令。

③$X_{弱}$祈使只有“乞求式”祈使这一类，这里的“乞求”包含两个含义：一是肯定的乞求，一是否定的乞求，称作乞免。听话人H相对于说话人S来说，具有一定的权威性，或是说话人S有求于听话人H，因此，S发布祈使指令的执行量级X是最弱的。

④现代汉语中祈使主观量级都有固定的表达句式。强势量级祈使句中“一般命令式”祈使句式主要由“(我)+命令+你+VP”“你+必须(一定/务必)+VP”句式表达；“突发命令式”祈使句式主要由“V+N+(啊)”“别让+他+V”句式表达；“威胁命令式”祈使句式主要由“你+再V+一+量词，我+就+VP”句式表达。

⑤中性量级祈使句中的“提示式”祈使句式主要由“(你)+该(应该/应当)+VP”“小心(注意)+VP”句式表达；“商量式”祈使句式主要由“你+VP，好不好(行不行/可不可以/好吗/行吗)?”句式表达。

⑥弱势量级祈使句主要由“求(求)你+VP”“拜托(麻烦)+你+VP”句式表达。

总之，祈使句主观量级就是说话人在完成祈使行为时，对交际双方力量的主观对比的结果，这个结果投射到语言层面，表现为说话人的语力，语力大小反映了祈使句的主观量级大小。我们对强、中、弱三类祈使主观量级的语义小类进行了分类，并对每一类对应的典型句式进行分析。

结　　语

一、本书结论

本书在已有研究基础上，对国家语委现代汉语平衡语料库、《汉语动词用法词典》(孟琮等，1999)、《汉语形容词用法词典》(郑怀德等，2003)、《现代汉语语气成分用法词典》(齐沪扬，2011)、《汉语动词—结果补语搭配词典》(王砚农，1987)和学术论著中的经典例句进行整理，累计搜集语料万余例。本书在认知语言学理论、原型范畴理论和语义句法理论基础上，重点对祈使范畴进行理论阐释和系统描写；对现代汉语祈使范畴的表达手段按照语音、词汇、句法、语用和语境的层级系统进行全面地梳理，寻找语义句法接口和祈使表达规律；进一步深化对现代汉语祈使范畴的一些特殊问题的研究。下面对本书研究的主要内容和结果做一个简要的回顾，大致归纳为如下五个内容：

1. 分析归纳出祈使范畴的内涵、概念、特点及其构成要素

首先，对祈使范畴的内涵加以描述。祈使范畴是对祈使行为的抽象概括；祈使行为是人在某种需求的驱使下大脑里产生祈使愿望，然后借助一定的方式和手段对祈使愿望加以实施而形成的。祈使行为的实施有语言手段和非语言手段，利用语言手段实施的祈使行为叫祈使言语行为；祈使言语行为是祈使行为向语言的投射，它包括祈使行为的内容和祈使行为内容的表达形式两个层面。祈使言语行为的内容就是祈使语义，我们对祈使语义进行抽象概括就形成祈使语义范畴，祈使语义范畴可以使用各种不同的语言形式来实现表达。

其次，对祈使范畴这一概念进行了界定。本书在对祈使行为、祈使语义分析的基础上，对祈使范畴这一概念进行了界定。祈使范畴包含有两个性质不同的含义：一是指对客观世界中的祈使行为的抽象概括，称之为祈使行为范畴；二是指对语言中的祈使语义的抽象概括，称之为祈使语义范畴。二者既有联系，又有本质的区别。祈使行为范畴包含祈使语义范畴，而祈使语义范畴是祈使范畴在语言层面的反映。祈使语义范畴就是我们所要关注的研究对象，简称"祈使范畴"。

祈使范畴中，原型代表就是表达命令意义的祈使言语行为。这是因为人们认为用命令的方式表达祈使指令可以最大程度、也最容易地实现祈使者心里预设的祈使结果。因此，命令意义的祈使言语行为就构成了祈使范畴的原型成员。可以说，祈使范畴是以祈使语义为核心，以"命令祈使"为范畴原型的认知语义范畴。

再次，概括归纳出祈使范畴的四个特性。祈使范畴是对祈使行为的抽象概括，祈使行为首先是基于人的某种需要在大脑中产生"要某人做某事"的愿望。当这个愿望借助一定的语言手段表达出来，祈使言语行为就形成了。祈使言语行为的内容包含有三个因素：确定的祈使对象、祈使的内容和祈使者心里预设的祈使结果。本书通过对祈使行为内涵的分析，概括得出祈使范畴具有四个特性：主观性、目标性、指令性和预设性，这四点较好地揭示了祈使范畴所具有的特性。

最后，对祈使范畴的三大构成要素之间的关系进行分析。本书概括得出"祈使者""祈使对象"和"祈使内容"是祈使范畴的三大构成要素。其中祈使者是祈使范畴的核心要素，祈使双方的社会因素和心理因素都会对祈使者表达祈使内容的方式产生影响；祈使者是祈使内容的发出者，祈使者表达的祈使内容包含有祈使者的交际意图；祈使对象是祈使内容的接收者，祈使内容会对祈使对象的行为、心理产生一定的影响。

2. 加强对现代汉语祈使范畴的"语力"和分类标准的认识

首先，概括归纳出"祈使语力"的概念。本书运用 Talmy(2000)"力量—动态模型"，把"力"的概念引入到祈使语义中，归纳出"祈使语力"的概念及制约祈使语义选择的因素。"祈使语力"是说话人通过对说话双方的各种社会力和心理力的主观对比(说话人的各种力记作 $F_{对抗力}$；

听话人的各种力记作 $F_{原力}$），依据这两种力的对比结果，对预设的祈使结果实现程度的高低进行判断，再根据这种判断选择使用不同的形式表达祈使语义，这就使得祈使语义表现出强弱不同的祈使力度，这个力就是“祈使语力”。

其次，确定了祈使范畴的分类标准并对其次范畴进行了分类。本书根据“祈使语力”的强弱等级，将现代汉语祈使范畴从强到弱分为四个次类：命令型祈使、提示型祈使、征询型祈使、乞求型祈使。命令型祈使一般采用直接命令或要求的方式表达祈使语义；提示型祈使一般采用委婉提示的方式表达祈使语义；征询型祈使一般采用征询或商量的方式表达祈使语义；乞求型祈使一般采用乞求或乞免的方式表达祈使语义。

3. 按照语言的层级体系，对现代汉语祈使范畴表达手段进行了梳理

本书按照现代汉语语音、词汇、句法、语用的层级体系，在对大量语料考察的基础上，从语义出发追寻现代汉语祈使范畴的各种表达形式，探讨语义与句法的接口及其表达规律，并对祈使表达规律进行一定的解释。

第一，语音手段。现代汉语表达祈使范畴的语音手段很多，这里重点分析的是祈使语调和祈使重音。我们运用 praat 语音软件，通过数据分析得出表达祈使语义的语调主要是降调；调域的宽窄和调阶的高低对祈使语义的情感表达具有一定的影响作用。祈使重音是人们通过重读某些词语来强调祈使信息，这些信息就是说话人心里对预设的祈使结果实现程度和实现内容的强调，通过重读凸显强调的重点，企望听话人能顺利实现祈使交际意图。

第二，词汇手段。根据对表达否定意义的祈使句的统计，我们对直接或间接表示否定语义的标记词“别”“甭”“不要”“不用”“不许”“少”“严禁”“小心”“注意”和强调标记词“（应）该”“可以”“必须”“要”“得（děi）”“千万”“务必”等进行分类对比研究。通过对真实语料的考察发现，否定祈使标记词“别”“甭”“不要”“不用”“不许”“$少_2$”“严禁”主要表示命令、制止或劝阻意义的祈使指令；“小心”“注意”主要表示提示或提醒意义的祈使指令。强调祈使标记词“可以”表示可选择性的祈使指令；“该、应该、要、得(děi)”表示建议意义的祈使指令；“必须”表示命令意义的祈使指令。“千万”常用来表示制止或劝阻意义的祈使指令，而“务必”常用来表示催促或命令意义的祈使指令。

第三，句法手段。本书对《汉语动词常用词典》、《汉语形容词常用词典》、《汉语动词—结果补语搭配词典》和现代汉语语料库进行考察，搜集语料4800多例。通过对真实语料的分析，根据句法形式相近的原则，将对话口语中常用的典型祈使句式分为五组进行对比研究，分别是：“V”和“VV”祈使句式；“V着”和“V一下”祈使句式；“VC”和“$VV_{趋}$”祈使句式；“AV(一)点儿”和“VA(一)点儿”祈使句式；“来/去+VP”和“VP+来/去”祈使句式。具体内容总结如下：

①“V”和“VV”祈使句式：“V”式常用来表示强硬的命令祈使；“VV”式常用来表示语气轻松、随意的商量或建议意义的祈使指令。

我们对表达祈使语义的“V”式和“VV”式的研究，是从时间和空间概念入手探讨这两类句式表达祈使语义的规律，并对其做一定的解释。首先，动词原型“V”可以看作一个恒常的动作概念，在时间轴上不间断地无限延伸，蕴含了说话人对指令动作的断然性——任务确定。因此用“V”式可以表示强硬的命令祈使。而动词重叠“VV”式类似在时间轴上将恒常动作切分成若干小段，“VV”所指的动作就对应若干个较小的、零散的模糊动作量。因此，用“VV”式可以表示随意的、商量的、征询意见的祈使指令。

②“V着”和“V一下”祈使句式：“V着”常用来表示语气坚定、没有商量余地的强命令祈使；“V一下”常用来表示委婉、舒缓的建议或商量意义的祈使。

这是因为“V着”表示动作完成后的状态持续，这种状态持续具有两个重要特征：“没有停顿”和“无界性”。而“V一下”表示动作持续，这种动作持续具有两个重要特征：“停顿”和“有界”，具有“微量短时义”。说话人对听话人发出“无界状态”的动作指令，其指令强度远远高于“短时进行”的动作指令，因此“V着”常用来表达语气坚定、强硬的祈使语义；而“V一下”常用来表达语气委婉、舒缓的祈使语义。

③“VC”和“$VV_{趋}$”祈使句式：“VC”式常用来表示提示、劝阻和命令意义的祈使指令；“$VV_{趋}$”式常用来表示命令意义的祈使指令。

首先，表达祈使语义的“VC”句式中谓语动词所表示的行为动作可以导致某种结果状态的发生，说话人心里对这种结果状态可能愿意接受，也可能不愿意接受。当说话人主观上不愿意接受时，“VC”结构用否定式表达祈使语义，否定的“VC”式主要表达劝阻或提醒意义的祈使指令；当说话人主观上愿意接受时，“VC”结构用肯定式表达祈使语义，肯定的“VC”式主要表达命令意义的祈使指令。

其次，“$VV_{趋}$”祈使句式相对来说是一个较封闭的类，只有24个趋向动词充当补语，主要用来表达命令意义的祈使指令。“$VV_{趋}$”句式表达位移意义的祈使指令时，具有较强的客观性，表示说话人让听话人直接完成客观现实的动作位移。“$VV_{趋}$”表达引申意义的祈使指令时，是人的隐喻机制将客观现实的空间位移映射到抽象概念领域，“$VV_{趋}$”常用来表达抽象意义的命令指令。

④“AV(一)点儿”和“VA(一)点儿”祈使句式：“AV(一)点儿”常用来表示提示或建议意义的祈使指令；“VA(一)点儿”常用来表示命令、要求或提示意义的祈使指令。

首先，“AV(一)点儿”中的“A”通常只由“多”“少”构成，表示说话人依据某种客观标准或心里的标准，认为听话人的行为有过多或过少的趋向，提示或建议听话人实施某种动作，完成预设的祈使结果。

其次，“VA(一)点儿”句式表达祈使语义的内容比较丰富。a. 表示说话人对听话人已经发生或将要发生的行为动作提出某种要求或建议，希望听话人根据自己的标准去执行。b. “VA(一)点儿”中“A”由具有褒义的、可控的、在心理上可度量的抽象状态形容词充当，这一类“VA点儿!”句式表示说话人直接命令听话人达到自己要求的状态，要对方做或不做某事的意愿非常强烈，常用来表示命令意义的祈使指令。c. 由于“VA点儿”主要由表示动作的“V”和表示动作行为结果的“A点儿”构成。处于凸显地位的“动作结果”可以代转“动作”，所以“VA点儿”可以省去“V”直接用“A点儿”表达命令意义的祈使指令。

⑤“来/去+VP”和“VP+来/去”祈使句式：“来+VP”或“VP+来”表达的语气比较委婉、和缓，常用来表示建议或提示意义的祈使指令；“去+VP”或“VP+去”句式表达的语气比较直接、坚定，常用来表示命令意义的祈使指令。“来/去+VP”和“VP+来/去”的祈使语义强度存在一定的区别，按照由弱到强的顺序排列为：“来+VP”<“VP+来”<“去+VP”<“VP+去”。

第四，话语标记手段。“你看”类话语标记有效地拉近了说话人和听话人之间的距离，提请听话人关注说话人强调的话语内容。“好不好”类话语标记体现了礼貌策略驱动下的“交互主动性”；说话人为了使祈使交际得以顺利完成，句末加上“X 不 X”附加问表达对听话人的关照，以此降低祈使力度取得听话人的“心理认同”，表示商量或征询意义的祈使指令。“请”类话语标记表示尊敬和恭敬的礼貌祈使。这些话语标记形式就是为了满足交际需要，强化说话人的交际意图而采取的祈使策略。

4. 分析了现代汉语祈使范畴的语境因素

现代汉语的语境因素制约着祈使范畴的表达方式，影响了听话人对祈使语义的理解。语境研究大致可以分为传统语境和认知语境。传统语境因素主要是和言语交际相关的一系列静止不变的、可以对交际和话语理解加以制约的集合。祈使言语交际中，客观外部情境、主观人际关系和临时心理因素对祈使表达方式的选择起着一定的制约作用。

认知语境从说话人和听话人的心理认知背景出发，在关联性的基础上构建认知双方的心理共同体。听话人根据认知语境假设不断对话语意义加以选择和推导，从而更加明确说话人蕴含的隐性的祈使语义。认知语境对听话人的话语理解具有一定的解释作用。

5. 现代汉语祈使范畴特殊问题研究

第一，现代汉语语气词是表达语气最重要的方式之一，其专用性和多样性是其他语气手段无法比拟的。句末祈使语气词主要有“啊”“嘛”“了”“吧”“呗”等，它们形成了一个语义表情强度的选择网络，这一网络可以满足祈使指令强度的等级需要。说话人可以根据情境需要选择不同的语气词，其表情强弱大小顺序为："呗" <"吧" <"了$_{2}$" <"嘛" < "啊"。祈使交际中说话人选用不同的语气词，不仅体现了说话人的情感和态度，也体现了说话人的人际交往准则。通过对语气词的量化分析，概括出句末语气词的三大人际关系准则：利他准则、委婉准则和求同准则。

第二，现代汉语祈使主语隐现问题研究，包括祈使主语的隐现条件和隐现原因。根据祈使主语的强制性显现和隐去的句法、语义、语用条件，我们把祈使句分为"显主句""有主句""省主句"和"隐主句"四类。祈使主语的隐现和祈使言语交际的认知心理过程、祈使对象在说话双方的可及性程度以及语境有密切关系。祈使主语的隐现正是这种言语交际活动中说话人心里对祈使指称对象在听话人大脑中的可及度的表现；这种可及度差异表现在说话人选用不同的指称形式来表示祈使主语，如零形式、代词、称呼语等。而语境因素对祈使主语的隐去和显现有着过滤和添补的作用。

第三，"祈使主观量级"的等级差别就是说话人主观量级的差别，反映到语言层面就是祈使语义语力大小的等级差别。这种等级差别和说话人主观上对祈使双方力量的对比、预设的祈使结果实现程度等因素有关。我们把"祈使强制度"记作 X，将其大致分成三个等级：$X_{强}$、$X_{中}$、$X_{弱}$。其中 $X_{强}$ 表示命令祈使，包括"一般命令式"祈使、"突发命令式"祈使、"威胁命令式"祈使；$X_{中}$ 祈使强度适中，包括"提示"式祈使和"商量"式祈使；$X_{弱}$ 为"乞求"式祈使。每一类祈使主观量级都有具体的句法表现形式。

二、不足之处与后续研究展望

1. 祈使表达手段的研究还可以继续深入

由于现代汉语祈使表达手段种类多，形式复杂，并且随着语言的发展而不断丰富。我们对现代汉语祈使范畴的表达手段的研究还不够深入，例如在语音层面，尽管借助 praat 语音软件研究祈使语调和重音，但结果的精确性还有待进一步加强；在词汇层面，现代汉语表达祈使范畴的标记词还需进一步梳理和完善；在句法层面，各种表达祈使语义的典型句式还要不断地进行归纳和总结，相似句式之间的差异性还需进一步深入研究。这些存在的问题可以在后续研究中不断加强和完善，尽可能全面地梳理现代汉语在各个语言层面表达祈使范畴的表现形式，建立起更加全面、科学的祈使范畴表达层级体系。

2. 祈使范畴理论探讨还需要进一步加强

虽然我们初步对祈使范畴进行了理论阐释，概括出祈使范畴的内涵、特点、构成要素以及祈使次范畴的划分标准等，但范畴理论研究还需要进一步加强。后续研究中，我们还可以进一步深入讨论祈使范畴的内涵特征，探究祈使范畴内部究竟还有哪些层次差别；更加深入地探讨“祈使语力”的构成、制约因素和等级差别等问题，不断完善对祈使范畴的理论阐释和系统描写。同时还要不断加强邻近范畴的研究，如指令范畴、疑问范畴等。从心理认知视角入手，以语义为基础，构建指令范畴理论体系和疑问范畴理论体系，形成行为范畴研究的理论系统，不断扩大研究范围。

3. 祈使范畴特殊问题的研究不够全面

由于文章篇幅有限，祈使范畴特殊问题研究只谈到了“祈使主语隐现”和“句末祈使语气词”这两个问题。在后续研究中，我们会进一步加强祈使范畴的个案问题研究，如祈使范畴的主观性问题、祈使范畴标记词的语法化问题以及各个地方方言中的祈使表达手段的研究等。

参考文献

一、学术专著

[1]蔡丽．程度范畴及其在补语系统中的句法实现[M]．北京：世界图书出版社，2012.

[2]岑玉珍．现代汉语副词词典[M]．北京：北京大学出版社，2013.

[3]陈海叶．系统功能语言学的范畴化研究[M]．上海：上海大学出版社，2009.

[4]陈淑梅．鄂东方言的量范畴研究[M]．北京：中国社会科学出版社，2012.

[5]陈望道．修辞学发凡[M]．上海：上海教育出版社，1971.

[6]陈望道．文法简论[M]．上海：上海教育出版社，1978.

[7]陈颖．现代汉语传信范畴研究[M]．北京：中国社会科学出版社，2009.

[8]车博文．心理学原理[M]．哈尔滨：黑龙江人民出版社，1997.

[9]丁声树．现代汉语语法讲话[M]．北京：商务印书馆，1999.

[10]樊小玲．指令言语行为的重新分析[M]．上海：上海社会科学院出版社，2013.

[11]范晓．三个平面的语法观[M]．北京：北京语言大学出版社，1996.

[12]范晓．汉语的句子类[M]．太原：山西书海出版社，1998.

[13]冯志伟．现代语言学流派[M]．西安：陕西人民出版社，1999.

[14]高明凯．汉语语法论[M]．北京：商务印书馆，1986.

[15]海然热．语言人[M]．张组建译．北京：三联书店，1999.

[16]韩礼德．功能语法导读[M]．胡壮麟导读．北京：外语教学与研究出版社，2000.
[17]何兆雄．语用学概要[M]．上海：上海外语教育出版社，1989.
[18]何兆熊．新编语用学概要[M]．上海：上海外语教育出版社，2000.
[19]何自然．认知语用学[M]．上海：上海外语教育出版社，2006.
[20]胡明扬．北京话初探[M]．北京：商务印书馆，1987.
[21]胡裕树，范晓．动词研究[M]．洛阳：河南大学出版社，1995.
[22]胡裕树．现代汉语（重订本)[M]．上海：上海教育出版社，1995.
[23]胡泽洪．语言逻辑与言语交际[M]．长沙：湖南师范大学出版社，1991.
[24]胡壮麟，朱永生．系统功能语言学概论[M]．第2版，北京：北京大学出版社，2008.
[25]胡壮麟．系统功能语法概论[M]．长沙：湖南教育出版社，1989.
[26]黄伯荣，廖序东．现代汉语(增订四版)[M]．北京：高等教育出版社，2007.
[27]姜望琪．当代语用学[M]．北京：北京大学出版社，2003.
[28]黎锦熙．新著国语文法[M]．长沙：湖南教育出版社，2007.
[29]李临定．现代汉语句型[M]．北京：商务印书馆，1986.
[30]李临定．现代汉语动词[M]．北京：中国社会科学出版社，1990.
[31]李泉．副词和副词的再分类[M]．胡明扬主编．北京：北京语言学院出版社，1996.
[32]李延福．国外语言学通观[M]．济南：山东教育出版社，1996.
[33]李宇明．汉语量范畴研究[M]．武汉：华中师范大学出版社，2000.
[34]刘承峰．现代汉语“语用数”范畴初探[M]．上海：学林出版社，2010.
[35]刘春卉．现代汉语属性范畴研究[M]．成都：巴蜀书社，2008.
[36]刘叔新．汉语语法范畴论纲[M]．天津：南开大学出版社，2013.
[37]刘焱．现代汉语比较范畴的语义认知基础[M]．上海：学林出版社，2004.
[38]刘月华，潘文娱，故韡．实用现代汉语语法(增订本)[M]．北京：

商务印书馆，2001.
[39]刘正光．语言非范畴化[M]．上海：上海外语教育出版社，2006.
[40]陆俭明，沈阳．汉语和汉语研究十五讲[M]．北京：北京大学出版社，2001.
[41]罗宾斯．普通语言学概论[M]．李振麟译，上海：上海译文出版社，1986.
[42]罗常培，王俊．普通语音学纲要[M]．北京：商务印书馆，1980.
[43]骆小所．现代修辞学[M]．第2版．昆明：云南人民出版社，2000.
[44]吕冀平．汉语语法基础[M]．上海：上海教育出版社，2000.
[45]吕叔湘．中国文法要略[M]．北京：商务印书馆，1982.
[46]吕叔湘．汉语语法论文集(增订本)[M]．北京：商务印书馆，1984.
[47]吕叔湘．现代汉语八百词[M]．北京：商务印书馆，2006.
[48]马建忠．马氏文通[M]．北京：商务印书馆，2010.
[49]马庆株．汉语动词和动词性结构[M]．北京：北京语言学院出版社，1992.
[50]马真．现代汉语虚词研究方法论[M]．北京：商务印书馆，2004.
[51]麦金著．维特根斯坦和《哲学研究》[M]．李国山译．南宁：广西大学出版社，2007.
[52]齐沪扬．语气词与语气系统[M]．合肥：安徽教育出版社，2002.
[53]齐沪扬．现代汉语语气成分用法词典[M]．北京：商务印书馆，2011.
[54]屈承熹．汉语篇章语法[M]．北京：北京语言大学出版社，2006.
[55]冉永平．语用学：现象与分析[M]．北京：北京大学出版社，2012.
[56]邵敬敏．现代汉语疑问句研究[M]．上海：华东师范大学出版社，1996.
[57]邵敬敏．现代汉语通论[M]．上海：上海教育出版社，2007.
[58]沈家煊．不对称和标记论[M]．南昌：江西教育出版社，1999.
[59]石毓智，李讷．汉语语法化的历程——形态句法发展的动因和机制[M]．北京：北京大学出版社，2001.
[60]石毓智．肯定和否定的对称与不对称[M]．北京：北京语言文化大

学出版社，2001.
[61]孙锡信．近代汉语语气词[M]．北京：语文出版社，1999.
[62]王德春．现代修辞学[M]．上海：上海外语教育出版社，2001.
[63]王建华．现代汉语语境研究[M]．杭州：浙江大学出版社，2002.
[64]王力．中国语法理论(上)[M]．北京：中华书局，1954.
[65]王力．中国现代语法[M]．北京：中华书局，2014.
[66]王砚农，焦群，庞颙．汉语动词—结果补语搭配词典出版社[M]．北京：北京语言学院出版社，1987.
[67]王寅．什么是认知语言学[M]．上海：上海外语教育出版社，2007.
[68]王寅．认知语言学[M]．上海：上海外语教育出版社，2007.
[69]吴福祥．语法化与汉语历史语法研究[M]．合肥：安徽教育出版社，2006.
[70]吴中伟．现代汉语句子的主题研究[M]．北京：北京大学出版社，2004.
[71]邢福义．汉语语法学[M]．长春：东北师范大学出版社，1998.
[72]邢欣．现代汉语兼语式[M]．北京：北京广播学院出版社，2004.
[73]熊学亮．认知语用学[M]．上海：上海外语教育出版社，1999.
[74]徐烈炯，潘梅华．焦点结构和意义研究[M]．北京：外语教学与研究出版社，2005.
[75]亚里士多德．范畴篇·解释篇[M]．方书春译．北京：商务印书馆，2003.
[76]袁毓林．现代汉语祈使句研究[M]．北京：北京大学出版社，1993.
[77]张斌．新编现代汉语[M]．上海：复旦大学出版社，2008.
[78]张伯江，方梅．汉语功能语法研究[M]．南昌：江西教育出版社，1996.
[79]张道新，董宏．现代汉语词义范畴论[M]．北京：中国社会科学出版社，2014.
[80]张弓．现代汉语修辞学[M]．天津：天津人民出版社，1963.
[81]张恒君．现代汉语祈使句人际功能研究[M]．北京：中国社会科学

出版社，2014.
[82]张谊生．现代汉语副词研究(修订本)[M]. 北京：商务印书馆，2014.
[83]张志公．汉语语法常识(修订本)[M]. 北京：中国青年出版社，1958.
[84]赵世举．汉语研究管见录[M]. 武汉：湖北人民出版社，2005.
[85]赵元任．北京口语语法 [M]. 李荣编译，北京：开明书店，1952.
[86]赵元任．现代吴语的研究[M]. 北京：科学出版社，1968.
[87]赵元任．汉语口语语法[M]. 吕叔湘译．北京：商务印书馆，1979.
[88]赵元任．中国话的文法(增订本)[M]. 丁邦新译．香港：香港中文大学出版社，2002.
[89]周红．现代汉语致使范畴研究[M]. 上海：复旦大学出版社，2005.
[90]周淑萍．语境研究——传统与创新[M]. 厦门：厦门大学出版社，2011.
[91]朱德熙．语法讲义[M]. 北京：商务印书馆．1982.
[92]朱永生．语境动态研究[M]. 北京：北京大学出版社，2005.
[93] Hymes, D. On Communicative Competence. In Pride J. & Holmes. (eds) Sociolinguistics[M]. Harmondsworth: Penguim, 1972.
[94] John. R. Taylor. Lingustics Categorization: Prototypes in Linguistics Theory[M]. Oxford Univ. Press, 2001.
[95] J. L. Austin. How to Do Things with Words [M]. Oxford Univ. Press, 2002.
[96] Lakoff, G. Women, Fire and Dangerous Things: What Categories Reveal about the Mind[M]. Chicago: The University of Chicago Press, 1987.
[97] Searle, J. R. Speech Acts: An Essay in the Philosophy of Language [M]. Cambridge: Cambridge University Press, 1969.
[98] Searle. and Vanderveke, D. Foundations of illocutionary logic [M]. Cambridge: Cambridge University Press, 1975.

[99] Sperbe, D. and D. Wilson. Relevance: Communication and Cognition [M]. Oxford: Blackwell, 1986.
[100] Van Dijk, T. A. Society and Discourse: How Social Contexts Influence Text and Talk[M]. Cambridge: CUP, 2008.
[101] Verschueren, J. Understanding Pragmatics. Edward Arnold (Publishers) Ltd[M]. Beijing: Foreign Language Teaching and Research Press, 1999.

二、连续出版物

[1]鲍红．安庆方言语气词考察[J]．池州师专学报，2007(4).
[2]蔡丽．关于程度范畴的若干思考[J]．暨南学报(哲学社会科学版)，2010(2).
[3]曹建芬．汉语声调与语调的关系[J]．中国语文，2002(3).
[4]曹忠军，祁玲．现代汉语祈使句的语用研究[J]．喀什师范学院学报，2001(4).
[5]陈昌来．语法范畴和汉语语法研究[J]．青海师范大学学报(社会科学版)，1997(4).
[6]陈开举．论语言的力——语言的哲学、文化学与语用学的本质[J]．学术研究，2009(12).
[7]陈立民．论动词重叠的语法意义[J]．中国语文，2005(2).
[8]陈前端．动词重叠的情状特征及其体的地位[J]．语言教学与研究，2001(4).
[9]陈裙，李向农．祈使句中状态形容词的句法语义分析[J]．汉语学报，2005(3).
[10]陈维振，吴世雄．有关范畴本质和语义模糊性的再认识[J]．外国语，2003(1).
[11]程琪龙，程倩雯．动词和构式之间的关系——动词语义焦点[J]．外语教学，2014(3).
[12]储诚志．语气词语气意义的分析问题——以“啊”为例[J]．语言教

学与研究，1994(4).
[13]崔容．太原方言的语气词[J]．语文研究，2002(4).
[14]戴耀晶．试论现代汉语的否定范畴[J]．语言教学与研究，2000(3).
[15]丁崇明．论词语叠连式不礼貌语言[J]．语言文字应用，2001(3).
[16]丁加勇．汉语方言句末“着”的类型学考察[J]．常德师范学院学报(社会科学版)，2003(1).
[17]丁健．目的小句主语的隐现及其制约因素[J]．汉语学习，2014(3).
[18]丁松．敬辞“请”的语法化历程、特点及成因[J]．宜宾学院学报，2010(9).
[19]董秀芳．无标记焦点和有标记焦点的确定原则[J]．汉语学习，2003(1).
[20]端木三．重音、信息和语言的分类[J]．语言科学，2007(5).
[21]樊德华．《论语》祈使句研究[J]．大庆师范学院学报，2006(1).
[22]范建华，白云．命令句句式研究[J]．山西农业大学学报(社会科学版)，2009(4).
[23]范建华．动词重叠在祈使句中的使用[J]．山西农业大学学报(社会科学版)，2009(1).
[24]范晓．动词的配价与汉语的把字句[J]．中国语文，2001(4).
[25]方霁．现代汉语祈使句的语用研究(上)[J]．语文研究，1999(4).
[26]方霁．现代汉语祈使句的语用研究(下)[J]．语文研究，2000(1).
[27]方梅．汉语对比焦点的句法表现手段[J]．中国语文，1995(4).
[28]方平权．岳阳方言的语气词[J]．云梦学刊，2002(7).
[29]冯志伟．范畴语法[J]．语言文字应用，2001(8).
[30]傅惠钧，陈艳丽．略论隐性否定祈使句[J]．汉语学习，2007(3).
[31]甘智林．“V+一下 2”格式的语法意义[J]．湖南文理学院学报，2004(5).
[32]高然，张燕翔．广州话的祈使句[J]．暨南学报(哲学社会科学版)，1996(10).

[33] 高顺全．表祈使的"V 着点儿"的来源和语法化[J]．语言研究，2008(2)．
[34] 高增霞．谈一种假性疑问祈使句[J]．河南师范大学学报(哲学社会科学版)，2005(11)．
[35] 高增霞．"把"字祈使句的使用条件[J]．语文研究，2010(2)．
[36] 缑瑞隆．汉语感觉范畴隐喻系统[J]．郑州大学学报(哲学社会科学版)，2003(9)．
[37] 顾小涛．"别 + A"祈使构式的语法转喻研究[J]．阜阳师范学院学报(社会科学版)，2013(4)．
[38] 顾曰国．John Searle 的言语行为理论：批判与借鉴[J]．国外语言学，1994(3)．
[39] 郭红．汉语传信语气词"嘛"和"呗"[J]．首都师范大学学报(社会科学版)，2012(5)．
[40] 韩孝平．人称与句子功能的关系刍议[J]．世界汉语教学，1992(1)．
[41] 何越鸿．湖北利川方言的语气词"哈"[J]．湖北师范学院学报(哲学社会科学版)，2009(5)．
[42] 贺晓萍．关于状态补语的几个问题[J]．语文研究，1999(1)．
[43] 贺阳，劲松．北京话语调的实验探索[J]．语言教学与研究，1992(2)．
[44] 贺阳．试论汉语书面语的语气系统[J]．中国人民大学学报，1992(5)．
[45] 洪波．汉语祈使句委婉程度的表达[J]．滨州教育学院学报，2000(6)．
[46] 侯国金．"来"的语用化刍议[J]．外国语文，2012(4)．
[47] 胡范铸．从"修辞技巧"到"言语行为"[J]．修辞学习，2003(1)．
[48] 胡光斌．遵义方言的语气词[J]．贵州大学学报(社会科学版)，2002(4)．
[49] 胡建华．否定、焦点与辖域[J]．中国语文，2007(2)．
[50] 胡明扬．语法形式和语法意义[J]．中国语文，1958(3)．
[51] 胡明扬．北京话的语气助词和叹词[J]．中国语文，1981(6)．
[52] 胡明扬．语气助词的语气意义[J]．汉语学习，1988(6)．

[53]胡明扬. 语义语法范畴[J]. 汉语学习，1994(1).
[54]胡萍. 长沙方言语气词研究[J]. 湖南经济管理干部学院学报，2002(4).
[55]胡孝斌. 试论动词重叠“VV”式与动词“V 一下”式的差异[J]. 汉语学习，1997(2).
[56]黄晓雪. 宿松方言中句末带“佢”的祈使句[J]. 语言研究，2011(4).
[57]黄新华，胡霞. 认知语境的建构性探讨[J]. 现代外语，2004(3).
[58]汲传波. 论强调范畴的构建[J]. 暨南大学华文学院学报，2006(2).
[59]蒋湘平. “VV”和“V 一下”的语义及句法差异[J]. 汉语学习，2015(4).
[60]金立鑫. 试论“了”的时体特征[J]. 语言教学与研究，1998(1).
[61]李崇兴，胡颖. 武汉方言中由“V+他”形成的祈使句[J]. 江汉大学学报(人文科学版)，2006(12).
[62]李广瑜. 否定祈使句式“别 V 着”刍议[J]. 语言教学与研究，2013(1).
[63]李红印. 汉语色彩范畴的表达方式[J]. 语言教学与研究，2004(6).
[64]李杰. 现代汉语语气副词状语的祈使和感叹功能[J]. 宁夏大学学报(人文社会科学版)，2005(4).
[65]李劲荣. 汉语量范畴研究的若干问题[J]. 宁夏大学学报(人文社会科学版)，2007(7).
[66]李军. 使役性言语行为分析[J]. 语言文字应用，2003(3).
[67]李琳. “请”字两种用法的辨识[J]. 柳州职业技术学院学报，2004(2).
[68]李圃. 现代汉语功能祈使句研究[J]. 语言文字应用，2010(2).
[69]李圃. 祈使行为、祈使结构及祈使句[J]. 新疆大学学报(哲学人文社会科学版)，2013(7).
[70]李倩. 祈使句“少+VP”句式及语义研究[J]. 现代语文，2013(5).
[71]李胜昔. 关于汉语祈使句系统的研究[J]. 益阳师专学报，1992(3).
[72]李咸菊. 口语交际中“呗”的多维选择及话语功能[J]. 洛阳师范学院学报，2010(3)

[73]李薛妃．元曲中因果类复句对祈使句的选择规律[J]．乐山师范学院学报，2011(4).
[74]李宇明．动词重叠的若干句法问题[J]．中国语文，1998(2).
[75]梁丽，冯跃进．认知语言学中的基本层次范畴及其特征[J]．华中科技大学学报(社会科学版)，2003(4).
[76]刘丹青，徐烈炯．焦点与背景、话题及汉语“连”字句[J]．中国语文，1998(4).
[77]刘丹青．语言库藏类型学构想[J]．当代语言学，2011(4).
[78]刘丹青．汉语的若干显赫范畴：语言库藏类型学视角[J]．世界汉语教学，2012(3).
[79]刘焕辉．考察修辞现象不能脱离语境[J]．江苏大学学报，1982(2).
[80]刘瑾．语言主观性概念探析[J]．西安外国语大学学报，2009(3).
[81]刘宁生．论“着”及其相关的两个动态范畴[J]．语言研究，1985(2).
[82]刘探宙．多重强式焦点共现句式[J]．中国语文，2008(3).
[83]刘贤俊．语义范畴研究的一部新作——《汉语量范畴研究》读后感[J]．世界汉语教学，2003(2).
[84]刘勋宁．现代汉语句尾“了”的语法意义及其解说[J]．世界汉语教学，2002(3).
[85]刘月华．动词重叠的表达功能及可重叠动词的范围[J]．中国语文，1983(1).
[86]刘月华．动量词“下”与动词重叠比较[J]．汉语学习，1983(6).
[87]刘月华．几组意义相关的趋向补语语义分析[J]．语言研究，1988(1).
[88]卢福波，吴莹．请求句中“V”“V 一下”与“VV”的语用差异[J]．语言教学与研究，2005(4).
[89]卢妍吉．论汉语零句的语义表达[J]．成都大学学报(人文社会科学版)，2013(4).
[90]卢英顺．“吧”的语法意义再探[J]．世界汉语教学，2007(3).
[91]陆俭明．现代汉语副词独用刍议[J]．语言教学与研究，1982(2).
[92]陆俭明．关于“去+VP”和“VP+去”句式[J]．语言教学与研究，

1985(4).
[93]吕明臣，张玥．祈使句强制度的生成机制[J]．社会科学战线，2013(5).
[94]吕叔湘．漫谈语法研究[J]．中国语文，1978(1).
[95]吕叔湘．疑问·否定·肯定[J]．中国语文，1985(4).
[96]马宏程，谭明华．祈使句的标记特征及相关解释[J]．湖北社会科学，2009(2).
[97]马宏程，熊雯．生成语法视野下的祈使范畴标记[J]．兰州学刊，2009(4).
[98]马清华．论汉语祈使句的特征问题[J]．语言研究，1995(1).
[99]马清华．汉语意志句的语法特征[J]．松辽学刊，2002(2).
[100]马庆株．自主动词和非自主动词[J]．中国语言学报，1988(3).
[101]倪劲炜．祈使句中的语气副词“给我”[J]．皖西学院学报，2009(6).
[102]潘国英．论汉语动词重叠的主观性表达[J]．修辞学习，2007(1).
[103]彭吉军，何洪峰．说“拜托”[J]．江汉大学学报(人文科学版)，2010(4).
[104]彭兰玉．衡阳方言的语气词[J]．方言，2002(3).
[105]彭永昭．重庆方言中的几个语气词[J]．重庆师院学报(哲学社会科学版)，1988(7).
[106]齐沪扬，朱敏．现代汉语祈使句句末语气词选择性研究[J]．上海师范大学学报(哲学社会科学版)，2005(3).
[107]齐沪扬．论现代汉语语气系统的建立[J]．汉语学习，2002(2).
[108]祁峰．汉语焦点的类型及其相关问题[J]．汉语学习，2013(2).
[109]强星娜．“他问”与“自问”——从普通话“嘛”和“呢”说起[J]．语言科学，2007(5).
[110]杉村博文．试论趋向补语“下”“下来”“下去”的引申用法[J]．语言教学与研究，1983(4).
[111]商拓．浅论理想祈使语气的表达[J]．修辞学习，1996(4).
[112]商拓．语境中祈使句的结构特点[J]．修辞学习，1997(1).

[113]邵霭吉.《马氏文通》的“祈使句”研究[J]. 徐州教育学院学报，2003(6).
[114]邵敬敏，罗晓英.“别”字句语法意义及其对否定项的选择[J]. 汉语学习，2004(12).
[115]邵敬敏，吴立红. 论从意义到形式的语法研究新思路[J]. 南京师大学报(社会科学版)，2005(1).
[116]邵敬敏，赵春利，关于语义范畴的理论思考[J]. 世界汉语教学，2006(1).
[117]邵敬敏.“X不X”附加问研究[J]. 徐州师范学院学报，1990(8).
[118]邵敬敏. 关于语义范畴的理论思考[J]. 世界汉语教学，2006(1).
[119]申镇. 语境选择的若干问题[J]. 外国语，1993(3).
[120]沈家煊.“有界”与“无界”[J]. 中国语文，1995(5).
[121]沈家煊. 语言的“主观性”和“主观化”[J]. 外语教学与研究，2001(4).
[122]沈家煊. 语用原则、语用推理和语义演变 [J]. 外语教学与研究，2004(4).
[123]沈炯. 汉语语调模型刍议[J]. 语文研究，1992(4).
[124]沈阳. 祈使句主语省略的不同类型[J]. 汉语学习，1994(1).
[125]盛继艳. 也谈话语标记“你说”[J]. 汉语学习，2013(3).
[126]盛银花. 湖北安陆方言的祈使句[J]. 湖北第二师范学院学报，2011(11).
[127]施关淦. 关于“省略”和“隐含”[J]. 中国语文，1994(2).
[128]石佩雯. 四种句子的语调变化[J]. 语言教学与研究，1980(2).
[129]宋春阳，李琳.“别+V+了+NP”句式及相关问题[J]. 汉语学习，2003(6).
[130]孙淑芳. 隐含祈使的间接言语行为句[J]. 外语学刊，2001(3).
[131]孙淑芳. 言语行为理论中若干术语的阐释[J]. 外语学刊，2002(3).
[132]唐秀伟. 动词前“来/去”考辨[J]. 北方论丛，2010(4).
[133]涂光禄. 贵阳方言语气词初探[J]. 贵州大学学报，1993(1).

[134]汪国胜．湖北大冶话的语气词[J]．方言，1995(2)．
[135]王国栓．“来+VP”“VP+来”两格式中的“来”[J]．南开语言学刊，2005(5)．
[136]王红旗．“别V了”的意义是什么[J]．汉语学习，1996(4)．
[137]王红旗．动结式述补结构的语义是什么[J]．汉语学习，1996(1)．
[138]王健．汉语方言中的两种动态范畴[J]．方言，2005(3)．
[139]王琴．“行不行”的固化及认知研究[J]．中国社会科学院研究生学报，2012(4)．
[140]王书贵．说“祈使句”[J]．湖北大学学报，1985(3)．
[141]王秀荣．言语交际中“祈使行为”的表达形式[J]．北京教育学院学报，2001(6)．
[142]王寅．后现代哲学视野下的语言学前沿[J]．外国语，2012(6)．
[143]王寅．构式压制和词汇压制的互动及其转喻机制[J]．外语教学与研究，2013(5)．
[144]王韫佳，初敏，贺琳．汉语焦点重音和语义重音分布的初步实验研究[J]．世界汉语教学，2006(2)．
[145]王振来．能愿动词在语用祈使句中的表达功能初探[J]．锦州师范学院学报(哲学社会科学版)，1997(3)．
[146]温锁林．汉语口语中表示制止的祈使习用语[J]．汉语学习，2008(4)．
[147]文炼．论语法学中“形式和意义相结合”的原则[J]．上海师范学院学报，1960(1)．
[148]文旭，江晓红．范畴化：语言中的认知[J]．外语教学，2001(7)．
[149]吴登鹏．汉阴县城关话语气词浅析[J]．安康学院学报，2011(2)．
[150]吴世雄，陈维振．范畴理论的发展及其对认知语言学的贡献[J]．外国语，2004(4)．
[151]肖武云，曹群英．原型范畴理论下的范畴化特征探讨[J]．长沙大学学报，2009(7)．
[152]肖应平．论祈使句的焦点和话题[J]．淮阴师范学院学报(哲学社会科学版)，2007(3)．

[153] 肖治野，沈家煊．“了$_2$”的行、知、言三域[J]．中国语文，2009(6).
[154] 邢福义．语法研究中“两个三角”的验证[J]．华中师范大学学报（人文社会科学版），2000(9).
[155] 邢向东．论现代汉语方言祈使语气词“着”的形成[J]．方言，2004(4).
[156] 徐晶凝．语气助词的语气义及其教学探讨[J]．世界汉语教学，1998(2).
[157] 徐晶凝．语气助词“吧”的情态解释[J]．北京大学学报，2003(4).
[158] 徐晶凝．语气助词“呗”的情态解释[J]．语言教学与研究，2007(3).
[159] 徐晶凝．情态表达与时体表达的互相渗透[M]．汉语学习，2008(1).
[160] 徐静茜．也论“下来”“下去”的引申用法[J]．汉语学习，1985(8).
[161] 徐娟娟．江苏丹阳方言的语气词[J]．方言，2013(4).
[162] 徐烈炯．焦点的不同概念及其在汉语中的表现形式[J]．现代中国语研究，2001(3).
[163] 徐世红．从传统语境到认知语境的嬗变[J]．盐城师范学院学报，2007(6).
[164] 许彩云．礼貌策略驱动下的汉语交互主观性考察[J]．南京师范大学文学院学报，2013(4).
[165] 姚义登．江苏高邮方言的语气词[J]．方言，2008(3).
[166] 姚占龙．“说、想、看”的主观化及其诱因[J]．语言教学与研究，2008(5).
[167] 姚占龙．祈使性否定副词“少”的产生及其语用解释[J]．语文研究，2014(1).
[168] 尹海良．强势指令义构式“给我 + VP”探析[J]．汉语学习，2014(1).
[169] 游汝杰．现代汉语兼语句的句法和语义特征[J]．汉语学习，2002(6).
[170] 于黎明，孙淑芳．漫谈影响选择祈使表达手段的因素[J]．外语学刊，2000(2).
[171] 余光武，姚瑶．“好不好”的表达功能及其形成的语用解释[J]．语言科学，2006(6).

[172]俞东明．语用学定义与研究范畴新探[J]．浙江大学学报，1993(12)．
[173]俞建梁．论范畴构建的主体间性——以维特根斯坦的语言观为视角[J]．解放军外国语学院学报，2010(3)．
[174]俞建梁．范畴的主观性及其理解[J]．西安外国语大学学报，2011(3)．
[175]袁毓林．祈使句式"V 着"分析[J]．世界汉语教学，1992(4)．
[176]袁毓林．从焦点理论看句尾"的"的句法语义功能[J]．中国语文，2003(1)．
[177]袁毓林．动词内隐性否定的语义层次和溢出条件[J]．中国语文，2012(2)．
[178]张爱民．形容词重叠式作状语与作其它成分的比较[J]．语言教学与研究，1996(6)．
[179]张伯江．"别 X"和"别不 X"[J]．中国语文通讯，1985(3)．
[180]张博宇．话语标记语的主观性与交互主观性探析[J]．外语学刊，2015(3)．
[181]张国宪．现代汉语形容词的典型特征[J]．中国语文，2000(5)．
[182]张华文．昆明方言常见的语气词[J]．方言，1997(3)．
[183]张静．论汉语动词的重叠形式[J]．郑州大学学报，1979(3)．
[184]张黎．"把"字句的认知类型学解释[J]．世界汉语教学，2007(3)．
[185]张黎．汉语句法的主观结构和主观量度[J]．汉语学习，2007(2)．
[186]张美兰．《祖堂集》祈使句及其指令行为的语力级差[J]．清华大学学报(哲学社会科学版)，2003(2)．
[187]张邱林．河南陕县方言表将然的语气助词"呀"构成的祈使句[J]．中国语文，2007(4)．
[188]张韧．指令场景与祈使主语的特性[J]．外语教学与研究，2014(2)．
[189]张珊珊．表祈使的"A 点儿!"的主观性及其对 A 的选择[J]．语言文字学术研究，2010(6)．
[190]张万禾，石毓智．现代汉语的将来时范畴[J]．汉语学习，2008(10)．
[191]张旺熹．"把"字句的位移图式[J]．语言教学与研究，2001(3)．
[192]张玮．范畴理论视角下的语篇连贯研究[J]．外语教学与研究，

2014(3).
[193]张文兰. 汾阳方言语气词“咧”[J]. 安康学院学报, 2010(5).
[194]张文轩. 兰州方言的最早文献[J]. 兰州大学学报, 2004(3).
[195]张筱平. 谈语气词助词“呗”[J]. 逻辑与语言学习, 1993(2).
[196]张言军. 动词前“来”功能的多样性与属性的统一性[J]. 河南科技大学学报(社会科学版), 2014(6).
[197]张谊生.“把+N+VV”祈使句的成句因素[J]. 汉语学习, 1997(1).
[198]张则顺. 现代汉语祈使句主语隐现研究[J]. 汉语学习, 2011(1).
[199]赵世举. 试论词汇语义对语法的决定作用[J]. 武汉大学学报(人文科学版), 2008(2).
[200]郑庆君. 湖南常德方言的语气词[J]. 柳州职业技术学院学报, 2002(9).
[201]郑伟. 常州方言的句末语气词[J]. 语言研究辑刊, 2008(9).
[202]周筱娟.“请”式语法语义及“尚礼”认知心理[J]. 湖南科技大学学报(社会科学版), 2004(1).
[203]周元琳. 祈使句式“V着点儿!”对动词的语用、语义和句法选择[J]. 安徽师范大学学报(哲学社会科学版), 1998(3).
[204]朱斌, 伍依兰.“祈使+陈述”型因果复句[J]. 汉语学报, 2008(3).
[205]朱劲松. 形容词重叠式的语法意义[J]. 语文研究, 2003(3)
[206]朱敏.“您”主语祈使句的标记性表现[J]. 南京师范大学学报(社会科学版), 2005(4).
[207]朱敏. 祈使句“你/你们”主语的选择制约因素[J]. 汉语学习, 2005(3).
[208]宗守云. 焦点标记“数”及其语用功能[J]. 语言研究, 2008(2).
[209]邹晓玲, 杨江. 动词重叠的主观性研究[J]. 齐齐哈尔大学学报(哲学社会科学版), 2012(12).
[210]邹智勇. 语义范畴的认知语言学诠释[J]. 外语学刊, 2000(3).
[211]左思民. 论否定域和否定焦点: 基于语用的考察[J]. 当代修辞学, 2014(6).

[212]Fillmore, C. J. Framesand semantics of understanding[J]. Quaderni di semantica, 1985(6).

[213]Firth, J. R. A Synopsis of Linguistic Theory, 1930-1955. In Studies in Linguistic Analysis(Special Vol.)[J]. Philological Society, 1957.

[214]Halliday, Michael A. K. Notes on transitivity and theme in English [J]. Journal of Linguistics, 1967(3).

[215]Langacker R W. Subjectificationg[J]. Cognitive Linguistics, 1990 (1).

三、学位论文

[1]蔡瑱．汉语趋向范畴的跨方言专题研究——基于“起”组趋向词的研究[D]．上海：复旦大学，2013.

[2]曹凯．状语体标记研究[D]．北京：中央民族大学，2012.

[3]陈芙．汉语方言否定范畴比较研究[D]．武汉：华中师范大学，2013.

[4]陈丽．汉语转折范畴的历时研究[D]．长沙：湖南师范大学，2012.

[5]陈勇．汉语数量范畴及其非范畴化研究[D]．广州：暨南大学，2011.

[6]樊青杰．现代汉语传信范畴研究[D]．北京：北京语言大学，2008.

[7]韩玉国．范畴语法与汉语非连续结构研究[D]．北京：北京语言大学，2005.

[8]黄剑秦．汉语空间量表达研究[D]．上海：上海师范大学，2013.

[9]金海月．朝汉致使范畴对比研究[D]．北京：中央民族大学，2007.

[10]刘承峰．现代汉语“语用数”范畴研究[D]．上海：复旦大学，2007.

[11]刘杰．汉语相似范畴研究[D]．广州：暨南大学，2010.

[12]刘雪春．现代汉语等同范畴的语义认知研究[D]．北京：华东师范大学，2004.

[13]刘志富．现代汉语领属性偏正结构及其相关句法现象[D]．成都：四川师范大学，2011.

[14]吕文杰．现代汉语程度范畴表达方式研究[D]．长春：吉林大学，2013.

[15]祁峰．现代汉语焦点研究[D]．上海：复旦大学，2012.
[16]唐依力．汉语处所范畴句法表达的构式研究[D]．上海：上海师范大学，2012.
[17]汪梦翔．对象格语义范畴及其相关语法理论研究[D]．武汉：华中师范大学，2012.
[18]王加良．中国“类”范畴的发展与演变研究[D]．天津：南开大学，2007.
[19]王进．《元曲选》祈使句研究[D]．武汉：华中科技大学，2008.
[20]王天佑．汉语取舍范畴研究[D]．济南：山东师范大学，2012.
[21]王霞．汉语是如何表达序数范畴的[D]．武汉：华中师范大学，2011.
[22]王小穹．疑问代词语义范畴研究[D]．武汉：华中科技大学，2012.
[23]吴春相．现代汉语时量范畴研究[D]．上海：上海大学，2006.
[24]熊岭．现代汉语指称范畴研究[D]．武汉：华中师范大学，2012.
[25]熊仲儒．现代汉语中的致使句式[D]．北京：北京语言大学，2003.
[26]徐默凡．现代汉语工具范畴的认知研究[D]．上海：华东师范大学，2003.
[27]尹相熙．现代汉语祈使范畴研究[D]．上海：复旦大学，2013.
[28]张万禾．意愿范畴与汉语被动句研究[D]．上海：上海师范大学，2007.
[29]赵军．现代汉语程度量及其表达形式研究[D]．上海：华东师范大学，2010.
[30]赵微．指令行为与汉语祈使句研究[D]．上海：复旦大学，2005.
[31]郑路．《左传》时间范畴研究[D]．北京：中国人民大学，2008.
[32]周静．现代汉语递进范畴研究[D]．上海：华东师范大学，2003.
[33]朱晓军．空间范畴的认知语义研究[D]．上海：华东师范大学，2008.
[34]左菊红．位移动词“来/去”带宾能力的历时、共时考查[D]．武汉：华中师范大学，2007.